Contraste Insuffisant

NF Z 43-120-14

ARBITRAGES

BANKNOTES ET MONNAIES

E. KAUFFMANN

ARBITRAGES

BANKNOTES ET MONNAIES

TRAITÉ

CONTENANT LA DESCRIPTION DES BILLETS DE BANQUE

ET TABLEAUX

DONNANT LES POIDS ET TITRE LÉGAUX ET RÉELS DES MONNAIES

OR ET ARGENT DE TOUS PAYS

PAR

E. KAUFFMANN

CHEF DU SERVICE DES MATIÈRES D'OR ET D'ARGENT ET DU CHANGE

AU CRÉDIT LYONNAIS, PARIS

PREMIÈRE ÉDITION

EN VENTE CHEZ L'AUTEUR

45, AVENUE DE LA MOTTE-PICQUET, PARIS

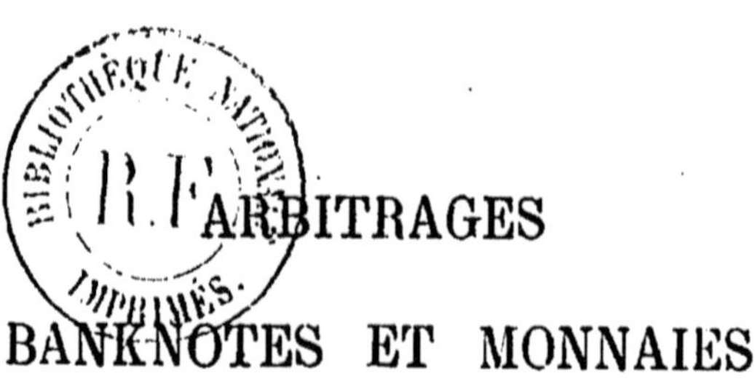

ARBITRAGES

BANKNOTES ET MONNAIES

PREMIÈRE PARTIE

BANKNOTES

ET

MONNAIES

PRÉFACE

Les opérations en métaux précieux sont la conséquence des transactions internationales et de l'état industriel et commercial d'un pays.

D'une importation supérieure à l'exportation, de l'insuffisance d'une récolte, d'achats de titres à l'extérieur, etc., découlent des paiements à effectuer à l'étranger, et ces paiements se traduisent inévitablement par un exode d'or jusqu'à nivellement des changes.

Dans les moments de crise, pour enrayer un mouvement trop accentué des cours dans les deux sens, le rôle de l'or est prépondérant, l'importance que les Banques d'État attachent à conserver une encaisse métallique élevée l'indique suffisamment.

On s'explique dès lors l'intérêt que peuvent présenter les opérations en lingots et monnaies et l'utilité pour chacun à s'y bien préparer. Toutefois il n'est pas toujours possible de les suivre effectivement; pour les rendre néanmoins pratiques j'ai joint à tous les renseignements donnés un grand nombre de comptes simulés qui permettent d'en comprendre facilement le mécanisme.

Pour satisfaire à de nombreuses demandes j'ai réservé une partie du présent ouvrage aux billets de banque et espèces monnayées, sur lesquels il est parfois difficile d'obtenir immédiatement des indications suffisantes.

Les tableaux des monnaies en cours et démonétisées, la description des billets, leur mode de remboursement, et quantité d'annotations permettront l'échange de ces valeurs avec une plus grande sécurité que par le passé.

J'ose espérer que le contenu de cet ouvrage rencontrera l'approbation des lecteurs compétents et de ceux qui désirent s'initier aux affaires de banque et de change.

E. KAUFFMANN.

BILLETS DE BANQUE

MONNAIES OR ET ARGENT

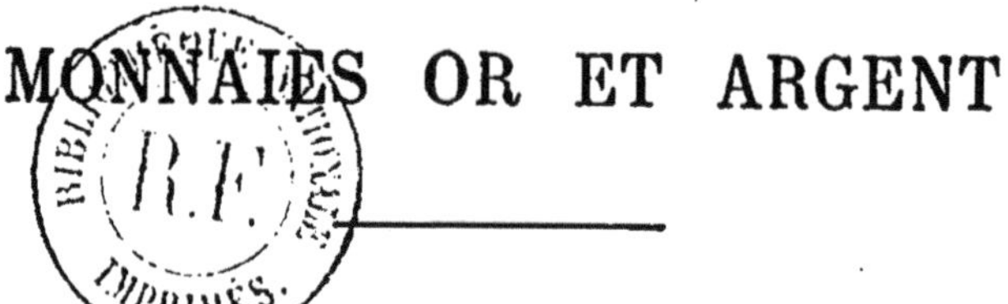

ALGÉRIE

Billets

Seule, la Banque de l'Algérie a droit d'émission.
Les coupures sont de :
Francs 20, 50, 100, 500, 1000, remboursables à vue en Algérie.

ALLEMAGNE

Billets

Les coupures sont de :
Marks 5, 20, 50, 100, 500, 1.000.
1° Les billets de la Banque de l'Empire « Reichsbank » sont acceptés en paiement par toutes les caisses publiques et reçus à l'échange par la Banque de l'Empire et ses succursales.

Les billets de 100 marks de la Banque de Prusse, prédécesseur de la Banque de l'Empire, n'ont plus cours.

2° Les billets des Banques suivantes ont droit de circuler dans tout l'Empire, toutefois aucune Caisse publique ni particulière n'est tenue de les accepter ; la Banque de l'Empire et ses succursales les reçoivent en paiement, mais non à l'échange :

Badische Bank ;
Bank fur Suddeutschland-Darmstadt ;
Bayerische Notenbank ;
Francfurter Bank ;
Sachsische Bank in Dresden ;
Wurtembergische Notenbank.

3° Les billets des :

Braunschweiger Bank,
Bautzner Bank,

n'ont droit de circulation que dans leur pays d'origine, c'est-à-dire en Brunswick ou dans la Saxe. La mise en circulation dans le reste du territoire est punie par la loi.

Les billets de 100 marks de la Kœnigliche Residenztadt Hannover ont droit de circulation dans toute l'Allemagne. Ces billets ne sont, toutefois, échangés qu'à la caisse de la ville de Hanovre.

La circulation des billets stipulés en marks, de la Banque internationale de Luxembourg, est absolument interdite en Allemagne.

Tous les billets des anciennes Banques d'émission n'ont plus aucune valeur, ayant été retirés de la circulation.

En Allemagne, on ne rembourse jamais de billets falsifiés, ni l'Administration de la Dette publique (billets d'Etat), ni la Banque Impériale.

Frédéric Ier	1701-1713	Frédéric-Guillaume IV. .	1810-1861
Frédéric-Guillaume Ier . .	1713-1740	Guillaume Ier.	1861-1888
Frédéric II le Grand. . .	1740-1786	Frédéric III.	1888-1888
Frédéric-Guillaume II . .	1786-1797	Guillaume.	1888-
Frédéric-Guillaume III. .	1797-1840		

Monnaies or

DÉNOMINATION DES PIÈCES	POIDS		TITRE		VALEUR INTRINSÈQUE	OBSERVATIONS
	LÉGAL	MOYEN	LÉGAL	RÉEL		
10 thalers double Frédéric	13,3632	13,30	902^{77}	896,897	40,980	
5 — Frédéric......	6,6816	6,65	—	—	20,49	
2 1/2 demi Frédéric.	3,3408	3,30	—	—	10,168	
1857-63 1 Krone........	11,1111	11,07	900	899^{5}	31,223	10 gr. er 8o == Mks 27,81
1/2 —	5,550	5,53	—	—	17,096	5 — == Mks 13,92
1871-73 20 marks	7,9649	7,962	—	—	21,615	
10 —	3,0825	3,075	—	—	12,289	
5 —	1,9912	1,986	—	—	6,139	

Monnaies argent

DÉNOMINATION DES PIÈCES	POIDS		TITRE		OBSERVATIONS
	LÉGAL	MOYEN	LÉGAL	RÉEL	
1709 Hesse thaler.	19.051	»	878³	»	Les thalers ont cours pour marks 3, ils sont refondus au fur et à mesure des besoins de monnayage.
1813 Brême —	17.539	»	986¹	»	
1819 Hesse —	21.356	»	743	»	
1809 à 37 Bavière —	29.5396	»	871³	»	
» Wurtemberg —	29.1885	»	868⁶³	»	
1814 à 34 Hesse —	22.276	»	750	»	
1821 Prusse —	22.272	»	750	»	
1827 Saxe —	29.3723	»	871.52	»	
1834 Hanovre —	22.272	»	750	»	
1838 Saxe —	28.062	»	833 1/3	»	
1838 à 57 tous États —	22.272	»	750	»	
1/3 thaler.	8,352	»	6666	»	
1/6 —	5,345	»	520	505	
1/12 —	3,712	»	375	»	
1857 à 71 tous États —	18.518³	18.46	900	899	Thaler d'association.
1866 Double thaler.	37,1199	37,037	900	899	
1867 et av. Autriche —	18,518	18,16	900	899	
1871/1000 Empire 5 marks	27.7778	27.70	900·	809	
2 —	11.1111	11 »	—	—	
1 —	5.5555	5.50	—	--	
50 pfennige.	2.7777	2.05	—	—	
20 pfennige.	1,1111	1,10	—	—	

ANGLETERRE

Billets

La presque totalité de la circulation est composée des billets :

De la Bank of England, coupures de : £ 5, 10, 20, 50, 100, 200, 300, 500, 1.000 ;

De la Banque d'Irlande, coupures de : £ 1, 5, 10 ;

De la Banque d'Ecosse, coupures de : £ 1, 5, 10.

La Banque of England refuse toujours, d'une façon absolue, le paiement de toute banknote fausse, bien ou mal contrefaite.

Billets coupés. — La Banque d'Angleterre rembourse les billets coupés.

Si l'une des parties a été égarée, la Banque effectue néanmoins le paiement de la valeur nominale, mais à la condition de la remise d'une garantie équivalente au montant.

Cette garantie n'est restituée que dans un délai de six ans.

Postal order. — Les postal order sont payables intégralement pendant une période de 3 mois, à dater du dernier jour du mois de leur émission.

Après ce délai, il est retenu par chaque trimestre ou fraction de trimestre écoulé une taxe égale au montant du timbre primitif.

La valeur du postal order peut être augmentée par des timbres-poste.

Toutefois, au-dessus de 5 pence, l'excédent en timbres n'est pas remboursé.

Georges II.	1721-1760	Guillaume IV.	1830-1837
Georges III.	1760-1820	Victoria	1837-1901
Georges IV.	1820-1830	Edouard VII	1901-

Monnaies or 1 £ = 20 shillings.
1 shilling = 12 pence.

DÉNOMINATION DES PIÈCES	POIDS		TITRE		VALEUR INTRINSÈQUE	OBSERVATIONS
	LÉGAL	MOYEN	LÉGAL	RÉEL		
21 shillings ou guinée.	8,3873	8,35	916 2/3	916	26,288	
5 £.	39,9403	39,89	—	—	125,585	
2 £.	15,9761	15.96	—	—	50,246	
1 £, Souverain.	7,9881	7,978	—	—	25,117	
10 shillings	3,994	3,08	—	—	12,53	

Monnaies argent

DÉNOMINATION DES PIÈCES	POIDS		TITRE		OBSERVATIONS
	LÉGAL	MOYEN	LÉGAL	RÉEL	
5 shillings, Georges III	30,100	28,30	925	»	
3 — —	18,060	»	—	»	
1 shilling 6 pence....	9,030	»	—	»	
1870 Couronne, 5 shillings.	28,2759	28,22	925	923	
Double florin 4 shill.	22,6208	22,60	—	—	
1/2 couronne 2 1/2 —	14,138	14,10	—	—	
florin, 2 shillings....	11,3104	11,28	—	—	
1 —	5,6552	5,60	—	—	Les pièces en argent « Token » n'ont pas cours.
1/2 shill. ou 6 pence.	2,8276	2,80	—	—	
4 pence.	1,885	1,85	—	—	
3 pence.	1,4138	1,40	—	—	
2 pence.	0,9110	0,90	—	—	
1 p. 1/2.	0,7069	0,70	—	—	
1 penny.	0,4713	0,47	—	—	

ANTILLES DANOISES

Billets

Les billets du Gouvernement, actuellement seuls en cours, ne sont ni garantis, ni remboursables en or.

La monnaie courante est le doublon de 5 $, ou 25 pesetas « Alpreto ».

L'argent danois est accepté jusqu'à concurrence de 5 $.

RÉPUBLIQUE ARGENTINE
Billets

Billets de la « Nacion » et des Banques garanties ayant cours légal.
Montant en circulation au 30 juin 1897 : $ 285.115.957.

LOI DU	MONTANT DE L'ÉMISSION	TIMBRES PORTÉS PAR LES BILLETS
3 novembre 1897	$ 108.419.429	Timbre en couleur de l'*Officina Inspectora*.
6 septembre 1890	33.370.111	— —
		avec timbre noir, émission autorisée.
6 septembre 1890	10.101.150	Billets de Trésorerie, sans timbre.
16 octobre 1891	45.341.456	Timbre en couleur de l'*Officina Inspectora*.
29 octobre 1891	4.870.000	— —
8 janvier 1894	13.622.631	Avec timbre *Renovacion*.
8 janvier 1891	68.556.500	Sans timbre de l'*Officina Inspectora*.

Coupures en cours : $ 0,50, 1, 2, 5, 10, 20, 50, 100, 200, 500, 1000.

Depuis le 31 janvier 1900, les billets de $ 100, émission 1894, n'ont plus cours, mais la Caisse de conversion les échange jusqu'à nouvel avis.

Les coupures de $ 0,05-0,10-0,20 n'ont plus cours, mais sont échangées contre des pièces en nickel de même valeur.

En dehors des billets mentionnés ci-dessus, il existe des billets du Banco Nacional, d'émissions antérieures, qui doivent être échangés au fur et à mesure de leur rentrée.

Banques provinciales. — On doit s'abstenir de recevoir les billets de ces banques. Les billets de la Banque de la province de Buenos-Ayres n'ont plus de valeur, la Banque Nationale les ayant échangés contre des billets en cours.

Ceux des provinces de Cordoba et d'Entre-Rios doivent être envoyés dans ces provinces, pour l'échange.

Ceux des autres provinces n'ont plus cours légal.

Falsifications. — Les billets qui ont été le plus falsifiés sont ceux de $ 50 et $ 10. On les reconnaît au toucher, le papier étant de qualité inférieure. Les médaillons représentant respectivement Roca et Juarez Celman sont mal imités, et ce qui les trahit davantage encore, c'est le timbre de la Officina Inspectora, dont le rouge est fort différent de la nuance officielle.

Monnaies or

DÉNOMINATION DES PIÈCES	POIDS en grammes		TITRE		VALEUR INTRINSÈQUE	OBSERVATIONS
	LÉGAL	MOYEN	LÉGAL	RÉEL		
1786-1848 16 $, once...	27,0613	20,96	875	787-868	»	Avec un soleil.
— — ..	27,0613	—	—	868	80,43	Avec un général.
— — ..	27,0613	—	—	868	80,43	Avec un rocher.
— — ..	27,0613	—	—	862	79,874	Avec un soleil au-dessus d'un rocher.
8 $, 1/2 — ..	13,533	13,17	875	868	40,185	Même indication que sur les onces.
4 — 1/4 — ..	6,766	6,72	—	—	20,047	—
2 — 1/8 — ..	3,383	3,35	—	—	9,991	—
1 — 1/16— ..	1,6916	1,67	—	—	4,995	—
1881 5 $ argentino..	8,0645	8,06	900	899³	21,925	Essai { Or = 899⁰⁴ / R. = 13¹
2 1/2 » médio.....	4,0322	4 »	—	—	12,36	

Monnaies argent

DÉNOMINATION DES PIÈCES	POIDS		TITRE		OBSERVATIONS
	LÉGAL	MOYEN	LÉGAL	RÉEL	
1881 1 peso, 100 centavos.	25 »	21.96	900	898³	
1/2 — 50 —	12.50	12.45	—	—	
20 —	5 »	4.98	—	—	
10 —	2.50	2.49	—	—	
5 —	1.25	1.24	—	—	

AUSTRALIE
Billets

Les billets de Banque en cours sont émis par les Banques suivantes :

Bank of Australasia.
Union Bank of Australia, Limited.
Bank of New South Wales.
London Bank of Australia, Limited.
National Bank of Australia, Limited.
Bank of Victoria, Limited.
English Scottish et Australia Bank, Limited.

Colonial Bank of Australasia, Limited.
Royal Bank of Australia, Limited.

Les coupures émises sont de £ 1, 5, 10, 20, 50 et 100, remboursables en or.

AUTRICHE-HONGRIE
Billets

Florins coupures : 5, 10, 50, 100, 1,000. Couronnes coupures : 10, 20.

Les anciens billets de 1 florin ont été retirés de la circulation et sont sans valeur depuis le 31 décembre 1899.

Depuis 1897, il n'est plus émis de billets de 50 florins.

Les billets de l'Etat de 5 et de 50 florins seront acceptés jusqu'au 28 février 1903 : de cette date jusqu'au 31 août 1903, toutes les caisses de l'Etat seront obligées de prendre ces billets en paiement.

Du 31 août 1903 au 31 août 1907, les dits billets seront seulement acceptés par les Caisses de la Dette publique et n'auront plus de valeur à partir de cette dernière date.

Depuis le 1er janvier 1900, tous les comptes doivent être stipulés en couronnes, valant chacune 1/2 florin.

Marie-Thérèse . . . 1717-1765			François II 1801-1835	
Joseph II. 1765-1790			Ferdinand 1835-1848	
Léopold II 1790-1792			François-Joseph Ier . . 1848-	
François II 1792-				

Monnaies or

DÉNOMINATION DES PIÈCES	POIDS en grammes		TITRE		VALEUR INTRINSÈQUE	OBSERVATIONS
	LÉGAL	MOYEN	LÉGAL	RÉEL		
Quadruple Ducat	13,9606	13,84	986 1/9	985	46,854	
Ducat.........	3,4909	3,46	—	—	11,713	
Souverain	5,5753	5,556	917 1/3	915	17,172	
Double Souverain.	11,1507	11,112	—	—	31,945	
1857 1 kroue..	11,1111	11,07	900	899 1/2	34,223	
1/2 — ..	5,555	5,53	—	—	17,111	
1870-71 8 florins..	6,45160	6,44	—	—	19,909	
4 — ..	3,2258	3,21	—	—	9,923	
1893 20 corona..	6,775	6,75	900	899 1/2	20,868	Pièces autrichiennes : buste François-Joseph.
10 — ...	3,3875	3,37	—	—	10,434	—
20 korona..	6,775	6,75	900	899 1/2	20,868	Pièces hongroises : François-Joseph en pied.
10 — ..	3,3875	3,37	—	—	10,434	—

Monnaies argent

DÉNOMINATION DES PIÈCES	POIDS		TITRE		OBSERVATIONS
	LÉGAL	MOYEN	LÉGAL	RÉEL	
1780 Talari Marie Thérèse	28,066	28,025	833 1/3	832	A cours dans le Levant africain.
1/2, 1/4 et 1/8 Talari.	en proportion		833 1/3	832	
Double gulden.....	21,164	21,10	900	899	Avaient cours en divers Etats Allemands.
Gulden	10,582	10,55	—	—	— — —
1/2 gulden	5,291	5,25	—	—	— — —
5 gulden..........	37,037	37	900	899	Effigie François-Joseph.
2 —	21,6914	21,68	—	899	— — —
1 1/2 —	18,5185	18,50	—	899	— — —
1 — ou 1/2 écu	11,0334	11	833 1/3	832	
1/4 —	5,3119	5,33	520	515	
20 kreutzer.......	2,6667	2,60	500	490	
10 —	1,6667	1,60	400	314	
5 —	1,333	1 30	375	•	
1857 1 gulden..........	12,3457	12,30	900	899	
1893 1 krone..........	5	4,98	835	832	
1900 5 kronen..........	21	21	900	898	

BELGIQUE

Billets

Les billets en cours, sont ceux de la Banque Nationale de Belgique :

Les coupures sont de francs : 20, 50, 100, 500, 1.000.

La Banque Nationale se réserve le droit de refuser le remboursement des billets faux.

CONGO

Les billets en circulation, émis par l'État indépendant du
Congo, sont de francs : 10 et 100. remboursables à vue à la
caisse de l'État Indépendant du Congo à Bruxelles.

Monnaies or

Guillaume Iᵉʳ . . . . . 1814-1831 | Léopold II 1865-
Léopold Iᵉʳ . . . . . . 1831-1865 |

DÉNOMINATION DES PIÈCES	POIDS en grammes		TITRE		VALEUR INTRINSÈQUE	OBSERVATIONS
	LÉGAL	MOYEN	LÉGAL	RÉEL		
1847 25 francs........	7,9156	7,87	900	899 1/2	21,330	Léopold Iᵉʳ.
10 —	3,1662	3,15	—	—	9,738	
1861 40 —	12,9032	12,85	—	—	39,726	
20 —	6,4516	6,44	—	—	19,909	
10 —	3,2258	3,21	—	—	9,929	
5 —	1,6129	1,60	—	—	4,946	

Monnaies argent

DÉNOMINATION DES PIÈCES	POIDS		TITRE		OBSERVATIONS
	LÉGAL	MOYEN	LÉGAL	RÉEL	
Pièces Léopold Iᵉʳ 2 1/2 fr.	12,50	12,17	900	»	
— 2 —	10	9,70	835	»	
— 1 —	5	4,50	—	»	
— 1/2 —	2,50	2,50	—	»	
Nouvelle frappe Pièces de 0,50, 1 fr., 2 fr., 5 fr.					Effigie Léopold II. Titres et poids comme les pièces françaises.

ILES BERMUDES

Billets

Il n'y a pas aux Iles Bermudes de banque locale émettant des billets de banque, la circulation se compose de monnaies anglaises or et argent. Environ livr. sterl. 90,000 en janvier 1900.

BOLIVIE

Billets

Les billets actuellement en cours dans la République de Bolivie sont émis par le :

Banco Nacional de Bolivie ;
Banco del Comercio ;
Banco Francisco Argandona ;
Banco Industrial à la Páz.

Les coupures sont de 1, 5, 10, 20, 50, 100 bolivianos, remboursables en argent, à raison de 1 boliviano argent pour 1 boliviano papier.

Le boliviano égale 1 peso et équivaut à la piastre argent du Chili.

Nota. — Les billets de la banque de Potosi n'ont plus cours légal.

Monnaies or

DÉNOMINATION DES PIÈCES	POIDS en grammes		TITRE		OBSERVATIONS
	LÉGAL	MOYEN	LÉGAL	RÉEL	
1786-1818 Once ou doublon 16 S	27,0645	26,98	875	»	Effigie de Bolivar.
1/2-1/4-1/8-1/16 once	»	»	—	»	Mêmes poids et titres qu'en Espagne.

Monnaies argent

DÉNOMINATION DES PIÈCES	POIDS		TITRE		OBSERVATIONS
	LÉGAL	MOYEN	LÉGAL	RÉEL	
1827-1858 1 peso douro.	27,0613	26,98	900	895-897	
1830 République de Bolivie, 4 réales	13,4793	»	666 2/3	666-672	Buste de général et arbre.
— , 2 —	6,7346	»	—	—	
— 1 —	3,3673	»	—	—	—
— 1/2 —	1,6836	»	—	—	—
1863-64-70 1 Boliviano	25	24,96	900	888-896	
1/2 —	12,50	12,45	—	—	Essai 31 kil. Titre 897
1/5 —	5	4,94	—	—	— 17 kil. 700 — 896
1/10 —	2,50	2,45	—	—	

Essais de pièces boliviennes de 1-1/2-1/5-1/10 de $:

Sur 100 kilos, 4 lingots titrant 888-889-893-894 °/₀₀

»	11	»	1	»	ɪ	896 °/₀₀
»	30	»	1	»	»	896 »
»	30	»	1	»	»	895 »
»	30	»	1	»	»	891 »

Essai sur 1 kil. 500 de 1/2 $ avec arbre : 672 °/₀₀.

BORNÉO

Billets

Les seuls billets en circulation, sont ceux du Gouvernement, remboursables en piastres mexicaines, lesquelles ont cours légal dans l'île.

BRÉSIL

Billets

Le Gouvernement Brésilien émet des billets stipulés.
« Republica dos Estados Unidos do Brasil »
« No Thesouro Nacional ».

Coupures de reis : 500, 1,000, 2,000, 5,000, 10,000, 20,000, 50,000, 100,000, 200,000, 500,000.

Les billets des anciennes banques d'émission sont passés à la charge du Gouvernement, lequel fixe un délai pour leur échange contre de nouveaux billets ; passé ledit délai, les billets sont substitués sous déduction d'un escompte augmentant trimestriellement pendant l'année qui en suit l'expiration, puis mensuellement.

L'escompte a été fixé comme suit :

1ᵉʳ, 2ᵉ et 3ᵉ mois.............	2 °/₀.
4ᵉ, 5ᵉ et 6ᵉ —	4 —
7ᵉ, 8ᵉ et 9ᵉ —	6 —
10ᵉ, 11ᵉ et 12ᵉ —	8 —
13ᵉ —	10 —
14ᵉ —	15 —

A partir du 14ᵉ mois, l'escompte augmente mensuellement de 5 °/₀ jusqu'au moment où les billets deviennent sans valeur.

Les billets des émissions ci-dessous dont le terme d'échange avait été fixé au 31 décembre 1901, sont, depuis cette date, passibles de l'escompte :

ÉMISSIONS	SÉRIES	COUPURES
Trésor fédéral (Empire).	5e	500 milreis.
—	6e	200 —
—	6e	50 —
—	7o	20 —

Les billets des émissions suivantes, encore en circulation, devaient être substitués par la Caisse d'amortissement à la date du 30 juin 1902, sauf prorogation qui, plusieurs fois déjà a été accordée .

ÉMISSION	SÉRIES ou ESTAMPAS	COUPURES	DATE de SUBSTITUTION
Trésor fédéral (Empire)	6e	500 milreis.	30 juin 1902.
—	7o	200 —	—
—	7o	100 —	—
—	7e	50 —	—
—	8e	200 —	—
—	8e	20 —	—
Banques :			
Credito Popular			—
Estados Unidos do Brazil			—
Emissor do Norte			—
— do Brazil			—
— do Pernambuco			—
— do Sul	Toutes émissions.	Toutes coupures.	—
Uniao de S. Paulo			—
Nacional do Brazil			—
Brazil			—
Republica dos E. Unidos do Brazil.			—
Republica do Brazil			—

Les billets suivants sont sans valeur, le délai d'escompte étant expiré :

50 milreis du Banco do Brazil couleur verte, depuis juillet 1894 ;
100 milreis des 5ᵉ et 6ᵉ estampas de l'Empire, depuis mars 1901 ,
200 milreis du Banco dos Estados Unidos do Brazil, avec le portrait de Dom Pedro II, depuis mars 1892.

Envois de billets brésiliens :

La Poste brésilienne exigeait antérieurement la déclaration de valeur entière des plis contenant des billets de banque ; une fausse déclaration ou l'envoi de billets sous pli simplement recommandé, entraînait une amende de 25 % du contenu.

Ces dispositions sont abrogées depuis avril 1901, ce qui permet l'envoi des billets de banque sous pli, sans déclaration de valeur.

Dom Pedro Iᵉʳ........	1824-1831	République...........	1889-
— II........	1831-1889		

Monnaies or

DÉNOMINATION DES PIÈCES	POIDS		TITRE		VALEUR INTRINSÈQUE	OBSERVATIONS
	LÉGAL	MOYEN	LÉGAL	RÉEL		
1833-46						
9,000 reis = 4,000 portugal...............	8,0684	8,04	916 2/3	916	25,312	Petrus II
32,000 reis 1 dobra = 12,800 portugal....	28,6875	28,65	—	—	90,198	—
16,000 reis 1/2 dobra = 6,400 portugal.....	14,3437	14,30	—	—	45,020	—
8,000 reis 1/4 dobra = 3,200 portugal.....	7,1718	7,15	—	—	22,51	—
4,000 reis 1/8 dobra = 1,600 portugal.....	3,5859	3,55	—	—	11,20	—
2,000 reis 1/16 dobra = 800 portugal.......	1,793	1,75	—	—	5,55	—
1849 20,000 reis.......	17,9297	17,90	—	—	56,354	Petrus Iᵉʳ et Petrus II
10,000 —.......	8,9648	8,945	—	—	28,561	—
5,000 —.......	4,4824	4,47	—	—	14,08	—
1889 20,000 —.......	17,9297	17,90	—	—	50,354	République
10,000 —.......	8,9648	8,945	—	—	28,561	—
5,000 —.......	4,4824	4,47	—	—	14,080	—

Monnaies argent

DÉNOMINATION DES PIÈCES		POIDS		TITRE		OBSERVATIONS
		LÉGAL	MOYEN	LÉGAL	RÉEL	
1834-37-38	1,200 reis	26,8268	26,747	900	8923	
	800 —	17,8815	17,85	—	—	
	400 —	8,9123	8,93	—	886	
	200 —	4,1711	4,15	—	—	
	100 —	2,2356	2,211	—	—	
1849-56-65	2,000 —	25,50	23,46	916 2/3	915-916	Pièces à l'effigie de Pedro II
	1,000 —	12,75	12,697	—	—	—
	500 —	0,375	6,35	—	—	—
	200 —	2,55	2,53	—	—	—
1867-70	2,000 —	25	24,95	900	894	—
	1,000 —	12,50	12,47	—	—	—
	500 —	6,25	6,20	835	833	—
	200 —	2,50	2,30	835	833	—
1889-90 République	2,000 —	25	24,95	920	915-17	Essai sur 15 kilog. pièces mêlées : argent, 915 ; or, 0.
	1,000 —	12,50	12,47	—	—	Essai sur 31 kilog. pièces mêlées : arg. 916, or 0.
	500 —	6,25	6,23	—	—	Essai sur 14 kilog. pièces mêlées : arg. 916 or 0.
	200 —	2,50	2,49	—	—	
Patacon..........		27	26,96	800	894	Essai sur 5 kilog. : arg. 894, or 0,5 (Anciennes pièces portugaises.)

BULGARIE

Billets

Coupures : levas 5, 10, 20, 50 et 100, stipulées « Zuamo » or.
      —   5, 10 et 50,   —   « Epedpo » argent.
Billets émis par la Banque Nationale Bulgare.

Ceux stipulés « epedpo », sont remboursables en argent.

Par décret du 13-25 novembre 1899, la Banque a été autorisée à échanger ses billets or en argent, moyennant l'agio entre les monnaies or et les monnaies argent.

Par rapport à l'or effectif, les billets or subissent une perte légère variant de 5 à 15 centimes par Napoléon.

Le retrait des billets de 50 levas or étant décidé, la Banque les remet en circulation, mais en surchargeant la mention Zuamo (or), par Epedpo (argent).

Alexandre de Battenberg. . 1879-1886 | Ferdinand 1ᵉʳ de Cobourg. . 1887-

Monnaies or

DÉNOMINATION DES PIÈCES	POIDS en grammes		TITRE		VALEUR INTRINSÈQUE	OBSERVATIONS
	LÉGAL	MOYEN	LÉGAL	RÉEL		
1891 100 levas	32,25805	32,20	000	899 1/2	99,67	Ferdinand 1ᵉʳ.
20 — (alexandria d'or)	6,45161	6,11	900	—	19,909	—
10 —	3,22380	3,22	900	—	9,96	—

Monnaies argent

DÉNOMINATION DES PIÈCES	POIDS		TITRE		OBSERVATIONS
	LÉGAL	MOYEN	LÉGAL	RÉEL	
					EFFIGIE Avec les armes, ou avec Ferdinand 1ᵉʳ.
1885 5 levas........	25	21,95	900	899	
1882 2 —	10	9,93	835	832	—
1882 1 —	5	4,02	—	—	—
1/2 —	2,50	2,40	—	—	—

NOUVELLE-CALÉDONIE

Billets

Les billets en cours sont ceux émis par la Banque de l'Indo-Chine.

Coupures francs :

5, 20, 100, 500 et 1,000, remboursables à vue à la succursale de la Banque de l'Indo-Chine à Nouméa.

CAMBODGE
Monnaies argent

DÉNOMINATION des pièces	POIDS		TITRE		OBSERVATIONS
	LÉGAL	MOYEN	LÉGAL	MOYEN	
(pièces d'essai) 4 francs	.	16,70	.	.	*effigie: Norodom*
— 2 —	.	7,50	.	.	
— 1 —	.	4,20	.	.	*Les piastres mexicaines et Indo-Chine ont cours.*

CANADA
Billets

Les billets en circulation sont ceux :

1° Du Gouvernement « Dominion notes », remboursables en or américain ou anglais.

Coupures de : 25 et 50 cent., $: 1, 2, 3, 4, 5, 20, 50, 100, 500, 1,000.

2° Des banques existant actuellement au Canada.

Coupures de : 5, 10, 20, 50, 100 $, remboursables en « Dominion notes ».

La circulation de toutes les banques est garantie par un dépôt de 5 % sur toute cette circulation. Ce dépôt est versé entre les mains du Gouvernement fédéral et doit être constamment maintenu à ce tantième.

En cas de suspension ou de faillite d'une banque, le Gouvernement se charge, au moyen de ce dépôt de payer au pair toute la circulation de cette banque, plus les intérêts depuis le jour de la suspension.

Dans ce cas les autres banques seraient obligées de se cotiser à nouveau pour constituer le dépôt momentanément diminué par le retrait de la circulation de la banque en faillite.

Ceci se répéterait chaque fois qu'une banque serait en difficulté.

Le billet de banque se trouve garanti en second lieu en devenant dette privilégiée sur tout l'actif de la banque.

La £ du Canada ne valant que 4 $, les billets de banque de £ 2 : 10 représentent 10 $.

Banques en faillite ou en Liquidation

Agricultural Bank of Upper Canada.
Bank of Acadia, Nova Scotia.
Bank of Brantford, Ontario.
Bank of Canada, Montréal.
Bank of Clifton.
Bank of Liverpool, Nova Scotia.
Bank of Prince Edward Island.
Bank of London.
Bank of Upper Canada.
Central Bank of Canada, Toronto, Ont.
Central Bank of New Brunswick, Frédéricton. N B.
City Bank of Canada, Montréal.
Colonial Bank of Canada, Toronto.
Commercial Bank of New Brunswick.
* Commercial Bank of Manitoba, Winnipeg.
Consolidated Bank of Canada.
Exchange, Bank of Canada, Montréal.

Farmers'Bank of Rustico, P. E. I.
Farmers'Bank, Toronto, Ont.
Federal Bank of Canada.
International Bank of Canada, Toronto.
* La Banque du Peuple, Montréal.
* La Banque Jacques Cartier, Montréal.
* La Banque Ville Marie.
Maritime Bank, St-John, N. B.
Mechanics Bank of Montréal.
Mechanics Bank of St-John.
Metropolitan Bank, Montréal.
Pictou Bank.
Royal Canadian Bank of Montréal.
Stadacona Bank of Québec.
The Bank of Western Canada.
Union Bank of Newfoundland. St-John.
Westmoreland Bank of New Brunswick.
Zimmerman's Bank, 1858.

* Les billets de ces banques sont remboursables à présentation.

Les billets émis par les banques en faillite, qui existaient en 1890, sont garantis et remboursables sur les fonds déposés entre les mains du Gouvernement.

Monnaies argent

DÉNOMINATION DES PIÈCES	POIDS		TITRE		OBSERVATIONS
	LÉGAL	MOYEN	LÉGAL	RÉEL	
1/2 S 50 cents........	11,6238	11,60	925	923	Victoria couronnée.
1/4 S 25 —	5,81	5,70	—	—	—
1/5 S 20 —	4,64	4,60	—	—	—
1/10 S 10 —	2,324	2,25	—	—	—
1/20 S 5 —	1,162	1,10	—	—	—

COLONIE DU CAP

Billets

L'émission des billets de banque dans la colonie du Cap est réglée par le « Bank Act » n° 6 de 1891, suivant les termes duquel les banques sont autorisées à émettre des billets jusqu'à concurrence de leur capital versé, plus leurs réserves.

Ces banques doivent déposer en titres du Gouvernement un montant égal à la totalité de leur émission.

Les coupures autorisées sont de £ 1, 5, 10 et 20 remboursables en or monnayé anglais dans la ville où la banque d'émission a son siège, elles ont cours légal dans toute la colonie.

Au 31 janvier 1900, les billets en cours étaient émis par :

African Banking Corporation Limited. Siège à Cape-Town.

The Bank of Africa   —

The Standard of South Africa   —

Les monnaies d'or et d'argent en circulation sont celles de la Grande-Bretagne.

CEYLAN

Billets

Aucune banque n'a le droit d'émission.

Les seuls billets en cours sont ceux du Gouvernement.

Coupures : Roupies : 5, 10, 50, 100, 1,000.

La circulation est garantie par une réserve constituée :

D'argent monnayé et de bons Indien 3 1/2 %.

Monnaies argent

1 rixe $ = 16 annas.
1 anna = 12 pies.

DÉNOMINATION DES PIÈCES	POIDS		TITRE		OBSERVATIONS
	LÉGAL	MOYEN	LÉGAL	RÉEL	
1811 1/2 pagode.........	21,1718	»	900	89168	Anciennes pièces in-diennes.
— Rixe dollar........	8,981	»	891 2/3	885	
1895/1900 Victoria couronnée 50 cents	5,8319	5,80	916 2/3		La roupie des Indes a cours légal.
1893 — 25 —	2,916	2,10	—		
1891 — 10 —	1,166	1,15	—		

ILES CÉLÈBES

Billets

Les billets en cours sont émis par la Javasche Bank qui a une succursale à Macassar, ils sont remboursables en or ou argent monnayé. Suivant accord avec le Gouvernement hollandais, les 2/5 de la circulation doivent être couverts en or ou argent (lingots ou monnaies).

Monnaie légale : or et argent hollandais.

CHILI

Billets

Aucune banque n'a le droit d'émission.

Cette faculté a cessé en vertu de la loi de juillet 1898 par laquelle toute l'émission des banques est devenue fiscale, et l'État a été autorisé à émettre l'excédent jusqu'au chiffre de $ 50,000,000.

Le billet fiscal a cours forcé et sert par conséquent au paiement de tous les engagements, il sera échangeable conformément à la loi, en monnaie d'or (18 pence), à partir du 1er janvier 1902.

Le 7 novembre 1901, le Conseil d'État a approuvé l'ajournement de la conversion du papier monnaie au mois d'octobre 1903.

Les billets de 1 à 2 $ seront retirés de la circulation et remplacés par des pièces d'argent de 1 et de 1/2 $, pour une valeur de 3 millions de $.

Les fonds de la conversion resteront intacts. Il reste encore en circulation, jusqu'à leur complète substitution, par des billets du Gouvernement, les billets des banques suivantes qui avaient été autorisées à émettre des coupures de 20 à 1,000 $.

Banco Agricola.	Banco Arauco.
— de Chile.	— Colchagua.
— Comercial.	— Conception.
— Credito Unido.	— Curico.
A. Edwards et Cie.	— Internacional.
J. Bunster.	— Llanquihue.
D. Matt et Cie.	— Mellipila.

Banco Mobiliaro.
— Nacional.
— Popolar.
— Rere.
— Santiago.
— Tacua.
— la Union.

Banco Nuble.
— Popolar hypothecario.
— San Fernando.
— Serena.
— Talca.
— Valparaiso.

Conformément aux dispositions de la loi de mars 1887, la plus petite coupure est de $ 10.

Antérieurement, les différentes banques mentionnées ci-dessus avaient déjà émis des coupures depuis 1 $.

Elles ont eu à constituer, pour la totalité de leurs émissions, entre les mains du fisc, une garantie spéciale en bons représentant 50 % minimum du montant des billets en circulation.

La garantie que les susdites banques étaient tenues de déposer au Trésor, consistait en :

Or ;
Billets du Gouvernement ;
Obligations de l'État ;
Obligations des banques exclusivement hypothécaires.

Monnaies or

DÉNOMINATION DES PIÈCES	POIDS en grammes		TITRE		VALEUR INTRINSÈQUE	OBSERVATIONS
	LÉGAL	MOYEN	LÉGAL	RÉEL		
1786-1848 16 S once..	27,0645	27	875	871	80,827	Essai a donné { or 868 R. 90. En proportion comme les onces.
1/2-1/4-1/8-1/16 d'once.						
1851-70 10 pesos ou condor.......	15,253	15,23	900,	8993	47,081	Les titres varient suivant les années.
5 pesos ou 1/2 condor doublon.	7,6263	7,605	—	—	23,511	
2 pesos ou escudo	3,0506	3,03	—	—	9,367	
1 — 1/2 —	1,523	1,51	—	—	4,68	
1895 20 pesos condor..	11,98207	11,98	916 2/3	916'	37.751	Métallurgie : Tête de femme. essai 9163 or et 119 R.
10 — doublon	5,99103	5,99	—	—	18,876	essai { 9167 or 22 R.
5 — escudo.	2,99551	2,991	—	—	9,425	{ 916 or 15 R.

Monnaies argent.

DÉNOMINATION	POIDS		TITRE		OBSERVATIONS
DES PIÈCES	LÉGAL	MOYEN	LÉGAL	RÉEL	
1835 2 réales macuquina..	6,75	6,75	666	660	
1 réal —	3,37	3,35	—	—	
1/2 — —	1,68	1,65	—	—	
1851-70 1 $ 100 centavos...	25	24,83	900	898	
50 —	12,50	12,46	—	—	
20 —	5	4,90	—	—	
1 decimo....	2,50	2,40	—	—	
1/2 —	1,25	1,15	—	—	
1879 20 centavos..........	5	4,90	500	450	
10 —	2,50	2,40	—	—	
5 —	1,25	1,10	—	—	
1895 1 piastre 100 cent......	20	»	835	832	Condor sur un rocher.
20 —	4	»	—	—	—
10 —	2	»	—	—	—
5 —	1	»	—	—	—

CHINE

Billets

Les billets de banque, qui sont utilisés par le commerce de détail seulement, ont été émis par :

         Hongkong et Shangaï, Banking Corporation ;
         Chartered Bank of India Australia et China ;
         National Bank of China ;
         Imperial Bank of China.

Ces billets sont remboursables en piastres mexicaines argent ou autres monnaies argent en circulation.

Les transactions importantes se règlent généralement en traites.

Pour le paiement des droits de douane, le Gouvernement chinois a fixé le « Kerping Tael » qui a la même valeur dans tout l'Empire.

Les billets de la Imperial Bank of China émis à Pékin en 1898, sont stipulés en taëls Ching Ping Tsu Yin Currency.

1 taël = 10 maces.
1 mace = 10 candaréens.
1 candaréen = 10 cash.

Monnaies argent

DÉNOMINATION DES PIÈCES	POIDS		TITRE		OBSERVATIONS
	LÉGAL	MOYEN	LÉGAL	RÉEL	
1890 Piastre au dragon (Canton).	29,0564	26,90	900	»	= 7 maces 2 candareus kwantung
50 cents............	13,478	13,45	866	»	3 — 6 — —
20 cents............	5,39	5,35	820	»	0 — 4,4/10 — —
10 cents............	2,695	2.65	—	»	0 — 7,2/10 — —
5 cents............	1,317	1,30	—	»	0 — 3,6/10 — —
1900 Piastre au dragon (Peï-Hang)	»	27,15	»	»	frappées à l'arsenal de Peï-Hang, 23e année du règne de Kwang-Hsu.

Sont en circulation : les piastres mexicaines, Hong-Kong et le yen japonais, en plus de divers lingots et pièces estampillées (Chopped).

Monnaie de compte :

Le taël représente un poids déterminé d'argent ; les divers taëls diffèrent comme poids et titres.

Les principaux sont :

DÉSIGNATION	POIDS	TITRES		OBSERVATIONS
Taël de Canton (Kwang-Tung).	37,783 grammes.	1000	925	(Poids fixé par traité de 1858 = 37,783.)
— Shanghaï (Chaoping).	36,64 —	»	898	Sert de base pour l'argent en barres importé en Chine.
— Haïkwan........	38,246 —	1000	980	Sert pour le règlement des douanes.

Taëls :

Bases fixes : 100 Canton = 102 1/2 Shanghaï = 98 Haïkwan.

CHYPRE
Billets

Il n'y a pas dans l'île de circulation fiduciaire.

Sont en cours dans l'île les monnaies or et argent anglaises.

1895. La limite du poids courant légal des pièces d'or ayant cours est de :

Souverain, 7 gr. 93787 ; 1/2 Souverain, 3 gr. 96083 ; Livre turque, 7 gr. 16557 ; 20 fr., 6 gr. 40652.

COLOMBIE
(ANCIENNE RÉPUBLIQUE DE NOUVELLE-GRENADE JUSQU'EN 1861)
Billets

La faculté d'émettre des billets a été supprimée aux banques particulières.

Les seuls billets en cours sont ceux du Banco Nacional de la République de Colombie, admis comme monnaie par le Gouvernement qui en est responsable, et remboursables en monnaie courante argent à 835 millièmes, ainsi qu'il est stipulé sur les billets.

Toutefois le remboursement ne pourra avoir lieu effectivement que lorsqu'entrera en vigueur la convention de 1894, qui jusqu'ici n'a pu recevoir son application (cette loi décrète la frappe libre de l'or et le rachat des billets de banque).

Les coupures sont de $: 0,10, 0,20, 0,50, 1, 2, 5, 10, 20, 50, 100.

Il a été émis illégalement $ 2,550,000 de billets de banque.

N.-B. — En novembre 1900, par suite des troubles révolutionnaires, le remboursement en argent a cessé, le change variait de 16 à 1800 °/o.

Le Banco de Cartagena a émis des billets de banque avec la mention (en monnaie légale et courante).

Au *recto* de ces billets et à *gauche*, un cartouche portant la mention (Estado de Cartagena de Indias).

Au *verso* la mention (billets de cours forcé dans le département et temporairement inconvertibles, ils circulent sous la responsabilité du Gouvernement National, suivant décret du 8 mars 1900).

Signé pour le chef civil et militaire.

En septembre 1901, le cours était de 2,800 pesos pour 100 pesos or ou 500 francs, ce qui équivaut à 0 fr. 178 centimes le peso.

Monnaies or

DÉNOMINATION DES PIÈCES	POIDS		TITRE		VALEUR INTRINSÈQUE	OBSERVATIONS
	LÉGAL	MOYEN	LÉGAL	RÉEL		
1786-1849. 16 $ once ou doublon	27,0643	26,96	873	868	80,43	Les pièces frappées à Popayan titrent 8/1000 de moins environ.
8 1/2	13,532	13,47	—	—	40,18³	
4 1/4	6,766	6,72	—	870	20,047	
2 1/8	3,383	3,35	—	—	9,994	
1 1/16	1,691	1,67	—	—	4,995	
1846-49. 16 $ 80 fr. ou doublon	25,8064	25,70	900	804 or 100 R	79,84	
8 40 — 1/2	12,9032	12,87	—	—	39,827	
4 20 — 1/4	6,4516	6,42	—	—	19,867	Le titre des pièces de 20, 10, 5, 2, 1 $ frappées à Popayan est d'environ 8 milliemes inférieur à celles frappées à Bogota et à Médellin.
2 10 — escude	3,2258	3,20	—	—	9,902	
1853. 20 $ double condor	32,800	32,75	900	899	101,192	
10 condor	16,400	16,369	—	—	50,577	
5 1/2	8,200	8,16	—	—	25,213	
2 1/5	3,28	3,25	—	—	10,012	
1 1/10	1,64	1,61	—	—	4,074	
1857-71-72. 20 $ (1) double condor	32,258	32,20	900	899	99,493	(1) Il existe également des pièces du même poids, mais au titre légal de 666, mentionné sur les pièces.
10 (1) condor	16,129	16,10	—	—	49,746	
5 (1) doublon	8,064	8,05	—	—	24,873	
2 (1) escudo	3,2258	3,20	—	—	9,887	
1 (1) 1/2	1,6129	1,57	—	—	4,8511	

Monnaies argent

DÉNOMINATION DES PIÈCES	POIDS		TITRE		OBSERVATIONS
	LÉGAL	MOYEN	LÉGAL	RÉEL	
1813-19. 1 peso chiro.	27,0643	»	583 1/3	»	Nouvelle-Grenade.
fractions........	en proportion	»	583 1/3	»	—.
1819-21. 1 peso macuquina.	23,522	23,50	707 à 770	730/53	—
1/4 — 2 réales	4,796	4,79	»	690	—
1823. 1 peso 8 réales. .	27,0643	»	666 2/3	»	—
1826. 1/8 — 1 réale...	3,383	»	»	»	—
1834-39. 1 peso........	27,0643	27,0212	902,77	902-910	—
1839. 1 peso 8 réales. .	27,0643	27,02	666 2/3	»	—
1839-44. 1 peso 8 réales. .	23,0684	22,90	»	680	—
1847-61. 1 peso 10 réales .	25	24,976	900	896/98	—
1853. 4/5 —	20	19,95	900	»	—
1847-61. 1/2 — 5 réales..	12,50	12,45	833	833	Armes de Colombie. Tête de femme.
1861. 1/5 — 2 réales..	5	4,82	...	—	
1/10 — 1 réale...	2,50	2,40	—	—	—
1/20 — 1/2 réale.	1,25	1,20	—	—	—
1872-1000. Peso........	25	24,95	—	—	—
2 decimos.....	5	4,90	—	—	Il a été également frappé des fractions de $ au titre de 0×6⁸ de même poids que les pièces à 835 °/...
decimos.	2,50	2,45	—	—	
1/2 decimos ...	1,25	1,20	—	—	

GRANDES COMORES

Monnaies argent

DÉNOMINATION DES PIÈCES	POIDS		TITRE		OBSERVATIONS
	LÉGAL	MOYEN	LÉGAL	RÉEL	
1 piastre..........	25	24,90	900	»	Effigie : 2 drapeaux — divers attributs guerriers.

CONGO FRANÇAIS

Billets

On accepte, dans le commerce, les billets de banque français.

Il y a en circulation comme monnaie :

Or : pièces de 5, 10 et 20 francs de l'Union latine et les Souverains anglais, dont la valeur est fixée à 25 francs.

Argent : pièces divisionnaires françaises ; thaler Marie-Thérèse dont la valeur était, en février 1900, de francs : 3,75.

Les pièces qui circulent dans la colonie sont en général un peu usées.

CONGO (ÉTAT INDÉPENDANT DU)

Monnaies or

DÉNOMINATION DES PIÈCES	POIDS en grammes		TITRE		VALEUR INTRINSÈQUE	OBSERVATIONS
	LÉGAL	MOYEN	LÉGAL	RÉEL		
1887 20 francs......	6,4516	6,44	900	899 1/2	19,999	

Monnaies argent

DÉNOMINATION DES PIÈCES	POIDS		TITRE		VALEUR INTRINSÈQUE	OBSERVATIONS
	LÉGAL	MOYEN	LÉGAL	RÉEL		
1887 5 francs......	25	»	900	»	»	Titres et poids comme en France. Effigie de Léopold II. Armes de l'État du Congo.
2 —	10	»	835	»	»	
1 —	5	»	—	»	»	
0,50 —	2 1/2	»	—	»	»	

CORÉE

Billets

1900. — La circulation se compose de billets et de pièces d'argent japonaises. Un hôtel des monnaies est en construction et il est très probable que l'étalon d'or sera adopté.

Les projets du Gouvernement coréen sont de frapper des monnaies or et argent de mêmes poids et titre que les yens japonais.

En plus des monnaies et billets japonais actuellement en cours, circulent une grande quantité de pièces de nickel coréennes frappées à l'étranger.

Monnaies argent

DÉNOMINATION DES PIÈCES	POIDS		TITRE		OBSERVATIONS
	LÉGAL	MOYEN	LÉGAL	RÉEL	
1891 5 liang.........	26,05	26,85	900	»	Les pièces japonaises ont cours en Corée. (1 liang = 100 cash.)
1 »	5,39	5,20	800	»	

COSTA-RICA

Billets

La Banque de Costa Rica, anciennement Banco Union, était seule autorisée à émettre des billets.

Les coupures étaient $: 1, 2, 5, 10, 25, 50, 100, remboursables en argent monnayé au titre de 750 °/₀₀.

Le privilège d'émission qui avait été accordé à cette banque jusqu'au 31 décembre 1900 n'a pas été renouvelé, celle-ci y ayant renoncé.

Le Gouvernement n'émet pas de billets, mais des bons d'or au pair. Depuis la mise en circulation de l'or, les banques établies peuvent émettre des billets remboursables en or. Leur pouvoir d'émission est limité à 75 °/₀ de leur capital, avec une réserve de 40 °/₀ sur le montant de leur émission.

Les nouveaux billets doivent être stipulés en colones.

La mise en circulation de l'or a commencé le 16 juillet 1900, en vertu de la loi monétaire du 25 octobre 1896.

Monnaies or

DÉNOMINATION DES PIÈCES	POIDS en grammes		TITRE		VALEUR INTRINSÈQUE	OBSERVATIONS
	LÉGAL	MOYEN	LÉGAL	RÉEL		
Avant 1866 — 8,50 $ ou 1/2 once..	13,5321	13,478	875	853	39,514	
4,25 — 1/4 — ..	6,766	6,28	—	—	18,41	
2,12 1/2 $ ou escudo.	3,383	3,12	—	—	9,20	
1,06 1/4 — 1/2 —	1,691	1,55	—	—	4,54	
1866 10 $	»	14,33	875	853	42,01	
5 —	»	7,14	—	—	20,93	
2 —	»	3,53	—	—	10,40	
1 —	»	1,74	—	—	5,10	
1900 20 colones	15,560	»	900	»	»	Effigie : Christophe Colomb.
10 —	7,780	»	900	»	»	
5 —	3,890	»	900	»	»	
2 —	1,556	»	900	»	»	

Monnaies argent

DÉNOMINATION DES PIÈCES	POIDS		TITRE		OBSERVATIONS
	LÉGAL	MOYEN	LÉGAL	RÉEL	
1871 1/2 $ 50 centavos.	12,50	12,45	835	•	
1/4 — 25 —	6,25	6,20	—	•	
1/10— 10 —	2,50	2,40	—	•	
1/20— 5 —	1,25	1,15	—	•	
1890 1/2 $ 50 centavos.	12,80	12,76	750	•	Effigie : soleil, mon-
1/4 — 25 —	6,40	6,35	—	•	tagnes, mer, navire.
1/8 — 12,50 —	3,20	3,15	—	•	—
1900 1/2 $ 50 centavos.	12,50	•	750	•	
1/4 — 25 —	6,25	•	—	•	
1/10— 10 —	2,50	•	—	•	
1/20— 5 —	1,25	•	—	•	

ILE DE CRÈTE

Monnaies argent

DÉNOMINATION DES PIÈCES	POIDS		TITRE		OBSERVATIONS
	LÉGAL	MOYEN	LÉGAL	RÉEL	
5 drachmes	25	900	•	•	Effigie « Georges de Grèce » protecteur gouver- neur de la Crète.
2 —	10	835	•	•	
1 —	5	835	•	•	
50 lepta............	2 1/2	835	•	•	La circulation des mon- naies d'argent étrangères, même de l'Union Latine, est interdite.

CUBA
Billets

1900. — Aucune banque n'a pour le moment le droit d'émission.

Des propositions demandant l'établissement de banques d'émission dans l'Ile ont été présentées aux Chambres des États-Unis, mais cette autorisation ne pourrait être donnée qu'en dérogeant à la loi Foraker qui empêche l'établissement de ces banques.

Les billets circulant aux États-Unis sont les seuls ayant actuellement cours légal.

Il y a encore en circulation 12 à 15,000 billets émis par le Banco Espanol de la Isla de Cuba pour compte de l'ancien Gouvernement, coupures de : 10, 50, 100, 500 et 1,000 $.

Ces billets portent au recto la mention (à la presentacion de este billete pagara al postader pesos fuertes en metalico).

Antérieurement ces billets étaient payables en or, mais depuis que la domination espagnole a cessé à Cuba, les États-Unis ont refusé de reconnaître cette dette.

Leur cours est actuellement à 9 % de leur valeur (cours du 28 novembre 1899).

CURAÇAO
Billets

Les billets en cours ont été émis par la Curaçaosche Bank.

Les coupures sont de florins : 0,25, 0,50, 1, 2 1/2, 5, 10, 25, 50.

Ces billets sont remboursables en monnaie légale or ou argent.

Par monnaie légale, on entend : les pièces or et argent des Pays-Bas et les pièces tarifées :

France : 5, 10 et 20 francs.
Angleterre : 1/2 £ et Souverain.
États-Unis : $ 2 1/2, 5, 10, 20.
Doublons : Espagne, Mexique et Sud-Amérique.
Pièces argent : France et Espagne frappées avant 1854.

Monnaies or

Les pièces d'or originaires des pays suivants ont cours à Curaçao : Pays-Bas, États-Unis d'Amérique, France, Angleterre, Espagne, Vénézuela, Colombie, Mexique, Républiques de l'Amérique centrale, Équateur, Pérou, Chili.

Monnaies argent

Les pièces d'argent provenant des pays suivants ont libre circulation à Curaçao :

Pays-Bas, Vénézuela, Italie, États-Unis d'Amérique, France, Belgique, Colonies danoises, Angleterre.

DANEMARK

Billets

Les billets en cours sont ceux de la Banque Nationale de Copenhague, qui seule possède le droit d'émission.

Les coupures sont de : 5, 10, 50, 100, 500 kroner, remboursables en or.

Billets danois périmés.

Sont périmés :

1° Tous les billets en « Rigsmont » et d'autres espèces de monnaies plus anciennes ;

2° Les billets couleur bleue de 10, 50 et 100 kroner, les billets de 5 Rigsdaler (5 kroner) de la dernière émission, couleur bleu clair, avec une tête de Neptune et une tête de femme.

Toutefois, la Banque Nationale rembourse toujours les billets en kroner (kronemönt).

Frédéric IV 1699-1730		Frédéric VI 1808-1839	
Christian VI. 1730-1746		Christian VIII 1839-1848	
Frédéric V 1746-1766		Frédéric VII 1848-1863	
Christian VII. 1766-1808		Christian IX. 1863	

Monnaies or

DÉNOMINATION DES PIÈCES	POIDS en grammes		TITRE		VALEUR INTRINSÈQUE	OBSERVATIONS
	LÉGAL	MOYEN	LÉGAL	RÉEL		
1827-30 *Double Pistole*	13,2811	13,26	900	895-897	10,831	*Frédéric-Christian*
Pistole.	6,612	6,62	—	—	20,386	— —
1872 20 kroner.	8,9606	8,918	—	899 1/2	27,662	
10 —	4,4803	4,474	—	—	13,831	

Monnaies argent

DÉNOMINATION DES PIÈCES	POIDS		TITRE		VALEUR INTRINSÈQUE	OBSERVATIONS
	LÉGAL	MOYEN	LÉGAL	RÉEL		
1813-55 *Rixdale specie thaler*.......	28,8933	28,85	875	873	»	*Rigsbankdaler*
Reichsthaler 1/2 thaler.	14,1166	14,40	—	—	»	—
1/2 — 1/4 —	7,2233	7,10	—	—	»	—
1872-73 2 Kronors....	15	14,98	800	798	»	
1 —	7,50	7,40	—	—	»	
50 ore...	5	4,90	600	595	»	
40 — ...	4	3,92	—	—	»	
25 — ...	2,42	2,35	—	—	»	Les pièces de 25
10 — ...	1,45	1,40	400	331	»	ore de 1859 et avant sont démonétisées.

ÉTABLISSEMENTS DES DÉTROITS

(STRAITS SETTLEMENTS)

Billets

Comprenant : Singapore, les provinces de Malacca, Dindings, Wellesley et l'île de Poulo-Pinang ; et les États suivants sous le protectorat britannique : Pahang, Perak, Selangor et Sungei-Ujong.

En 1899, le Gouvernement local a émis différents billets remboursables en monnaie courante, ayant cours légal dans les établissements du Détroit et dans les États fédérés de la Malaisie. Ces billets portent la mention *The Government of the straits settlements* et sont payables à Singapore.

Le montant en circulation, à la fin de 1899, était de $ 4,000,000.

Le montant des billets émis par le Gouvernement doit être graduellement augmenté, de manière à réduire la circulation des banques, dont les billets, bien que n'ayant pas cours légal, sont couramment acceptés.

La Chartered Bank of India, Australia et China.

La Hong-Kong et Shanghaï Banking Corporation ont émis des billets de 5 $ et au-dessus, remboursables en monnaie de l'île, dans leurs succursales de Singapore et Penang.

Le montant en circulation des billets des banques était à la fin de 1899 de $ 8,000,000.

Billets de banque faux

Des billets faux ont été émis au nom de la :

« Hongkong et Shanghaï Banking Corporation et datés de Penang ».

Les indications suivantes permettent de les reconnaître :

1° En mouillant le papier, la couleur s'étend ;

2° Dans la phrase « By order of the Board of Directors » l'*y* du mot *By* est supprimé.

Monnaies argent

DÉNOMINATION DES PIÈCES	POIDS		TITRE		OBSERVATIONS
	LÉGAL	MOYEN	LÉGAL	RÉEL	
50 cents (ou 1/2 $)..	13,576	13,50	800	»	Ont cours dans les Détroits : Piastre mexicaine.
20 —	5,430	5,40	—	»	Yen japonais.
10 —	2,715	2,70	—	»	Dollar anglais.
5 —	1,357	1,33	—	»	Dollar de Hongkong.

ÉGYPTE

Billets

Les seuls billets en circulation sont ceux émis par la National Bank of Egypt, remboursables en or.

Coupures : piastres 50 ; £ égyptiennes : 1, 5, 10, 100.

Description des billets de P.T. 50 ; 1, 5, 10 et 100 £ égyptiennes.

50 P.T. Recto : Fond blanc, au milieu l'inscription « FIFTY », que surmonte un sphinx ; aux quatre coins, le nombre 50, en haut, écrit en égyptien, en bas en chiffres arabes.

Verso : Le billet est vert sur fond blanc.

1 £. Recto : Orange sur fond blanc, au milieu un dromadaire debout et un chameau couché, de chaque côté de cette gravure, les lettres £8, ayant au milieu le chiffre 1. En haut le chiffre 1 dans chaque coin en égyptien.

Verso : marron clair sur fond blanc.

5 £. Recto : vert aux deux extrémités, jaune au milieu, le tout sur fond blanc, à gauche, un site, avec 3 palmiers et 2 pyramides. En haut le chiffre 5 dans chaque coin, en égyptien.

Verso : rouge clair sur fond blanc.

10 £. Recto : bleuâtre sur fond blanc, à gauche l'aspect d'un rivage avec deux bateaux à voiles dont l'un est au premier plan ; au fond, des ruines.

Verso : bleu sur fond blanc.

100 £. Recto : verdâtre sur fond blanc, à gauche un temple en ruines. Dans le coin de gauche, le nombre 100 en égyptien.

Verso : vert sur fond blanc.

Nota. — *Le verso* de ces billets est identique comme dessin. Il y a au milieu une bande avec l'inscription : BANQUE NATIONALE D'ÉGYPTE, en caractères égyptiens.

De chaque côté de cette bande se trouve la valeur nominale du billet en chiffres égyptiens et arabes.

1 livre = 100 piastres.
1 piastre = 40 paras.

Mehemet Ali 1805-1848	Saïd 1854-1863
Ibrahim 1848-1849	Ismaël 1863-1879
Abbas 1849-1854	Tewfik 1879-1892
	Abbas II 1892-

Monnaies or

DÉNOMINATION DES PIÈCES	POIDS		TITRE		VALEUR INTRINSÈQUE	OBSERVATIONS
	LÉGAL	MOYEN	LÉGAL	RÉEL		
Divisions anciennes.	»	»	»	831/40	»	*Essais*
Sequins anciens.	»	»	»	670/94	»	833 or 119 ar.
1789 Sequins Fondukli.	2,527	2,50	875	690	5,90	825 or 124 ar.
1818 1.2 Sequins Fondukli.	1,166	1,10	—	670	2,55	
1255/1839 100 S Bedidlick 1 £	8,566	8,504	874	873	25,512	Les pièces de 1 £ et 1/2 £, ressent d'avoir cours légal au-dessous du poids de 8,41 gr. et 4,22 gr., mais elles sont acceptées par le Ministère des Finances.
50 S Nuellick.	4,283	4,25	875	—	12,75	
25 S.	2,141	2,12	—	—	6,35	
20 S Kairie Kaschrin.	1,75	1,70	874	—	5,10	
10 S Baschirk.	0,842	0,80	—	—	2,40	
5 S Katta Kainsi.	0,434	0,40	—	—	1,20	
Autres avant 1855 100 S 1 £	8,544	8,50	875	874	25,533	
— 50 S 1 2	4,272	4,25	—	—	12,766	
— 25 S 1/4	2,136	2,10	—	—	6,308	
1885 100 S . . . 1 £.	8,500	8,45	—	—	25,383	Les pièces de 25, 10, 5 S, n'ont pas été frappées, bien que la frappe en ait été décrétée.
50 S . . . 1/2 —	4,250	4,20	—	—	12,616	
25 S . . . 1/4 —	2,125	2,10	—	—	6,308	
10 S . . . 1/10 —	0,850	0,81	—	—	2,731	
5 S . . . 1/20 —	0,425	0,40	—	—	1,201	

Monnaies argent

DÉNOMINATION DES PIÈCES	POIDS		TITRE		VALEUR INTRINSÈQUE	OBSERVATIONS
	LÉGAL	MOYEN	LÉGAL	RÉEL		
1885 20 piastres.	28	27,90	833 1/3	,	,	Les pièces de frappe antérieure à 1885 sont entièrement retirées de la circulation.
10 —	14	13,90	—	,	,	
5 —	7	6,95	—	,	,	
2 —	2,80	2,70	—	,	,	
1 —	1,40	1,35	—	,	,	

ÉQUATEUR

Billets

1° Billets émis par : Banco del Ecuador :

Coupures sucres : 1, 5, 20, 100, 500, remboursables en or.
2° Banco Commercial et Agricola :

Coupures sucres : 1, 5, 20, 100, 1000, remboursables en or.
Ces deux banques, ainsi que le Banco de Crédit hypotecario et le Banco Territorial, émettent des cédules à longue échéance. Ces établissements ont leur siège à Guayaquil avec succursale à Quito.

Monnaies or

DÉNOMINATION DES PIÈCES	POIDS		TITRE		VALEUR INTRINSÈQUE	OBSERVATIONS
	LÉGAL	MOYEN	LÉGAL	RÉEL		
1835-36 16 $ once.	27,0643	26,96	875	868	80,43	
8 — 1/2	13,533	13,47	—	—	40,185	1/2 once Quito. Titre or 867
4 — 1/4	6,766	6,72	—	870	20,094	1/4 — — — 8..
2 — 1/8	3,383	3,35	—	—	10,047	1/8 — — — 866
1 — 1/16	1,691	1,67	—	—	4.993	
Double condor. . .	32,25806	»	900	»	»	
Condor.	16,12903	»	—	»	»	Frappe prévue par la loi du 28 avril 1884.
Doublon.	6,45161	»	—	»	»	
1/5 de condor. . . .	3,22580	»	—	»	»	
1/10 —	1,61290	»	—	»	»	
1899 10 sucres. . .	8,136	8,10	900	»	»	Effigie : général.

Monnaies argent

DÉNOMINATION DES PIÈCES	POIDS		TITRE		OBSERVATIONS
	LÉGAL	MOYEN	LÉGAL	RÉEL	
Loi 1839 1 $ tête République	27,064	27	666 2/3	.	Année 1816.
1/2 $ —	13,532	13,11	—	.	
1856 1 $ 10 réales....	25	24,96	900	.	
1858-63-71-93 1 sucre	25	24,98	900	898	
1/2 —	12,50	12,45	—	—	
1893 2 decimos........	5	4,90	—	—	
1 —	2,50	2,40	—	—	
1/2 —	1,25	1,20	—	—	

ÉRYTHRÉE

Monnaies argent

DÉNOMINATION DES PIÈCES	POIDS		TITRE		OBSERVATIONS
	LÉGAL	MOYEN	LÉGAL	RÉEL	
1890 Thaler ou 5 lire...	28,125	.	800	.	Effigie de Umberto 1er roi d'Italie.
4/10 — 2 —...	10	.	835	.	
2/10 — 1 —...	5	.	—	.	
1/10 — 0,50 —...	2,50	.	—	.	

ESPAGNE

Billets

La Banque d'Espagne : el Banco de « Espana » a seule droit d'émission.

Les coupures sont de pesetas : 25, 50, 100, 500, 1,000.

Les billets de 500 pesetas, émission du 1er juillet 1876, sont retirés de la circulation.

Le siège de la Banque d'Espagne à Madrid les rembourse à présentation.

Charles III.	1759-1788	Isabelle II	1833-1868
Charles IV.	1788-1808	Amédée I.	1868-1874
Ferdinand VII.	1808	Alphonse XII.	1874-1885
Joseph-Napoléon.	1808-1813	Régence reine Christine. . .	1886
Ferdinand VII	1813-1833	Alphonse XIII	1886

Monnaies or

DÉNOMINATION DES PIÈCES	POIDS		TITRE		VALEUR INTRINSÈQUE	OBSERVATIONS
	LÉGAL	MOYEN	LÉGAL	RÉEL		
Avant 1772. Once	27,0643	26,96	916 2/3	912	84,50	Essai { Or 9007 / Ar 71
1772-1786.	—	—	896	895	82,95	— { Or 8924 / Ar 82
Après 1786.	—	—	875	870[8]	80,68	— { Or 868 / Ar 84
1808 Ferdinand VII —	—	—	875	867[3]	80,36	— { Or 865 / Ar 72
1/2 once	13,533	13,47	875	867[3]	40,15	Titres comme les onces.
1/4 —	6,766	6,72	875	872[3]	20,14	Essai { Or 8703 / Ar 70
1/8 —	3,383	3,35	—	—	10,02	
1/16 —	1.691	1,67	—	—	5,01	
1854-64. 10 escudos 100 réales	8,3871	8,368	900	898[4]	25,838	Doublons d'Isabelle.
4 — 40 —	3,3548	3,323	—	—	10,26	
2 — 20 —	1,677[4]	1,661	—	—	5,13	
1871. 25 pesetas (Alphonse XII)	8,06452	8,061	900	896	24,85	Alphonse XII avec barbe { Or 8977 / Ar 21
10 — —	3,2258	3,20	—	—	9,95	Les autres { Or 8958 / Ar 21
1886. 100 pesetas (Alphonse XIII)	32,2581	32,22	900	899 1/2	99,610	
50 — —	16,1290	16,10	—	—	49,80	
20 — —	6,4516	6,41	—	—	19,909	
10 — —	3,2258	3,20	—	—	9,929	

Monnaies argent

DÉNOMINATION DES PIÈCES	POIDS		TITRE		OBSERVATIONS
	LÉGAL	MOYEN	LÉGAL	RÉEL	
1718 1 S...............	21,338	.	833 1/3	.	*Fractions en proportion.*
1762-1772 1 S à colonnes et constitution........	27,06	26,90	9027	.	*1 à 5 millièmes d'or*
1 S *Charles III, IV.*	—	—	—	.	*1/2 —*
1 S *Ferdinand VII.*	—	—	—	.	*— —*
Loi 1864. 1 *douro Isabelle* 20 *réales*	25,96	25,30	900	.	
1/2 douro Isabelle 10 réales 1 escudo	12,98	12,70	900	.	
1/5 — — 4 — 1 peseta	5,19²	5,10	810	.	Les 2 et fractions frappés suivant la loi
1/10 — — 2 — 1/2 —	2,59⁶	2,50	—	.	de 1854 sont au titre
1/20 — — 1 — 1/4 —	1,298	1,25	—	.	légal de 900 millièmes
Isabellines................	25	24,986	900	.	*Fractions en proportion mais à 835 millièmes.*
5 *pesetas Barcelone*.........	27,06	26,90	9027		
1 — —	5,9752	5,736	8125	802	*1/2 et 1/4 en proportion.*
NOUVELLE FRAPPE					
Alphonse XII et XIII 5 pesetas	25	24,98	900	836/8	Les 2 d'Amédée et du Gouvernement provisoire de la République de Carthagène ont cours comme les pièces d'argent à l'effigie d'Alphonse.
— — 2 —	10	9,99	835	832	
— — 1 —	5	4,99	—	—	
— — 1/2 —	2,50	2,49	—	—	
— — 1/4 —	1,25	1,20	—	—	

ÉTATS-UNIS

Billets

Les coupures sont de dollars : 1, 2, 5, 10, 20, 50, 100, 500, 1,000.

Les billets portant la mention « In Gold Coin » et « United States Legal Tender » sont payables en or.

Les billets avec la mention « National Currency » ne sont pas remboursables en or, ils sont émis par les Banques, lesquelles sont tenues de déposer au Trésor des « United States Bonds » pour 90 °/₀ de leur circulation.

Les autres billets avec la mention « United States of Americain Coin » et en haut « Treasury Notes », sont remboursables en or ou en argent, au gré du Gouvernement.

Billets sans valeur. — « Les billets émis » par la CONFÉDÉRATION DES ÉTATS DU SUD sont *sans valeur.*

Monnaies or

DÉNOMINATION DES PIÈCES	POIDS		TITRE		VALEUR INTRINSÈQUE	OBSERVATIONS
	LÉGAL	MOYEN	LÉGAL	RÉEL		
1792 à 1800 10 $ aigle.	17,4957	17,3226	916 2/3	910	54,534	
5 — 1/2 —	8,7479	8,68	—	—	27,331	
2 1/2 — 1/4 —	4,3738	4,31	—	—	13,665	
1800 à 1834 10 $ aigle.	17,4957	17,322	913	911	54,239	
5 — 1/2 —	8,7479	8,68	—	—	27,178	
2 1/2 — 1/4 —	4,3738	4,34	—	—	13,589	
1834-37-53-73 20 $ dou-ble aigle.	33,437	33,40	900	900	103,316	D'après essais faits en 1891 on a trouvé de forts montants de dollars au titre réel de 899 7/10.
10 $ aigle.	16,7185	16,683	—	—	51,603	
5 — —	8,3592	8,335	—	—	25,782	
3 — —	5,0155	5,01	—	—	15,437	
2 1/2 — —	4,1796	4,165	—	—	12,883	
1 — —	1,67185	1,6625	—		5,142	
1851-52 50 $ Californie	83,5906	83,50	.	.	.	Le titre est indi-qué sur les pièces.
90 $ —	150,4632	150,35	.	.	.	

Monnaies argent

DÉNOMINATION DES PIÈCES	POIDS		TITRE		OBSERVATIONS
	LÉGAL	MOYEN	LÉGAL	RÉEL	
1873 *Trade-Dollar* (420 gr.)	27,2156	27,20	900	898	*Frappés pour l'exporta-tion n'ont pas cours aux Etats-Unis.*
1878-1900 1 $ 100 cents...	26,7296	26,65	—	—	
1/2 50 —	12,50	12,35	—	—	Toutes les pièces de la République coiffée du bonnet phrygien et toutes celles frappées antérieu-rement à 1872 sont dé-monetisées.
1/4 25 — . ..	6,25	6,1375	—	—	
1/5 20 —	5	4,95	—	—	
1/10 10 —	2,50	2,45	—	—	
1/20 5 —	1,25	1,22	—	—	
3 —	0,75	0,73	—	—	

ÉTHIOPIE
Monnaies argent

DÉNOMINATION DES PIÈCES	POIDS		TITRE		OBSERVATIONS
	LÉGAL	MOYEN	LÉGAL	RÉEL	
1893 Talari	28,125	28	833	833 1/2	à l'effigie de l'empereur Ménélik.
1/2 —	14,0625	14	—	—	—
1/4 —	7,03	7	—	—	—
1/8 —	3,515	3,50	—	—	—
1/20 —	1,406	1,40	—	—	—

FINLANDE
Billets

Les seuls billets ayant cours sont ceux de la Finlands Bank « Suomen Pankki ».

Coupures, markkaa : 5, 10, 20, 50, 100, 500, 1,000.

Monnaies or

DÉNOMINATION DES PIÈCES	POIDS en grammes		TITRE		VALEUR INTRINSÈQUE	OBSERVATIONS
	LÉGAL	MOYEN	LÉGAL	RÉEL		
1878 20 markkaa	6,452	6,445	900	899[3]	19,92	»
10 —	3,226	3,21	—	—	9,921	»

Monnaies argent

DÉNOMINATION DES PIÈCES	POIDS		TITRE		VALEUR INTRINSÈQUE	OBSERVATIONS
	LÉGAL	MOYEN	LÉGAL	RÉEL		
1860-61 2 markkaa ...	10,3658	10,32	868	»	»	»
1 — ...	5,1829	5,15	—	»	»	»
75 pennis	3,8242	3,75	750	»	»	»
50 —	2,5194	2,50	—	»	»	»
25 —	1,2747	1,20	—	»	»	»

FRANCE

Billets

Les billets en circulation sont ceux de la Banque de France.
Coupures, francs : 50, 100, 500, 1,000, remboursables en or ou en écus.

1ʳᵉ République. 1792-1801
1ᵉʳ Empire. 1804-1814
Louis XVIII. 1814-1822
Charles X. 1822-1830

Louis-Philippe 1830-1848
2ᵉ République 1848-1851
2ᵉ Empire. 1851-1870
3ᵉ République 1870

Monnaies or

DÉNOMINATION DES PIÈCES	POIDS		TITRE		VALEUR INTRINSÈQUE	OBSERVATIONS
	LÉGAL	MOYEN	LÉGAL	RÉEL		
1856/1901 100 francs .	32,2581	32,22	900	899 1/2	99,610	
1856/1901 50 —	16,129	16,10	—	—	49,774	
1803/1840 40 —	12,903	12,70	—	—	39,30	
1792/1901 20 —	6,4516	6,44	—	—	19,909	
1818/1901 10 —	3,2258	3,21	—	—	9,929	
1854/1901 . 5 —	1,6129	1,60	—	—	4,946	
Agnelets (Francs à pied et à cheval)...	»	3 gr.80 à 4 gr.10	»	982	»	
Écus d'or de Charles VI à Louis XIV.....	»	—	»	918	»	
Louis avant 1726 ...	»	»	»	»	»	Essai 901 or 66 ar.
Louis XV	8,1584	8,15	916 2/3	903	»	— 903 or 66 ar.
— (double)...	19,3168	16,30	916 2/3	903	»	
Louis XV à lunettes.	»	8	»	893	»	Essai 893 or 66 ar.
1/2 — —	»	4	»	—	»	— — —
Louis XVI	7,6485	7,50	916 2/3	901	»	Essai 901 or 66 ar.
— (double)...	15,2971	15	—	901	»	
1805/14 Pièces de 40 fr.	12,9032	12,90	900	899 1/2	»	Effigies (Jérôme de Westphalie. Napoléon, roi d'Italie. Marie-Louise de Parme, Piémont, etc.
— 20 fr.	6,4516	6,45	900	—	»	

Monnaies argent

DÉNOMINATION DES PIÈCES	POIDS		TITRE		VALEUR INTRINSÈQUE	OBSERVATIONS
	LÉGAL	MOYEN	LÉGAL	RÉEL		
5 francs............	25	24,90	900	899	.	
2 —	10	9,90	835	833	.	Les pièces division-
1 —	5	4,95	—	—	.	naires antérieures
50 centimes..	2,50	2,15	—	—	.	à 1866 sont démo-
20 —	1	0,95	—	—	.	nétisées.

GAMBIE

Billets

Les monnaies anglaises or et argent ont seules cours en Gambie où il n'existe pas de Banque émettant de billets.

Aucun billet de banque n'est accepté par le Trésor.

GRÈCE

Billets

Les billets en cours sont émis par :
La Banque Ionienne.
— Nationale de Grèce.
— d'Epirothessalie.

Les coupures sont de drachmes : 1, 2, 5, 10, 25, 100, 500.

Les coupures de 10 drachmes peuvent être coupées en deux et chaque partie circule pour la valeur de 5 drachmes.

La même circulation fiduciaire existe également à Corfou.

On a retiré de la circulation (décembre 1899), les billets de la Banque d'Epirothessalie, cette Banque ayant fusionné avec la Banque Nationale de Grèce.

Othon de Bavière.......... 1830-1863 | Georges Ier (Guill. de Danemark).. 1863

Monnaies or

DÉNOMINATION DES PIÈCES	POIDS en grammes		TITRE		VALEUR INTRINSÈQUE	OBSERVATIONS
	LÉGAL	MOYEN	LÉGAL	RÉEL		
1833 20 drachmes (roi Othon)........	5,776	5,75	900	8993	17,772	
40 drachmes (roi Othon)........	11,552	11,525	—	—	35,622	
1865-68 10, 20, 50, 100 drachmes....	.	.	.	.	.	mêmes poids et titres qu'en France.

Monnaies argent

DÉNOMINATION DES PIÈCES	POIDS en grammes		TITRE		OBSERVATIONS
	LÉGAL	MOYEN	LÉGAL	RÉEL	
1833 5 drachmes roi Othon.	22,414	22,385	900	899/894	
1 — —	4,477	4,43	—	—	
1/2 — —	2,238	2,17	—	—	
1/4 — —	1,110	1	—	—	
1865-68 1, 2 et 5 drachmes..	.	.	.	.	mêmes poids et titres qu'en France.
50 et 20 lepta.....	.	.	.	.	— — —

GUADELOUPE — RÉUNION — MARTINIQUE

Billets

Les billets en cours sont de francs : 5, 25, 100 et 500. Ils ne sont pas négociables en dehors de la colonie où ils ont été émis.

Les billets de francs 5 ne sont remboursés que par groupe de cinq comme l'indique leur stipulation.

Un décret daté du 31 décembre 1899 porte que le remplacement des bons de caisse de 1 et 2 francs restant en circulation à la Martinique par des jetons en nickel, sera effectué avant le 1er janvier 1901. A cette date les bons en papier cesseront d'avoir cours entre les particuliers et ne seront plus reçus par les caisses publiques.

GUATÉMALA

Billets

Les billets en cours sont de l'État de Guatémala « Comité Bancario » de pesos 1, 5 et 25 et des :

Banco International de pesos 1, 5, 25, 100, 500.
— Comercial — 1, 5, 25, 100.
— Columbiano — 1, 5, 10, 20, 50 et 100.
— Occidente — 1, 5, 20 et 100.
— Guatemala — 1, 5, 25, 100, 500.
— Hypothecario et Agricola.
(remboursables en argent.)

Suivant la mention stipulée sur les billets du Banco de Occidente, ils sont payables à Quezaltemango et à Guatémala.

Tous les billets ont cours forcé. En janvier 1902, le change à vue sur France était coté 570 0/0 de prime.

NOTA. — Les billets de 1 peso du Trésorial Nacional du Guatémala, sont périmés.

En 1900, pour faciliter les transactions du petit commerce, il a été émis des cédulas municipales, papier qui n'a aucune garantie, les coupures sont de $ 0,25 — 0,12 1/2 — 0,06 1/4.

Monnaies or

DÉNOMINATION DES PIÈCES	POIDS		TITRE		VALEUR INTRINSÈQUE	OBSERVATIONS
	LÉGAL	MOYEN	LÉGAL	RÉEL		
1786-1848-68 16 $ once	27,0643	26,96	875	870	80,615	
8 — 1/2	13,533	13,47	—	—	40,277	
4 — 1/4	6,766	6,72	—	872	20,140	
2 — 1/8	3,383	3,35	—	—	10,04	
1 — 1/16	1,691	1,67	—	—	5,005	
1/2 — 1/32	0,845	0,839	—	—	2,514	
1860-70 20 pesos 100 fr.	32,258	32,20	900	899	99,493	
10 — 50 —	16,129	16,10	—	—	49,746	
5 — 25 —	8,064	8,05	—	—	24,873	Avec la tête de Carrera fondateur de la République.
4 — 20 —	6,4516	6,44	—	—	19,898	
2 — 10 —	3,2258	3,20	—	—	9,887	(Le titre est indiqué sur les pièces.)
1 — 5 —	1,612	1,60	—	—	4,913	

Monnaies argent

DÉNOMINATION DES PIÈCES	POIDS en grammes		TITRE		OBSERVATIONS
	LÉGAL	MOYEN	LÉGAL	RÉEL	
Avant 1859. 1 peso	27,0643	26,89	875	divers	Les $ Pérou-Chili n'ont cours au Guatémala que s'ils sont munis d'un poinçon de l'État.
1859-1870. 1 peso	21,5623	21,45	902,77	•	
1/2 • 2 réales	12,281	12,20	—	•	
1/4 • 1 réale	6,140	6,10	—	•	
1870. 1 peso 8 réales	25	24,93	900	•	
1/2 • 4 •	12,50	12,45	833	•	
1/4 • 2 •	6,25	6,20	—	•	
1,8 • 1 •	3,125	3,10	—	•	Il a été frappé récemment des pièces de 1 réal aux titres de 500 et de 600 millièmes.
1/16 • 1/2 •	1.5630	1,55	—	•	
1/32 • 1/4 •	0,781	0,75	—	•	

GUINÉE FRANÇAISE
Billets

Les billets de la Banque de France sont seuls en cours. La circulation des billets anglais est interdite dans la colonie.

Les transactions se règlent en pièces de 5 francs (gourdes) et en monnaie divisionnaire de l'Union latine.

GUYANE ANGLAISE
Billets

Les billets en cours sont ceux des :

British Guiana Bank, en coupures de $ 5, 20 et 100, et Colonial Bank, 5, 10, 20 et 100, remboursables en argent divisionnaire anglais.

Monnaies argent

DÉNOMINATION DES PIÈCES	POIDS		TITRE		OBSERVATIONS
	LÉGAL	MOYEN	LÉGAL	RÉEL	
1809-36 Colonial Dollar..	23,3276	23,262	811[66]	•	Les monnaies anglaises argent ont cours légal.
2/3 $ — 2 gulden.	15,5516	15,422	—	•	
1/3 — 1 — .	7,7758	7,743	—	•	
1/6 — 1/2 — .	3,8879	3,85	—	•	
1/12 — 1/4 — .	1,9434	1,90	—	•	
1/24 — 1/8 — .	0,9717	0,95	—	•	

GUYANE FRANÇAISE

Billets

Les billets en cours sont ceux de la Banque de la Guyane.

Les coupures sont de francs : 25, 100, 500 et 1000, remboursables en or et argent.

La Banque achète l'or en poudre à 2,800 francs le kilog.

—   —   lingot à 2,900 francs le kilog.

Cet or paie à la sortie, au bénéfice du budget local, un droit de :

Francs : 216, par kilog. d'or en poudre.

—   228   —   lingot.

GUYANE HOLLANDAISE

Billets

Seule la Banque de Surinam a droit d'émission.

Les coupures émises sont de florins : 5, 10, 25, 50, 100, 200, 300, 1,000. Quoique la monnaie d'or ait cours légal, la Banque de Surinam n'est pas tenue de rembourser ses billets en or. Généralement elle les rembourse en argent monnayé hollandais.

HAÏTI (RÉPUBLIQUE D')

Billets

La Banque Nationale d'Haïti a seule le droit d'émission ; cependant à plusieurs reprises l'État, et en certaines circonstances les comités révolutionnaires ont émis du papier-monnaie.

Les anciens billets de 5 gourdes émis par la Banque Nationale sont périmés ; ils portent en rouge et au timbre humide la mention (pour compte du Gouvernement sous le contrôle de la Banque et sans garantie de sa part).

Billets faux. — Il existe des billets faux de 2 gourdes : la mention 2 gourdes écrite sur les billets authentiques en lettres transparentes à l'endroit où sont apposées les signatures, n'apparaît pas sur les billets faux.

En décembre 1899, il restait seulement en circulation des coupures de 1 et 2 gourdes, savoir :

3.395.390 gourdes de la Banque Nationale.
58.081 gourdes émises sous le Gouvernement du général Salomon.
16.008 gourdes, dites de la République Septentrionale.

Monnaies or

Il n'a pas été frappé de monnaies d'or d'Haïti.
Il circule des pièces d'or des États-Unis, de dollars : 2 1/2, 5, 10 et 20.

Monnaies argent

DÉNOMINATION DES PIÈCES	POIDS en grammes		TITRE		OBSERVATIONS
	LÉGAL	MOYEN	LÉGAL	RÉEL	
1880 1 gourde........	25	21,03	900	.	Les monnaies améri-
1/2 —	12,50	12,45	835	.	caines de 1 S. 50 cent.,
0,20 —	5	4,95	—	.	25 cent., 10 cent. et 5 cent.
0,10 —	2,50	2,43	—	.	ont cours.
0,05 —	1,25	1,20	—	.	

ILES HAWAÏ

Billets

Aucune Banque n'a le droit d'émettre des billets.
Il existe des notes du Gouvernement de la République d'Hawaï, stipulées remboursables soit en or, soit en argent.
Les billets de banque américains ont cours.

HONDURAS

Billets

Le Banco de Honduras a seul droit d'émission. Cette Banque a été fondée par suite de la fusion des :

Banco Centro Americano
et Banco Nacional Honduruo.

Tous les billets sont remboursables en monnaie d'argent.

Le Banco de Honduras a pris charge des billets des deux Banques fusionnaires, billets qui sont encore en circulation.

Les coupures sont :

Du Banco Centro Americano :

1re émission : $ 1, 2, 5, 10, 20, 50 et 100 imprimés au Honduras.

2e émission : S, 1, 2, 10, 50, 100 imprimés à New-York.

Du Banco Nacional Honduruo :

1re émission : $, 5, 10, 25, 50 et 100 imprimés au Honduras.

2e émission : $, 1, 2, 5, 10, 50 et 100 imprimés à New-York.

Le Banco de Honduras émettra en remplacement des billets actuels une nouvelle série de billets.

Billets sans valeur.

Il existe encore en circulation des billets de : « The Aguan Navigation and improvement Company » datés de Trujillo ; cette Compagnie a disparu laissant son passif impayé. Ses billets n'ont aucune valeur.

Monnaies argent

DÉNOMINATION DES PIÈCES	POIDS en grammes		TITRE		OBSERVATIONS
	LÉGAL	MOYEN	LÉGAL	RÉEL	
Loi de 1821 1 peso......	25	21,95	900	'	Liberté tenant un drapeau.
50 cent...	12,50	12,45	---	'	—
25 — ...	6,25	6,22	—	'	—
12 1/2 — ...	3,12	3,11	—	'	—
10 — ...	2,50	2,50	—	'	—
6 1/4 — ...	1,56	1,55	—	'	—
Pièce de l'ancienne Grande-République du Centre Amérique.	'	'	'	'	'
1821-47 1 S............	27,064	26,85	902[7]	820/30	Effigie : soleil derrière Montagne, arbre au revers, 1846.

HONDURAS ANGLAIS

Monnaies argent

DÉNOMINATION DES PIÈCES	POIDS		TITRE		OBSERVATIONS
	LÉGAL	MOYEN	LÉGAL	RÉEL	
1894 50 cents.......	11,6205	»	925	»	L'unité monétaire est le dollar or des États-Unis.
25 —	5,8102	»	—	»	
10 —	2,3241	»	—	»	Le Souverain et le 1/2 Souverain ont également cours légal.
5 —	1,1620	»	—	»	

HONG-KONG

Monnaies argent

DÉNOMINATION DES PIÈCES	POIDS		TITRE		OBSERVATIONS
	LÉGAL	MOYEN	LÉGAL	RÉEL	
1/2 piastre 50 cents ...	13,576	13,50	800	»	La piastre mexicaine est l'unité monétaire.
1/5 — 20 —	5,430	5,40	—	»	
1/10 — 10 —	2,715	2,70	—	»	
1/20 — 5 —	1,357	1,35	—	»	
Dollars. Victoria couronnée.	26,057	26,90	900	»	A cours dans les établissements du détroit.

INDES ANGLAISES

Billets

Les billets sont émis par le Gouvernement des Indes et remboursables en argent.

Les coupures sont de roupies : 5, 10, 20, 50 et 100.

1 roupie = 16 annas
1 anna = 12 pie.

Monnaies or

DÉNOMINATION DES PIÈCES	POIDS		TITRE		VALEUR INTRINSÈQUE	OBSERVATIONS
	LÉGAL	MOYEN	LÉGAL	RÉEL		
Pagode à l'étoile 1 et 3 figures.........	3,406	3,40	800	798	9,32	
Pagode sans étoile 1 et 3 figures.........	—	—	—	—	—	
1835-53-70 30 roupies double mohur.	23,328	23 27	916 2/3	916	73,26	
15 roupies, mohur.	11,6638	11,632	—	—	36,62	
10 — 2/3	7,776	7,70	—	—	21,241	
5 — 1/3	3,888	3,85	—	—	12,120	
15 roupies, mohur de Bombay	11,664	11,599	020	017-10	36,634	Effigie
2 pagodes 1/2 —	5,832	5,80	—	—	18,30	de la reine Victoria
1 — 1/4 —	2,916	2,90	—	—	9,14	—
1 £.............	7,9881	7,978	916 2/3	916	25,117	—
10 shillings...	3,094	3,08	—	—	12,53	—

Monnaies argent

DÉNOMINATION DES PIÈCES	POIDS		TITRE		OBSERVATIONS
	LÉGAL	MOYEN	LÉGAL	RÉEL	
1835-1900 Roupie, reine Victoria.	11,6638	11,55	916,66	916	Effigie Victoria ; depuis 1887 la tête de l'I mpé- ratrice en effigie est surmontée d'une cou- ronne.
1/2 —	5,8310	5,75	—	—	
1/4 —	2,0159	2,85	—	—	
1/8 —	1,457	1,45	—	—	

INDES FRANÇAISES

1 roupie = 8 fanons.
1 fanon = 2 annas.
1 anna = 12 païces.

Monnaies argent

DÉSIGNATION DES PIÈCES	POIDS		TITRE		OBSERVATIONS
	LÉGAL	MOYEN	LÉGAL	RÉEL	
Rupée Pondichéry......	11,4104	»	938 1/3	938³	La roupie anglo-indienne a cours légal. La valeur de la roupie est réglée le 25 de chaque mois par le gouverneur.
Double fanon	1,4795	»	908 1/3	908³	
Fanon.................	2,959	»	—	—	

INDES NÉERLANDAISES

Monnaies argent

DÉNOMINATION DES PIÈCES	POIDS en grammes		TITRE		OBSERVATIONS
	LÉGAL	MOYEN	LÉGAL	RÉEL	
1854 25 cents	3,180	3,05	720	718	
10 —	1,250	1,25	—	—	
5 —	0,610	0,60	—	—	

INDO-CHINE

Billets

Les billets en cours sont émis par la Banque de l'Indo-Chine qui a des succursales à Saïgon, Pondichéry, Haïphong, Hanoï et Pnom Penh.

Coupures de piastres : 1, 5, 20 et 100 remboursables en argent.

Monnaies argent

DÉNOMINATION DES PIÈCES	POIDS		TITRE		OBSERVATIONS
	LÉGAL	MOYEN	LÉGAL	RÉEL	
1888 Piastre de commerce.	27,215	27,15	900	899	La piastre française dite de commerce, la piastre mexicaine et leurs équivalentes sont admises dans les caisses publiques au taux officiel déterminé chaque mois par le gouverneur.
1/2 50 cents....	13,6075	13,55	—	—	
1/5 20 —	5,443	5,40	—	—	
1/10 10 —	2,721	2,67	—	—	
1896 Piastre...........	27	27	900	899	
Fractions en proportion					

ISLANDE

Billets

Les billets en cours sont ceux du Danemark et du Trésor islandais ; ces derniers, dont le montant émis s'élève à 600,000 kroner, servent comme paiements légaux.

Les billets islandais sont négociables au Danemark avec une perte d'environ 2 %.

ITALIE

Billets

Les billets en cours sont émis par la Banca d'Italia.

Coupures, lire : 1, 2, 5, 10, 25, 50, 100, 500, 1,000.

Les billets qui avaient été émis depuis le 19 juin 1886 par :

Banque Nationale d'Italie ;

Banca Nazionale Toscana ;

Banque Toscana de Credito per Industrie et Comm° d'Italia ;

Banco di Napoli ;

Banco di Sicilia.

ainsi que les billets de 25 lire émis au débit de l'État, ont cessé d'avoir cours le 1er juillet 1900.

Toutefois, les dits billets sont reçus à l'échange jusqu'au 30 juin 1904, dans les caisses des établissements émetteurs et, pour les coupures de 25 lire, à la Trésorerie Centrale du Royaume et ses sections de province.

Billets sans valeur :

Les billets : Consorzio degli instituti de emissione ; Biglietto gia consorziale, ont été retirés de la circulation.

Leurs coupures étaient de, lire : 0,50, 1, 2, 5, 10, 20, 100, 250, 1,000.

Les billets de la Banque Romaine n'ont plus cours légal depuis octobre 1894. Ils sont périmés depuis janvier 1896.

En dehors des billets de banque, il existe des Bons agricoles « Buonŭ agrarŭ » émis par les Instituts, mais ces bons n'ont pas cours légal.

Ils sont remboursables seulement par l'établissement qui les a émis : toutefois la Banca d'Italia les reçoit en paiement.

Italie	*Papes*	*Royaume des Deux-Siciles*
Charles-Albert.. 1798-1860	Pie VI........ 1775-1800	Ferdinand Ier... 1759-1799
Victor - Emma -	Pie VII....... 1800-1823	Joseph-Napoléon 1806-1808
nuel II...... 1860-1878	Léon XII...... 1823-1829	Joachim Murat. 1808-1815
Humbert Ier... 1878-1901	Pie VIII...... 1829-1831	François Ier.... 1825-1830
Victor - Emma -	Grégoire XVI.. 1831-1846	Ferdinand II... 1830-1859
nuel III..... 1901-	Pie IX........ 1846-1878	François II.... 1859-1860
	Léon XIII..... 1878	Réunion au royaume d'Italie 1861

Monnaies or

DÉNOMINATION DES PIÈCES	POIDS		TITRE		VALEUR INTRINSÈQUE	OBSERVATIONS
	LÉGAL	MOYEN	LÉGAL	RÉEL		
1765. Séquin de Venise...	3,4858	3,45	1,000	996	11,774	
1792-95-93. 96 lit genovine	25,112	25	916	909	78,103	Rép. génoise.
1811 Joseph-Napoléon, roi d'Italie	ʼ	ʼ	900	899	ʼ	Pièces de 10, 20, 40, 50, 80 et 100 lire.
1815 Marie-Louise de Parme	ʼ	ʼ	—	—	ʼ	Mêmes poids et titres que les pièces actuelles.
1820 Charles-Félix	ʼ	ʼ	—	—	ʼ	
1825 Victor-Emmanuel ...	ʼ	ʼ	—	—	ʼ	
1835 Charles-Albert	ʼ	ʼ	—	—	ʼ	
1825-57. 40 lit souverain lombard.............	11,3321	11,27	900	8938	31,698	
20 lit 1/2...	5,666	5,635	—	—	17,349	
1865-66. 5, 10, 20, 50, 100 lire	ʼ	ʼ	ʼ	ʼ	ʼ	Mêmes poids et titres que les pièces françaises.
1826-27. 40 florins Léopoldine.............	32,618	32,55	1,000	993	111,11	Légies : Pie IX, Victor-Emmanuel, Humbert Ier. Toscane.
30 ducats décuple.....	37,865	ʼ	956	993-96	ʼ	Pièces des 2-Siciles
15 — quintuple..	18,933	ʼ	—	—	ʼ	— —
1835-83-65. 10 Scudi Pape	17,336	17,23	900	899	53,30	Pièces papales
5 — —	8,668	8,61	—	—	26,603	—
2 1/2 —	4,334	4,305	—	—	13,301	—
1 Scudo —	1,7336	1,70	—	—	5,252	—

Ont également cours : Pièces de 10 fr. et 20 fr. de Tunis, de Monaco, de Roumanie et 5 roubles russes.

Monnaies argent

DÉNOMINATION DES PIÈCES	POIDS		TITRE		OBSERVATIONS
	LÉGAL	MOYEN	LÉGAL	RÉEL	
Ecus de Naples............	27,55	27,45	833 1/3	828	Essai sur 31 kilos toutes années 828 argent 0 or.
Lucques 5 fr. Félicie et Elise.	25	24,91	»	913	
1 — — .	5	4,91	»	900	
2 Carlo Lodi....	10	9,90	»	656	
1 —	5	4,81	»	658	
10 Soldi —	2,50	2,20	»	680	
Austria 1 lira.............	4,3309	4,29	900	895⅚	
Victor-Emmanuel, Humbert Ier Lire 5..................	25	24,90	900	899	Les pièces avant 1862 sont hors cours.
— 2..................	10	9,90	835	832	—
— 1..................	5	4,95	—	—	—
— 0,50..............	2,50	2,40	—	—	—
— 0,25..............	1,25	1,20	—	—	—
— 0,20	1	1	—	—	
Lombardie Vénétie Scudo 6 lire.	25,9856	25,90	900	895⅚	
ÉTATS PONTIFICAUX :					
Scudo....................	26,898	26,75	900	899	
1/2 Scudo 20 Baiocchi 1816 à 1850....................	»	»	»	902	
5 lire...................	25	24,90	900	899	
Lire 2 1/2, 2, 1, 0,50, 0,25 de 1851 à 1864	»	»	800	800	
Lire 2 1/2, 2, 1, 0,50, 0,25, de 1865 à 1870...........	»	»	835	831	

JAMAÏQUE

Billets

Les billets en cours sont émis par la Colonial Bank et la Bank of Nova Scotia, de Kingstown.

Coupures, £ : 1, 5 et 10, remboursables en monnaie anglaise argent.

La loi ne permet pas l'émission de billets au-dessous de £ 1.

Monnaies argent

DÉNOMINATION DES PIÈCES	POIDS		TITRE		OBSERVATIONS
	LÉGAL	MOYEN	LÉGAL	RÉEL	
1822 25 cents.......	6,6119	—	900	895	
12 1/2 —	3,2399	—	—	—	

JAPON

Billets

Les billets en cours sont ceux de la Banque du Japon « Nippon Ginko », qui a seule le droit d'émission.

Coupures émises sur la base de l'étalon d'argent :

Yen nouveaux : 1, 5, 10, 100.

Yen anciens : 1, 5, 10, 100.

1 yen ancien égale 2 yen nouveaux.

Coupures, émises sur la base de l'étalon d'or :

10 yen et 5 yen.

Tous ces billets sont remboursables en or.

Les billets émis par les Banques Nationales sont périmés.

1 yen = 100 sen.
1 sen = 10 rins.

Monnaies or

DÉNOMINATION DES PIÈCES	POIDS en grammes		TITRE		VALEUR INTRINSÈQUE	OBSERVATIONS
	LÉGAL	MOYEN	LÉGAL	RÉEL		
1833 1 kobang.....	13,0972	13	»	571 3	23,52	Essai a donné : { Or 559 / Ar 423 } hors cours
1834 1 —	12,5263	12,43	»	550 7	23,56	{ Or 538 / Ar 437 }
1 —	11,2393	11,20	»	568	21,86	{ Or 563 / » }
1/4 —	3,3187	3,23	»	591 1	6,60	{ Or 579 / Ar 417 }
1871 20 yen	33,3333	33,271	900	900	102,626	Ces pièces circulent au Japon pour le double de leur valeur nominale.
10 —	16,6667	16 637	—	—	51,463	
5 —	8,3333	8,30	—	—	25,671	
2 —	3,3333	3,30	—	—	10,980	
1 —	1,6667	1,65	—	—	5,490	
1897 20 yen	16,6665	16,65	900	899 4	51,50	Poids minimum auquel ces pièces sont acceptées par le Gouvernement. { 16,575 / 8,2875 / 4,1438 }
10 —	8,3333	8,33	900	—	25,75	
5 —	4,1666	4,16	900	—	12,65	

Monnaies argent

DÉNOMINATION DES PIÈCES	POIDS en grammes		TITRE		OBSERVATIONS
	LÉGAL	MOYEN	LÉGAL	RÉEL	
1868-1897 1 yen......	26,9561	26,85	900	900	Echangeables graduel-lement selon les moyens du Gouvernement, au taux de 1 yen or type 1897.
1868-1897 1/2 — 50 sen .	13,4782	13,40	800	800	
1/5 — 20 — .	5,3913	5,20	—	—	
1/10 — 10 — .	2,6956	2,60	—	—	
1/20 — 5 —	1,3478	1,30	800	800	
1871 50 — .	12,50	12,45	800	800	
20 — .	5	4,95	—	—	
10 — .	2,50	2,45	—	—	
5 — .	1,25	1,20	—	—	

JAVA (INDES NÉERLANDAISES)

Billets

Les billets en cours sont émis par la « Javasche Bank » et remboursables en or ou en argent.

Coupures de florins : 5, 10, 25, 50, 100, 200, 300, 500 et 1,000.

Ces billets se négocient en Hollande avec une perte d'environ
1 °/o.

Les billets émis à **Medan** en dollars sont remboursables en
piastres mexicaines argent.

Nota. — Les billets de banque javanais de 5 à 300 florins,
émission 1864-1866, sont démonétisés.

LABOAN (LABUAN)

Monnaies argent

1895. Le dollar argent mexicain est l'unité monétaire.

Le dollar anglais, celui de Hong-Kong, le yen japonais, ont
cours légal, ainsi que les pièces divisionnaires des Établissements
des Détroits.

LAGOS

Billets

Il n'y a pas de billets de banque en circulation, on rencontre cependant quelquefois des billets de la Banque d'Angleterre, mais ceux-ci n'ont pas cours légal.

Les transactions se règlent en or et argent anglais.

LIBERIA (RÉPUBLIQUE)

Monnaies or

DÉNOMINATION DES PIÈCES	POIDS		TITRES		OBSERVATIONS
	LÉGAL	MOYEN	LÉGAL	RÉEL	
S........................	26,7296	26,65	900	898	Il circule aussi au Liberia des pièces argent anglaises et américaines, et un certain nombre de pièces de 5 fr. françaises.
0 $ 50...................	12,50	12,35	—	—	
0 $ 25...................	6,25	6,20	—	—	
0 $ 10...................	2,50	2,45	—	—	

LUXEMBOURG

Billets

Les billets en cours sont ceux de la Banque Internationale de Luxembourg.

Coupures :

> Francs : 25 = 20 marks.
> — 100 = 80 —
> Thalers : 10 = 30 —

Tous payables en argent allemand.

Les billets de la Banque Nationale du Grand-Duché de Luxembourg sont sans valeur, cet établissement ayant fait faillite.

MAROC

Billets

Le Gouvernement marocain n'a aucune monnaie fiduciaire.
Il circule des billets de toutes nations échangeables au cours du
jour.

———

Monnaies argent

DÉNOMINATION DES PIÈCES	POIDS en grammes		TITRE		OBSERVATIONS
	LÉGAL	MOYEN	LÉGAL	RÉEL	
1891 10 onces...........	29,116	,	900	899	
5 —	14,558	,	835	833	
21/2 —	7,270	7,25	—	—	
1 — shrâia ...	2,911	,	—	—	
1/2 —	1,455	,	—	—	

MAURICE

Monnaies argent

DÉNOMINATION DES PIÈCES	POIDS		TITRE		OBSERVATIONS
	LÉGAL	MOYEN	LÉGAL	RÉEL	
1886 Victoria couronnée 20 cents..........	2,333	2,30	800	,	L'unité monétaire est la roupie des Indes orientales, on emploie aussi les monnaies anglaises.
10 —	1,166	1,15	—	,	

MEXIQUE

Billets

Les Banques ayant droit d'émission sont les suivantes :

Banco	Nacional du Mexico.	Mexico ou succursales.
—	de Londres et Mexico.	Mexico.
—	Yucateco.	Yucatan et Mérida.
—	Mercantil.	Yucatan et Mérida.
—	Mercantil de Vera Cruz.	Vera Cruz.
—	Oriental.	Puebla.
—	de San Luis Potosi.	San Luis Potosi.
—	Coahuila.	Torreon.
—	Nuevo Léon.	Monterey.
—	Mercantil.	Monterey.
—	de Sonora.	Hermosillo.
—	de Durango.	Durango.
—	Minero.	Chihuahua.
—	Minero.	G. Palacio.
—	de Jalisco.	Guadelajara.
—	Occidental.	Mazatlan.
—	del Estado de Mexico.	Toluca.
—	de Guanajualo.	Guanajualo.
—	de Zacatecas.	Zacatecas.
—	de Fabasco.	San Juan Baptista.

Les coupures sont de $ 1 à 1,000, remboursables en argent monnayé à 900/1,000.

La Banque Nationale du Mexique à Mexico reçoit au pair, les billets émis par ses succursales.

Le Banco Mexicano et le Banco Comercial à Chihuaha, ayant fusionné avec le Banco Minero de cette ville, celui-ci rembourse les billets émis par les Bancos Mexicano et Comercial.

Les billets des Banques provinciales ne supportent pas de perte de place à Mexico. Il y a exception pour les billets des Bancos de Yucateco à Yucatan, et Mercantil à Mérida, qui perdent actuellement (20 août 1901), 5 %, et pour le Banco de Fabasco à San Juan Baptista dont les billets perdent 1 1/2 %.

Hidalgo 1810		Bustamento 1829-1836-1841
Marclos 1815		Santa-Anna 1832-1836
Mina 1816		Paredès 1841-1846
Augustin 1er 1822-1823		Santa-Anna. 1843-1847-1853
République 1823		Juarez 1861
Victoria 1824		Maximilien 1861-1867
Pedrazza Guerrero 1828		République 1867

Monnaies or

DÉNOMINATION DES PIÈCES	POIDS		TITRE		VALEUR INTRINSÈQUE	OBSERVATIONS
	LÉGAL	MOYEN	LÉGAL	RÉEL		
1786- 848. Once 16 pesos.	27,0643	26,09	875	868	80,51	En proportion et au même titre que les onces.
fractions d'once.	»	»	—	—	»	
1864-67 20 pesos Maximilien	33,7784	33,72	875	872-73	101,11	
1864 et avant 20 pesos République	33,6307	33,59	—	—	100,72	
1867-1893 20 pesos . .	33,841	33,82	875	872-73	101,41	
10 — . .	16,92	16,88	—	—	50,61	
5 — . .	8,46	8,45	—	—	25,33	
2 1/2 — . .	4,23	4,20	—	—	12,59	
1 — . .	1,692	1,67	—	—	5,	

Monnaies argent

DÉNOMINATION DES PIÈCES	POIDS		TITRE		OBSERVATIONS
	LÉGAL	MOYEN	LÉGAL	RÉEL	
1822 1 piastre	27,074	26,95	902^{77}	900	1732 à 1771 type à colonnes 1771 à 1821 — buste 1821 à 1823 — effigie Iturbide 1821 à 1900 — aigle (République).
1867 1/2 peso, teston, 50 centavos	13,5300	13,17	902^{77}	900	Les pièces de 50 et 25 centavos sont démonétisées et ont été remplacées par des pièces de 40 et 20 cents.
1/4 — 25 —	6,7680	6,70	—	—	
1/10 — 10 —	2,7070	2 03	—	—	
1/20 — 5 —	1,3532	1,30	—	—	

MONACO

Charles III . . . . | Albert. 1889

Monnaies or

DÉNOMINATION DES PIÈCES	POIDS		TITRE		VALEUR INTRINSÈQUE	OBSERVATIONS
	LÉGAL	MOYEN	LÉGAL	RÉEL		
1878 100 francs........	32,2581	32,22	900	899 1/2	99,610	
20 —	6,4516	6,44	—	—	19,909	

MOZAMBIQUE

Billets

Le Banco Nacional Ultra Marino a seul le privilège d'émettre des billets.

Coupures de reis : 1,000, 2,500, 5,000, 10,000, 20,000, remboursables en argent portugais.

Il y a aussi en circulation une très petite quantité de billets de 2,500, 5,000 et 10,000 reis de l'ancienne émission « Junta de Fazanda ».

NATAL

Billets

Les billets en circulation sont émis par :
African Banking Corporation, Limited.
Bank of Africa Limited.
Natal Bank, Limited.
Standard Bank of South Africa, Limited.

Les coupures émises sont de : 10 shillings ; £ : 1, 5, 10 et 20 remboursables en or.

NICARAGUA

Billets

Les seuls billets autorisés sont ceux du Banco de Nicaragua et de son successeur, le London Bank of Central America Limited.

Les coupures sont de : $ 0,50, 15, , 50 et 100.

Le Gouvernement a émis quelques billets de : $ 0,25, 0,50, 1, 5.

Il ne reste en circulation qu'un petit nombre de billets, remboursables au fur et à mesure de leur présentation :

1º Du Banco de Nicaragua ;

2º Du Gouvernement, émis en 1885.

Monnaies argent

DÉNOMINATION DES PIÈCES	POIDS en grammes		TITRE		OBSERVATIONS
	LÉGAL	MOYEN	LÉGAL	RÉEL	
1880 1/5 20 cents......	5	4,90	900	,	Sont admis dans la circulation les soles du : Guatémala, Honduras, San-Salvador, Pérou, Chili ainsi que leurs fractions.
1/10 10 —	2,50	2,40	—	,	
1/20 5 —	1,25	1,20	—	,	

NORVÈGE

Billets

Billets en cours émis par le « Norges Bank » (banque de Norvège).

Coupures kroner : 5, 10, 50, 100, 500 et 1,000, remboursables en or.

NOUVELLE-GUINÉE (COLONIE ALLEMANDE)

Monnaies or

DÉNOMINATION DES PIÈCES	POIDS		TITRE		VALEUR INTRINSÈQUE	OBSERVATIONS
	LÉGAL	MOYEN	LÉGAL	RÉEL		
Mks 20...........	7,9649	7,962	900	899'	24,615	Effigie : oiseau de paradis, pièces de la Cie allemande.
— 10...........	3,9825	3,975	—	—	12,289	

OCÉANIE

Monnaies argent

DÉNOMINATION DES PIÈCES	POIDS		TITRE		OBSERVATIONS
	LÉGAL	MOYEN	LÉGAL	RÉEL	
1822 1/2 couronne marine.	13,528	16,500	902[7]	900	
1820 1/4 —	6,764	6,65	—	901	
1/8 —	3 382	3,32	—	898	
1/16 —	1,691	1,65	—	899	

ORANGE

Billets

Les billets en cours sont ceux de :
Standard Bank of South Africa.
The National Bank of Orange River Colony.
Bank of Africa Limited.
Coupures de £ : 0,10, 1, 5, 10 et 20, remboursables en or.

PARAGUAY

Billets

Le Gouvernement utilise les billets émis par les Banques
suivantes :
Banco Nacional del Paraguay ;
Banco del Paraguay y Rio de la Plata ;
Banco Comercio.
Le privilège d'émission a été retiré à ces Banques, et l'État, pre-
nant charge des billets de banque, a laissé les mêmes coupures en
cours : $ 0,05, 0,10, 0,20, 0,50, 1, 2, 5, 10, 20, 50, 100, 200.
Ces billets sont INCONVERTIBLES.
Conformément à la loi du 18 novembre 1899, l'État a mis en cir-
culation des billets stipulés :
Republica del Paraguay.
La Nacione reconoce este billete por.....

Francia (dictateur) . . . . . 1813-1840 | Lopez (Président). 1844-1863
Vidal (Président). . . . . 1840-1844 | Solano Lopez (Président). . 1863-1870

Monnaies or

DÉNOMINATION DES PIÈCES	POIDS en grammes		TITRE		VALEUR INTRINSÈQUE	OBSERVATIONS
	LÉGAL	MOYEN	LÉGAL	RÉEL		
4 patacons = escudo.	6,7295	6,70	875	870	20,031	
2 — 1/2	3,3647	3,35	—	—	10,017	
1 — 1/4	1,6824	1,65	—	—	4,938	

Monnaies argent

DÉNOMINATION DES PIÈCES	POIDS en grammes		TITRE		OBSERVATIONS
	LÉGAL	MOYEN	LÉGAL	RÉEL	
1854 1/2 S, 5 reales,	13,014	12,50	833 1/3	830	
1889 1 S..............	25	.	900		Effigie : lion surmonté
fractions..........	.	.	835		d'un bonnet phrygien.

PAYS-BAS

Billets

Les billets en cours sont ceux de la Nederlandsche Bank à Amsterdam.

Coupures, florins : 10, 25, 40, 60, 100, 200, 300 et 1,000.

Guillaume V...............	1751-1785	Réunion à l'Empire français..	1810-1814
Insurrection................	1785-1787	Guillaume Ier...............	1815-1831
Guillaume V rétabli........	1787-1795	Guillaume Ier, roi.........	1831-1840
République démocratique....	1795-1798	Guillaume II...............	1840-1849
— batave.........	1798-1805	Guillaume III...............	1849-1891
Louis-Napoléon.............	1806-1810	Wilhelmine................	1891-

Monnaies or

DÉNOMINATION DES PIÈCES	POIDS en grammes		TITRE		VALEUR INTRINSÈQUE	OBSERVATIONS
	LÉGAL	MOYEN	LÉGAL	RÉEL		
1795-98.. *Ryder 14 flor.*	9,9491	9,933	916 2/3	916	31,271	*République.*
1816-26-47-49. *20 flor. (double Guillaume).*	14,458	13,430	900	893³	41,519	Effigie: *Guillaume Ier et II.*
1816-1825. *10 florins (Guillaume).......*	6,729	6,714	—	—	20,756	— —
1816-1825. *5 flor. (1/2 Guillaume) ....*	3,3645	3,355	—	—	10,372	— —
1808-10. *20 florins....*	13,70	13,65	916 2/3	916	42,974	—*Louis-Napoléon*
10 —	6,90	6,84	—	—	21,531	— —
Avant 1847. Ducat....	3,494	3,468	935	978	11,657	Effigie: Homme à pied et armé
1847. *Ducat........*	3,4963	1,468	—	930	11,681	— *Guillaume II.*
Double ducat...	6,938	6,714	—	978	23,314	— —
1849-91. 10 florins....	6,729	6,714	900	899³	20,756	— Guillaume III et Wilhelmine.

Monnaies argent

DÉNOMINATION DES PIÈCES	POIDS en grammes		TITRE		OBSERVATIONS
	LÉGAL	MOYEN	LÉGAL	RÉEL	
1801-19-20 *Risdales, 2 1/2 fl.*	28,078	28,045	868	866	*Effigie : Homme à pied armé, ou Napoléon.*
1/2 — 1 1/4	14,128	14	—	—	
1839-1900 2 1/2 fl. Rijksdaaler.	25	24,95	945	944	Toutes les pièces antérieures à 1839 sont démonétisées.
1 — Gulden..	10	9,07	—	—	
1/2 — 50 cents..	5	4,95	—	—	
25 —...	3.575	3,50	640	638	
10 —...	1,40	1,80	—	—	
5 —...	0,685	0,65	—	—	

PÉROU

Billets

L'émission des billets de banque est interdite par la loi.

Monnaies or

DÉNOMINATION DES PIÈCES	POIDS en grammes		TITRE		VALEUR INTRINSÈQUE	OBSERVATIONS
	LÉGAL	MOYEN	LÉGAL	RÉEL		
1826 à 1863 once 16 S..	27,0643	26,988	870	870[5]	80,755	Essai a donné { or 86x / ar 90 En proportion et même titre que les onces.
fractions........	»	»	»	»	»	
1857 20 pesos 1 sol...	29,7543	29,70	900	898	91,666	
10 — 1/2 ...	14,8771	14,80	—	—	45,679	
5 — doublon..	7,4386	7,40	—	—	22,839	
2 — escudo...	2,9751	2,92	—	—	9,012	
1 — 1/2 ...	1,4877	1.40	—	—	4,321	
1863 20 soles	32,258	32,20	900	899[5]	99,518	
10 —	16,129	16,10	—	—	49,774	
5 —	8,0615	8,01	—	—	21,856	
2 —	3,2258	3.20	—	—	9,893	
1 — 10 dinéros	1,6129	1,60	—	—	4,946	
1896 1 £ = 10 soles ar.	7,9881	7,978	016 2/3	916	25,117	
1/2 £.........	3,991	3,985	—	—	12,55	

Monnaies argent

DÉNOMINATION DES PIÈCES	POIDS en grammes		TITRE		OBSERVATIONS
	LÉGAL	MOYEN	LÉGAL	RÉEL	
1822-52 1 peso-douro.....	27,064	26,98	903	9027	
1/2 —	13,532	13,45	—	—	
1837-38 1 peso, frappé d Cucco et Lima.	27,064	26,826	901	901	
1836 1/2 — —	13,532	13,478	667	650/657	
1835 1/4 — —	6,716	6,609	651	651	
1837-40 Peso, Nord-Pérou	27,079	26,74	900	8975	
— Sud-Pérou..	—	26,89	—	8993	
1863/1900 1 sol, 10 dincras.	25	24,83	900	898	
1/2 — 5 —	12,50	12,46	—	—	
1/5 — 2 —	5	4,90	—	—	
1/10 — 1 —	2,50	2,40	—	—	
1/20 — 1/2 —	1,25	1,15	—	—	

PERSE

Billets

Les billets en cours sont émis par la Banque Impériale de Perse.
Coupures, tomans : 1, 2, 3, 5, 10, 20, 25, 50, 100, 500, 1,000.
L'émission des billets de la Banque Impériale de Perse est basée exclusivement sur le kran d'argent.

La Banque Impériale de Perse n'a droit d'émission que pour un maximum de £ : 800,000. Ses billets sont remboursables en argent.

Ibrahim.....................	1747-1761	Feth-Ali-Chah.............	1797-1834
Kerim-Wakil..............	1761-1770	Mohammed Chah...........	1834-1848
Guerre civile..............	1770-1794	Nasser-Eddin-Chah........	1848-1896
Aga Mohammed	1794-1797	Mozaffer-Ed-Dine	1896

1 toman = 10 krans
1 kran = 20 chahis
1 chahis = 50 dinars

Monnaies or

DÉNOMINATION DES PIÈCES	POIDS		TITRE		VALEUR INTRINSÈQUE	OBSERVATIONS
	LÉGAL	MOYEN	LÉGAL	RÉEL		
Vieille frappe.						Effigie :
1 toman 10 krans.	3,45248	3,40	990	958-67	11,25	Lion au sabre.
1/2 — 5 — .	1,72624	1,70	—	—	5,60	
1/5 — 2 — .	0,6904	0,68	—	—	2,25	
Nouvelle frappe.						Effigie :
2 tomans avant 1870.	5,521	5,50	900	899 1/2	17	Lion Nasser-Eddine.
— — 1879......	5,754	5,75	900	—	17,77	
1 toman avant 1879.	3,260	3,20	—	—	9,89	
1 — 1879 10 krans.	2,877	2,85	—	—	8,81	
1/2 — — 5 — .	1,438	1,40	—	—	4,32	
1/5 — — 2 — .	0,575	0,55	—	—	1,70	

1 toman = 10 krans
1 kran = 20 schahis
1/2 — = 1 panabat
1 panabat = 10 schahis
4 schahis = 1 abassis
1 abassis = 1   turque
environ 0 fr. 23

Monnaies argent

DÉNOMINATION DES PIÈCES	POIDS en grammes		TITRE		OBSERVATIONS
	LÉGAL	MOYEN	LÉGAL	RÉEL	
Hors circulation					
Les anciens krans de....	»	4,795	760 à 950	»	
En circulation					
1857 à 1878 1 kran.....	4,987	»	900	»	Voir dans la partie
1/2 —	2,4935	»	—	»	« arbitrages » le tableau
1/4 —	1,217	»	—	»	des frappes avant 1877.
Nouvelle frappe					
5 krans...............	23,01	»	900	»	Effigie du Schah et du
2 krans...............	9,206	»	900	»	Lion couronné.
1 — = 20 schahis..	4,603	»	—	»	—
1/2 — où panabat....	2,301	»	—	»	—
1/4 — = 5 schahis...	1,150	»	—	»	—

PHILIPPINES

Billets

Les billets en cours étaient émis par le Banco Espanol Filipino. Coupures, piastres : 5, 10, 25, 50, 100, 200.

Depuis l'occupation américaine, leur circulation a été beaucoup réduite et n'est plus suffisante pour les demandes.

Monnaies or

DÉNOMINATION DES PIÈCES	POIDS en grammes		TITRE		VALEUR INTRINSÈQUE	OBSERVATIONS
	LÉGAL	MOYEN	LÉGAL	RÉEL		
4 pesos Doublon ...	6,766	6,75	875	870	20,183	
2 — Escudo....	3,383	3,35	—	—	10,017	
1 — Escudillo...	1,691	1,65	—	—	1,933	

Monnaies argent

DÉNOMINATION DES PIÈCES	POIDS		TITRE		OBSERVATIONS
	LÉGAL	MOYEN	LÉGAL	RÉEL	
1 escudo, 2 1/2 pesetas...	12,98	12,90	900	»	Les dollars mexicains argent ont également cours légal aux Philippines.
4 reales, 1 peseta......	5,192	5,10	—	»	
2 — 0,50 —	2,596	2,50	—	»	
1897 1 peso, 5 pesetas ...	25	—	900	896	

PORTO-RICO
Billets

Depuis avril 1900, sont seuls en cours les billets des États-Unis.

Avant l'occupation américaine, le Banco Espanol de Puerto Rico avait émis des billets de $: 5, 10, 20, 100, 200, remboursables en pesos argent, de l'île.

Cette Banque rembourse ses billets au fur et à mesure de leur présentation. Elle n'est plus autorisée à en émettre de nouveaux.

En 1895, le Gouvernement Espagnol, pour faciliter l'échange des piastres mexicaines en monnaie de l'île, avait émis des billets « Emissor de Ultramar » remboursables en pesos argent de l'île. Ces billets sont retirés de la circulation.

PORTUGAL ET COLONIES
Billets

Billets du Banco de Portugal.

Remboursables en or, reis : 10,000, 20,000, 50,000 et 100,000.

Remboursables en argent, reis : 500, 1,000, 2,500, 5,000.

Les billets remboursables en or et argent sont émis par le Banco de Portugal, et ont cours légal quelle que soit leur émission.

La Banco de Portugal a retiré ses billets de reis : 50,000, toutefois elle rembourse toujours jusqu'au dernier, les billets qu'elle retire de la circulation.

Billets de 50 et 100 reis. — Émission du Gouvernement.

1° Les anciennes coupures de 100 reis avec le revers fond blanc et au milieu le mot « BRONZE » *sont périmées* ;

2° Les billets de 50 et 100 reis, recto marron avec revers gris,

portant au milieu les armes du Portugal, avec le chiffre 100 reis, ont été retirés de la circulation, mais ils sont encore remboursés par le Gouvernement portugais et l'on ne sait quand il cessera de les recevoir.

La *Banca Ultramarino* émet des billets qui ont cours dans les colonies portugaises : Iles du Cap-Vert, Madère, Saint-Paul de Loanda, Goa, Macao, Timor, Mozambique, Guinée et Iles Açores. Ils se négocient au Portugal avec une perte de 7 à 10 %. Les billets « Insulano » sont ceux qui ont cours dans les iles adjacentes au Portugal. Ils se négocient avec une perte d'environ 25 % de leur valeur. (Billets de 20,000 reis, bistre sur fond blanc ; 10,000 reis, marron sur fond blanc.)

Les billets du Gouvernement de la province d'Angola ne sont échangeables que dans cette province.

Jean V..................	1700 à 1750	Maria II, 1re fois.......	1826 à 1828
Joseph Ier..............	1750 à 1777	Dom Miguel............	1828 à 1833
Maria Ier..............	1777 à 1799	Maria II 2e fois........	1833 à 1853
Jean VI régent..........	1799 à 1816	Pierre V..............	1853 à 1861
— roi...........	1816 à 1826	Louis Ier..............	1861 à 1889
Pierre IV........ mars 1826 à mai 1826		Carlos Ier.............	1889

Monnaies or — 1 couronne = 100 testons ; 1 teston = 100 reis

DÉNOMINATION DES PIÈCES	POIDS		TITRE		VALEUR INTRINSÈQUE	OBSERVATIONS
	LÉGAL	MOYEN	LÉGAL	RÉEL		
Avant 1722						
20,000 reis ou dobra	53,7891	53,05	916 2/3	914	168,537	30,000 reis après 1147?
10,000 — 1/2	26,8945	26,80	—	—	84,194	15,000 —
4,000 — 1/5	10,7578	10,70	—	—	33,615	6,000 —
2,000 — 1/10	5,3789	5,30	—	—	16,619	3,000 —
1,000 — 1/20	2,6891	2,60	—	—	8,167	1,500 —
100 — 1/50	1,075	1	—	—	3,111	600 —
1722 à 1835						
12,800 reis ou dobra	28,6875	28,60	916 2/3	914	89,811	16,000 —
6,400 — 1/2	11,3137	11,30	—	—	44,922	8,000 —
3,200 — 1/4	7,1718	7,12	—	—	22,366	4,000 —
1,600 — 1/8 escudo	3,5859	3,55	—	—	11,152	2,000 —
800 — 1/16 1/2	1,7929	1,75	—	—	5,497	1,000 —
1835						
5,000 reis ou couronne	9,5625	9,50	916 2/3	911	29,813	
2,500 — 1/2	4,78125	4,70	—	—	14,761	
10,000 — couronne	17,725	17,05	—	—	55,446	
5,000 — 1/2	8,8675	8,80	—	—	27,644	
2,100 — 1/5	3,517	3,50	—	—	10,991	
1,000 — 1/10	1,7735	1,75	—	—	5,497	

Monnaies argent

DÉNOMINATION DES PIÈCES	POIDS		TITRE		OBSERVATIONS
	LÉGAL	MOYEN	LÉGAL	RÉEL	
1795-1826 400 reis cruzado	11,38	11 30	900	899	
1802 400 — —	11,57	11,50	—	887 6	
1833-35 400 — —	11,64	11,55	916 2/3	911	
100 — 1/4	3,40	3,35	900	887 6	*Pièces coloniales*
960 — 3 patacons	»	26,80	916 2/3	902	
640 — 2 —	»	17,82	—	—	*Ces pièces avaient*
320 — 1 —	»	8,80	—	907	*anciennement cours au*
160 — 1/2 —	»	4,215	—	902	*Brésil par le double de*
80 — 1/4 —	»	1,76	—	—	*leur valeur nominale.*
1835 1000 reis krone	29,6129	29,548	916,66	912	
500 reis 1/2 kr. ou 5 testons	14,806	11,771	—	—	
200 1/5 — 2 —	5,9226	5,89	—	—	
100 1/10 — 1 —	2,962	2,88	—	—	
1854-1882.					
1000 reis ou 10 testons..	25	24,95	916 2/3	914	A l'effigie de :
500 — 5 — ..	12,50	12,45	916 2/3	914	Louis Ier.
200 — 2 — ..	5	»	—	—	Charles Ier et Amélie.
100 — 1 — ..	2,50	»	—	—	
50 — 1/2 — ..	1,25	»	—	—	

ROUMANIE

Billets

Les billets en cours ont été émis par la Banque Nationale de Roumanie.

Les coupures lei: 20, 100 et 1,000.

Le Gouvernement avait autrefois émis des billets hypothécaires en coupures de lei, 5 et 10. Ces billets ont été totalement retirés de la circulation.

Monnaies or

Ch. de Hohenzollern, prince en 1866, roi en 1881.

DÉNOMINATION DES PIÈCES	POIDS en grammes		TITRE		VALEUR INTRINSÈQUE	OBSERVATIONS
	LÉGAL	MOYEN	LÉGAL	RÉEL		
1867. 20 lei........	6,4516	6,41	900	899 5	19,009	
10 —	3,2258	3,21	—	—	9,029	
5 —	1,6129	1,60	—	—	4,910	

Monnaies argent

DÉNOMINATION	POIDS en grammes		TITRE		OBSERVATIONS
DES PIÈCES	LÉGAL	MOYEN	LÉGAL	RÉEL	
1867. 5 lei............	25	24,90	900	899	
2 —	10	9,90	835	833	
1 —	5	4,95	—	—	
50 bani	2,50	2,45	—	—	

RUSSIE

Billets de l'État

Coupures, roubles : 1, 2, 3, 5, 10, 25, 100, 500, remboursables en or.

En vertu d'une décision du Comité des Ministres approuvée par l'Empereur, le terme définitif pour l'échange des billets de crédit de *25 roubles, 10 roubles* et *5 roubles* émis en vertu de l'oukase impérial du 25 mai 1888, ainsi que des billets de *100 roubles,* émis aux termes de l'oukase impérial du 13 février 1868, est fixé au *31 décembre 1902.*

Ce délai expiré, les billets de crédit, anciens modèles, ne seront plus ni reçus en paiement par l'État, ni admis à la circulation obligatoire, par les particuliers.

Description des nouveaux billets :

Roubles 500. — *Recto :* à gauche, portrait de Pierre-le-Grand ; à droite, sur le talon même, portrait, mais plus grand, en filigrane, au milieu en bas, 500 sur fond noir, et de chaque côté, 500 en vert.

Verso : au milieu, armes impériales en violet sur fond rouge à droite, à gauche, ainsi qu'aux quatre coins, le nombre 500.

Roubles 100. — *Recto :* à gauche, portrait de Catherine II, surmontant le nombre 100 ; à droite, sur le talon, même portrait en filigrane, mais un peu plus grand.

Verso : au milieu, armes impériales ayant à droite et à gauche le nombre 100.

Roubles 50. — *Recto :* noir sur fond bleu, à droite Nicolas Ier, en dessous la date 1899, au milieu 50 en chiffres teintés jaune, à gauche en haut, l'aigle impériale, en bas 50 en un cartouche noir (pas de filigrane).

Verso : fond vert, 50 à chaque angle, à droite et en haut l'aigle impériale, en dessous, 50 en vert, surchargé de la mention « roubles », en russe, lettres rouges.

Roubles 25. — *Recto :* au milieu, les armes impériales ; à droite, en filigrane, le portrait d'Alexandre III ; aux quatre coins le nombre 25.

Verso : moitié bleu, moitié mauve; à droite, le nombre 25 encadré par six têtes de femme.

Roubles 10. — *Recto :* aux quatre coins, le nombre 10 ; en bas, une femme assise s'appuyant sur les armes impériales.

Verso : rouge au milieu, les armes impériales surmontées du nombre 10, en jaune ombré bleu pâle; aux quatre coins le nombre 10.
Dans le corps du billet, le nombre 10 en filigrane répété plusieurs fois.

Roubles 5. — *Recto :* en bas, une femme en bleu, tenant d'une main une épée, de l'autre un écusson aux armes impériales ; aux quatre coins le nombre 5 ; au milieu, à droite et à gauche, 5 en chiffres romains (V).

Verso : bleu, à chaque coin une tête de femme, entourée de petits 5, au milieu un grand chiffre 5.

Description des billets qui seront périmés en 1902 :

Roubles 100. — *Recto :* à gauche, l'aigle impériale, à droite le chiffre 100 ; le tout imprimé en noir sur fond jaunâtre.

Verso : les couleurs de l'arc-en-ciel ; au milieu le portrait de l'impératrice Catherine II ; à gauche et à droite le nombre 100.

Roubles 25, 10, 5. — *Recto :* le dessin est imprimé couleur bleue grasse, sur fond brun clair.

Là date de l'émission est écrite au bas du recto à gauche : sur les billets de roubles 5 (créés jusqu'en 1894) sur ceux de roubles 10 (créés jusqu'en 1892) et au milieu du recto sur les billets de roubles 25 (créés en 1887).

Verso : l'aigle impériale se trouve au milieu, à gauche de grands chiffres, à droite un extrait de la loi.

L'impression est en bleu sur les billets de roubles 5 ; en rouge sur ceux de roubles 10 et en lilas sur ceux de roubles 25.

Pierre III	1762	Nicolas Ier.	1825-1853
Catherine II	1762-1796	Alexandre II	1855-1881
Paul Ier.	1796-1801	Alexandre III.	1881-1897
Alexandre Ier.	1801-1825	Nicolas II	1897-

Monnaies or

DÉNOMINATION DES PIÈCES	POIDS en grammes		TITRE		VALEUR INTRINSÈQUE	OBSERVATIONS
	LÉGAL	MOYEN	LÉGAL	RÉEL		
1817-1826 et avant 10,30 R° ᵈᵉˢ Impér.	13,0881	13,07	916 2/3	916	41,148	
5,15 — 1/2 —	6,511	6,53	—	—	20,558	
1831 3 — Ducat.	3,9264	3,90	—	—	12,278	
1886 10 — Impér	12,903	12,88	900	899 1/2	39,8 9	
5 — 1/2 —	6,4516	6,41	—	—	19,009	
1897 15 R° papier Imp.	12,903	12,90	—	—	39,881	à l'effigie de Nicolas II.
7 50 — 1/2 —	6,4516	6,15	—	—	19,91	—
10 —	8,602	8,60	—	—	0,97	—
5 —	4,301	3,30	—	—	4,985	—

Monnaies argent

DÉNOMINATION DES PIÈCES	POIDS en grammes		TITRE		OBSERVATIONS
	LÉGAL	MOYEN	LÉGAL	RÉEL	
1810 *1 rouble*........	20,7315	20,51	868	»	*De 1823 à 1811 il a été frappé des pièces de 3 roubles en platine pur pesant 10 gr. 36; elles sont démonéti- sées depuis 1845. Il avait été également frappé des pièces de 6 et 12 roubles.*
1/2 — 50 kopecks	10,3658	»	—	»	
1/4 — 25 —	5,1829	5,15	—	»	
1837-38 *1 rouble*	20,7357	20,511	873	»	
Avant 1867 20 kopecks	4,0791	3,85	750	748	
15 —	3,0593	3	—	—	
10 —	2,0396	2	—	—	
5 —	1,0198	1	—	—	
1867 20 kopecks	3,5992	3,55	500	496	
15 —	2,6994	2,65	—	—	
10 —	1,7996	1,75	—	—	
5 —	0,8998	0,80	—	—	
1886-1900 *1 rouble*.......	20	19,90	900	898	
1/2 — 50 kopecks	10	9,90	—	—	
1/4 — 25 —	5	4,90	—	—	
20 —	3,599	3,50	500	495	
15 —	2,699	2,60	—	—	
10 —	1,709	1,70	—	—	
5 —	0,890	0,80	—	—	

ANCIEN ROYAUME DE POLOGNE

DÉNOMINATION DES PIÈCES	POIDS LÉGAL	POIDS MOYEN	TITRE LÉGAL	TITRE RÉEL	OBSERVATIONS
815-16 *10 zlot = R. 1 1/2*	31,077	»	858	»	*Le titre et le poids de ces pièces varient suivant millésime.*
5 — 3/4	15,5386	15,46	—	866	
2 — 3/10	9,086	»	593	»	
1 — 3/20	1,513	»	—	»	

SAINT-DOMINGUE

Billets

Depuis 1887, la Banque Nationale de Saint-Domingue a seule le droit d'émission, ceci pour une période de 50 ans.

Il a été émis :

    $ 800,500 de billets remboursables en $ mexicaines.

    $ 3,600,000   —   —   monnaie courante.

Coupures des 2 émissions : $ 2, 5 et 25.

Les types des deux émissions sont semblables. Les coupures de $ 100 ont été retirées de la circulation.

Les billets de la deuxième émission sont retirés de la circulation par le Gouvernement, par voie d'adjudication, ayant lieu toutes les quinzaines, à un taux qui n'est pas inférieur à une piastre mexicaine. Décembre 1899.

Description des billets.

$ 2. — *Recto :* vert bouteille.

Verso : à gauche, les armes de la République ; à droite, la tête de la République.

$ 5. — *Recto :* rouge brique.

Verso : au milieu, la tête de Christophe Colomb.

$ 25. — *Recto :* bistre ou jaune.

Verso : à gauche, un groupe ; à droite, armes de la République.

Certains billets portent au verso, à gauche, un triangle de contrôle, ce timbre n'est pas nécessaire.

En 1891, il avait été question d'adopter le système monétaire de l'Union latine, mais ce projet a été abandonné.

Sur quelques billets existe la mention suivante ; par exemple ceux de $ 5 :

« Ciento veinte cinco francos dominicanos valor reformado el ano 1891. »

On ne doit pas tenir compte de cette mention.

Monnaies argent

DÉNOMINATION DES PIÈCES	POIDS		TITRE		OBSERVATIONS
	LÉGAL	MOYEN	LÉGAL	RÉEL	
1 Piastre ou 5 francs..	25	.	900	.	
2/5 —	10	.	835	.	
1/5 —	5	.	—	.	
1/10 —	2,50	.	—	.	

SANDWICH (HAWAÏ)

Monnaies argent

DÉNOMINATION	POIDS en grammes		TITRE		OBSERVATIONS
DES PIÈCES	LÉGAL	MOYEN	LÉGAL	RÉEL	
1 S	26,729	26,70	900	»	Kalakana Ier.
1/2 —	12,50	12,10	—	»	—
1/4 —	6,25	6,20	—	»	—
1/10 — dime	2,50	2,45	—	»	—

SAN-SALVADOR

Billets

Les billets en cours ont été émis par le Banco Internacional :
Coupures de piastres 1, 5, 10, 25 et 100.
Banco Occidental : Coupures de piastres : 5, 10, 25, 100 et 500.
Ces billets sont remboursables en argent monnayé du Guatémala, Honduras, Équateur, Chili, Pérou et San Salvador à 900 millièmes.
Le Banco Internacional ayant fusionné avec le Banco Salvadoréno, celui-ci rembourse les billets émis par le premier.

Monnaies or

DÉNOMINATION	POIDS		TITRE		OBSERVATIONS
DES PIÈCES	LÉGAL	MOYEN	LÉGAL	RÉEL	
1892 20 S	32,26	32,20	900	»	
10	16,13	16,10	—	»	
5	8,065	8 05	—	»	
2 1/2	4,032	4	—	»	

Monnaies argent

DÉNOMINATION	POIDS		TITRE		OBSERVATIONS
DES PIÈCES	LÉGAL	MOYEN	LÉGAL	RÉEL	
1 $ Christophe-Colomb..	25	»	900	»	
2/5 — ..	10	»	835	»	
1/5 — ..	5	»	—	»	
1/10 — ..	2,50	»	—	»	

SÉNÉGAL

Billets

Les billets en cours sont émis par la Banque du Sénégal.
Les coupures sont de francs : 100, 500 et 1,000.

HAUT-SÉNÉGAL,
MOYEN-NIGER, SOUDAN FRANÇAIS

Billets

Il n'existe comme circulation fiduciaire que des billets de banque français importés par des négociants.

Les paiements dans l'intérieur se font au moyen de mandats-poste, ou de mandats et traites sur le Trésor.

La circulation monétaire se compose de pièces de 5 francs et de pièces divisionnaires des États de l'Union latine (Italie exceptée), ainsi que des pièces nationales en billon.

Le Trésor possède une réserve de billets de banque français et d'or servant au paiement des fonctionnaires et au rapatriement des officiers.

SERBIE

Billets

Les billets en cours sont émis par la Banque Nationale de Serbie.

Coupures dinars : 50 et 100, remboursables en or effectif ; dinars, 10, remboursables en argent.

Kara ou Czerni George......	1801-1812	Miloch (1)...............	1858-1860
Miloch Abrinovitch (1)......	1816-1839	Milan	1860-1883
Michel Abrinovitch.........	1839-1842	Alexandre Ier............	1889-
Alexandre Karageorgevitch..	1842-1858		

Monnaies or

DÉNOMINATION DES PIÈCES	POIDS en grammes		TITRE		VALEUR INTRINSÈQUE	OBSERVATIONS
	LÉGAL	MOYEN	LÉGAL	RÉEL		
1873. 20 dinars.....	6,1516	6,44	900	899 1/2	19,909	
10 —	3,2258	3,21	—	—	9,920	

Monnaies argent

DÉNOMINATION DES PIÈCES	POIDS en grammes		TITRE		OBSERVATIONS
	LÉGAL	MOYEN	LÉGAL	RÉEL	
1878. 5, 2, 1, 1/2 dinars.....	»	»	»	»	Même poids et titres que la Roumanie.

SIAM

Billets

Billets émis par la Banque de l'Indo-Chine à Bangkok de ticals : 5, 20, 80 et 100, remboursables en argent.

Billets émis par la Hong-Kong Bank et la Chartered Bank de Bangkok de ticals : 1, 5, 10, 40, 80, 100 et 400, remboursables en argent.

100 ticals équivalent à 60 piastres mexicaines (fixe).

1 tical	= 4 salungs.		1 tamlung	= 4 ticals.
1 salung	= 2 fuang.		1 chang	= 80 ticals.
1 fuang	= 4 pies.		1 hap	= 4,000 ticals.
1 pie	= 2 att.		1 tara	= 400,000 ticals.

Monnaies argent

DÉNOMINATION DES PIÈCES	POIDS		TITRE		OBSERVATIONS
	LÉGAL	MOYEN	LÉGAL	RÉEL	
Bat ou tical	15,2278	15,10	928	902	(6/10 $ Mexique) Effigie : Chulalong Korn.
1/4 salung	3,9527	3,30	920	—	—
1/8 fuang	1,911	»	907	—	—
1 $ ou double tical......	30.58	30,55	903	902	Effigie : Eléphant.
1/2 $ ou tical........	15,29	15	—	—	—
1/4 — salung	7,74	7,75	—	—	—
1/8 — fuang..........	3,87	3 85	—	—	—
1/16 — 2 pies..........	1,93	1,80	—	—	—

RÉPUBLIQUE SUD-AFRICAINE

(*Voir Transvaal*)

1 £	= 20 shillings.
1 shilling	= 12 pence.

Monnaies or

DÉNOMINATION DES PIÈCES	POIDS		TITRE		VALEUR INTRINRÈQUE	OBSERVATIONS
	LÉGAL	MOYEN	LÉGAL	RÉEL		
1 £.............	7.9881	7,978	916 2/3	916	25,117	Effigie du Président Krüger.
10 shillings........	3 991	3,98	—	—	12,53	—

La monnaie anglaise a cours dans les Républiques sud-africaines.

SUÈDE

Billets

Les billets en cours sont ceux émis par toutes les « Enskilda Bank » de Suède.

Les coupures sont de kroner : 10, 50, 100, 500 et 1,000, remboursables en or.

Ce privilège leur sera retiré en fin décembre 1903 et à partir de cette époque les billets seront émis par une banque d'État.

Les billets qui avaient été émis par :

Wadstena-Enskilda Bank

et Oskarshamns Enskilda Bank, sont périmés.

Gustave III............	1771-1792	Oscar Ier.............	1844-1859
Gustave IV...........	1792-1809	Charles XV...........	1859-1872
Charles XIII..........	1809-1818	Oscar II..............	1872
Charles XIV	1818-1844		

Mêmes rois que le Danemark jusqu'en 1814.

Monnaies or

DÉNOMINATION DES PIÈCES	POIDS		TITRE		VALEUR INTRINSÈQUE	OBSERVATIONS
	LÉGAL	MOYEN	LÉGAL	RÉEL		
1830 à 1845 Ducats	3,4909	3,46	986 1/9	985/75	11,713	
1868 10 fr. Carolin.	3,2258	3,20	900	899[5]	9,893	
1872-75						
20 couronnes ou 5 species thalers	8,9606	8,948	—	—	27,662	
10 — 2 1/2 —	4,4803	4,474	—	—	13,831	
5 — 1 1/4 —	2,2401	2,23	—	—	6,894	

Monnaies argent

DÉNOMINATION DES PIÈCES	POIDS en grammes		TITRE		OBSERVATIONS
	LÉGAL	MOYEN	LÉGAL	RÉEL	
Avant					
1872 4 rigsdalers (specie) .	34,006	33,95	750	746-751	
2 — 1/2 —	17,003	16,95	—	—	En Norvège toutes les couronnes et ore ainsi que les pièces frappées en 1874 et après ont seules cours légal.
1 —	8,50	8,47	—	—	
1/2 —	4,25	4,23	—	—	
1/4 —	2,125	2,10	—	-	
1/10 —	0,85	0,84	—	—	
1872-75 2 couronnes......	15	15	800	798	En Suède toutes pièces frappées après le 1er janvier 1875 ont seules cours légal.
1 —	7,50	7,40	—	—	
1/2 — 50 ore.	5	4,95	600		
40 —	4	3,90	—		
25	2,42	2,30	400		
10	1,45	1,40	400		

SUISSE

Billets

Les billets sont émis par les banques des divers cantons.
Coupures, francs : 50, 100, 500, 1,000.

Le pouvoir d'émission des banques est fixé à 50 % de leur capital, leur circulation doit être couverte, pour 40 %, par une encaisse métallique.

Les billets des divers cantons sont de même nature et de même format.

Les signatures et les villes indiquées diffèrent suivant les cantons. Ils ont cours dans toute la Suisse.

La Caisse fédérale à Berne rembourse les billets des Banques suivantes qui ont renoncé à leur privilège d'émission :

Banque de Zurich, payables jusqu'au 30 avril 1922.
Banque de Genève,   —   15 mai 1929.

Monnaies or

Pièce : 1870, 20 francs. Poids et titre comme en France.

Monnaies argent

Pièces : 1870, 1, 2, 5 francs et 50 centimes. Poids et titres comme en France.

TERRE-NEUVE

Monnaies or

Pièces : § 2. Poids : légal, 3,328. Titre légal : 916 2/3. La monnaie anglaise a cours à Terre-Neuve.

Monnaies argent

DÉNOMINATION DES PIÈCES	POIDS		TITRE		OBSERVATIONS
	LÉGAL	MOYEN	LÉGAL	RÉEL	
1881 50 cents..........	11,728	11,60	925	923	Victoria non couronnée
1865 20 —	4,713	4,65	—	—	—
1870 10 —	2,356	2,30	—	—	—
1804 5 —	1,1728	1,15	—	—	—

TRANSVAAL
(*Voir République Sud-Africaine*)
Billets

Les billets en cours sont ceux des :
    Bank of Africa, Limited.
    African Banking Corporation, Limited.
    National Bank of South African Republic, Limited.
    Nederlands Bank, Limited.
    Standard Bank of South Africa, Limited.
Coupures de £ : 1, 5, 10 et 20, remboursables en or.

Monnaies argent

DÉNOMINATION DES PIÈCES	POIDS		TITRE		OBSERVATIONS
	LÉGAL	MOYEN	LÉGAL	RÉEL	
5 shillings............	28,275	28,25	925	923	Effigie Kruger.
2 : — 6 pence	14,135	14,10	—	—	—
2 —	11,310	11,30	—	—	—
1 —	5,655	5,65	—	—	—
6 pence............	2,827	2,80	—	—	—
3 pence............	1,4138	1,40	—	—	—

TRINITÉ
Billets

Sous le contrôle du Gouvernement local, la Colonial Bank est seule chargée de l'émission des billets.

Les coupures des billets émis, remboursables en argent, sont : $ 5, 20 et 100 équivalant respectivement à £ : 1 : 0 : 10 — 4 : 3 : 4 et 20 : 16 : 8.

TRIPOLI
Billets

Il n'y a pas de circulation fiduciaire dans la Tripolitaine.

La circulation monétaire se compose de pièces d'or de 20 francs, de livres sterlings, livres turques, des monnaies d'argent turques et de l'union latine.

Monnaies or

Pièces : sequin. Poids légal en grammes, 2,55. Titre réel, 734.

La monnaie turque or et argent a cours dans le Vilayet de Tripoli.

Monnaies argent

DÉNOMINATION DES PIÈCES	POIDS en grammes		TITRE		OBSERVATIONS
	LÉGAL	MOYEN	LÉGAL	RÉEL	
1251-1835 120 paras mumein..	15,26	»	333 1/3	variable	3 1/3 métical.
120 — utechlik..	14.7094	»	245	—	
60 — altrnich..	7,516	»	262	—	
30 — houtletcen	3,6935	»	241	—	
15 — bouhamstash	1,8468	»	245	—	
7 1/2 — bouseboatash	0,8748	»	250	—	

TUNISIE

Monnaies or

DÉNOMINATION DES PIÈCES	POIDS en grammes		TITRE		VALEUR INTRINSÈQUE	OBSERVATIONS
	LÉGAL	MOYEN	LÉGAL	RÉEL		
1773 1/2 ducat...	1,2748	1,274	885 4	871	3,81	(*) A partir du 15 mars 1892 les pièces autres que celles de 20 et 10 fr. ont cessé de circuler, à l'exception des pièces de 25 piastres portant l'indication de leur valeur en francs (15 fr.), qui continuent à circuler.
Avant 1888 100 piastres..	19,492	19,15	900	892	59,630	
50 —	9,746	9,70	—	—	29,738	
25 —	4,873	4,85	—	—	14,869	
10 —	1,949	1,90	—	—	5,825	
5 —	0,974	0,95	—	—	2,912	
1888 100 —	19,450	19,40	900	892	59,476	
50 —	9,725	9,63	—	—	23,677	
25 — (*)	4,862	4,80	—	—	14,715	
10 —	1,915	1,90	—	—	5,825	
5 —	0,972	0,95	—	—	2,912	
1891 20 francs (*)	6,4516	6,44	900	899 1/2	19,909	
10 — (*)	3,2258	3,21	—	—	9,929	

Monnaies argent

DÉNOMINATION DES PIÈCES	POIDS en grammes		TITRE		OBSERVATIONS
	LÉGAL	MOYEN	LÉGAL	RÉEL	
Toutes pièces avant 1868......	»	»	»	210-333	
1868 5 piastres...............	*15,8939*	*15,80*	*900*	*8985*	
1872 5 — Bukanisah ...	*15,65*	»	*900*	»	
4 — Buarba.......	*12,52*	»	—	»	
3 — Butleta.......	*9,39*	»	—	»	*Toutes ces pièces*
2 — Burialin......	*6,25*	»	—	»	*n'ont plus cours.*
1 — Rial.........	*3,13*	»	—	»	
1/2 — Nusfia........	*1,56*	»	—	»	
1891 2 francs	10	9,07	835	»	
1 —	5	4,93	—	»	
0,50 centimes..........	2,50	2,15	—	»	

TURQUIE

Billets

Les billets en circulation sont ceux émis par la Banque Impériale Ottomane, de liv. trq. : 1, 5. 20 et 100, remboursables en or, à présentation. Toutefois les billets de 20 et 100 livres turques sont plutôt des bons à vue dont ils revêtent la forme imprimée et ne sont pas fréquents dans la circulation.

Les billets de banque français, anglais, allemands, autrichiens, russes, etc., circulent aussi en petite quantité, mais ils sont considérés comme du change sur l'étranger et se traitent au prix du jour.

Billets de 5 livres faux.

Fond jaunâtre au lieu de blanc. Le Toughra (chiffre impérial) est empâté et plus petit que dans le vrai billet ; il en est de même pour le cachet du commissaire impérial.

L'impression de la vignette bleue est comme effacée et sans relief, au verso la teinte est plus pâle que dans les billets ordinaires.

Mustapha III	1751-1757	Abdul-Medjid	1839-1861
Abdul-Hamid Ier	1774-1789	Abdul-Aziz.	1861-1876
Selim III	1789-1808	Mourad V	1876
Mustapha IV	1808	Abdul-Hamid II.	1876
Mahmoud II	1808-1839		

1 liv. turquo = 100 piastres.

1 piastro = 40 paras.

Monnaies or

DÉNOMINATION DES PIÈCES	POIDS		TITRE		VALEUR INTRINSÈQUE	OBSERVATIONS
	LÉGAL	MOYEN	LÉGAL	RÉEL		
Sequin Fondukli........	3,452	3,40	800	»	»	
1/2 —	1,647	1,60	—	»	»	
1/4 — Zermabouh.	0,805	0,75	—	»	»	
1811 500 S, Bourse, 5 Ltq.	36,082	36,040	916 2/3	916¹	113,47	Essai a donné Or 915⁶ Ar 18
250 — 1/2 21/2 —	18,041	18,018	—	—	56,70	
1815 100 — Medjidié 1 --	7,216	7,207	—	—	22,69	
1815 50 — 1/2 1/2 —	3,608	3,60	—	—	11,35	
1861 25 — 1/4 1/4 —	1,804	1,78	—	—	5,60	

Monnaies argent

DÉNOMINATION DES PIÈCES	POIDS en grammes		TITRE		OBSERVATIONS
	LÉGAL	MOYEN	LÉGAL	RÉEL	
1844-45 Medjidié 20 S jirmilik.	24,055	24,027	830	829	Les monnaies d 2, 1, 1/2 $ de frappe antérieure a 1844. sont au titre réel de 210 millièmes.
et après 10 — onlik ..	12,027	12,01	—	826	
5 — beschlik	6,013	5,99	—	824	
2 — i'kilik..	2,405	2,38	—	—	
1 — 40 paras	1,202	1,15	—	—	
1/2 — 20 paras	0,601	0,55	—	—	

URUGUAY

Billets

Les billet en cours sont ceux de :

1° Banco Italiano del Uruguay ; coupures de $: 10 et 100, remboursables en or ;

2° London et River Plate Bank ; coupures de $: 10 et 100, remboursables en or ;

3° Banque de la République orientale de l'Uruguay ; coupures de $: 10, 50, 100 et 500, remboursables en or.

$: 0,50, 1 et 5, payables en argent à présentation. Ces billets supportent à Montevideo une perte d'environ 2 %.

Au 31 janvier 1900, cette banque avait en circulation $: 4,620,939, dont 2,265,980 de billets payables en or et 2,365,959 de billets payables en argent.

A même date, elle possédait une réserve métallique de $: 4,928,170 en or et argent.

Billets hors circulation :

Ont été retirés de la circulation les billets du :

Banco de Espana y Rio de la Plata ;
Banco Comercial.

Le Banco Nacional est en liquidation depuis février 1898.

Billets sans valeur :

1° Banco Popular, cette banque n'ayant jamais existé ;

2° English Bank of the River Plate, qui a cessé d'exister ;

3° Les billets émis avant 1896, de la Banque de la République Orientale de l'Uruguay.

Monnaies or

DÉNOMINATION DES PIÈCES	POIDS en grammes		TITRE		VALEUR INTRINSÈQUE	OBSERVATIONS
	LÉGAL	MOYEN	LÉGAL	RÉEL		
Avant 1851 16 $ Once de la Plata.	27 086	26 8910	875	838	80,22	
Fractions d'once	»	»	»	»	»	En proportion et
1851 4 patacons ou 18:020	6,7295	6,70	875	870	20,034	même titre que les
2 — .	3,3617	3,34	—	—	10,017	onces.
1 — .	1,6824	1,63	—	—	4,938	

Monnaies argent

DÉNOMINATION DES PIÈCES	POIDS en grammes		TITRE		OBSERVATIONS
	LÉGAL	MOYEN	LÉGAL	RÉEL	
1854 Peso Douro S forte..	27,086	26,90	875	870	
5 réales 1/2 patacon.	13,011	»	833 1/3	830	
2 1/2 — 1/4 —	6,507	»	—	—	
1 1/4 — 1/8 —	3,253	»	—	—	
1873 1 peso............	25	24,95	900	»	
1/2 —	12,50	12,40	—	»	
20 centavos.	5	5	—	»	
10 —	2,50	2,50	—	»	

VÉNÉZUÉLA

Billets

Les billets en cours sont émis par :
Banco de Venezuela; coupures de bolivars : 20, 40, 100, 500, 1,000.
Banco Caracas; coupures de bolivars : 20, 40, 100, 400, 500, 1,000.
Banco de Macaraibo; coupures de bolivars : 20, 40, 100, 500, 1,000.
Les billets de ces banques sont remboursables en or ou en argent.

La monnaie d'or est la monnaie de paiement. La monnaie d'argent ne subit aucune dépréciation. (Janvier 1900.)

Extrait de la nouvelle constitution du Vénézuéla :

Article 130. — Ni les pouvoirs législatif ou exécutif, ni aucune autorité de la République ne peuvent, dans aucun cas, et sous aucun prétexte :

Émettre du papier monnaie ;

Mettre des billets de banque en circulation ;

Donner une garantie en papier ;

Permettre l'importation au Vénézuéla des monnaies étrangères autres que l'or.

Monnaies or.

DÉNOMINATION DES PIÈCES	POIDS en grammes		TITRE		VALEUR INTRINSÈQUE	OBSERVATIONS
	LÉGAL	MOYEN	LÉGAL	RÉEL		
1887-1888						
20 venezolanos 100 bolivars.	32,258	32,25	900	902[1]	99,99	Essal { Or 900[1] Ar 71
10 — 50 —	16,129	16,10	—	899[3]	49,783	»
5 — 25 —	8,064	8,04	—	—	24,850	»
4 — 20 —	6,4516	6,44	—	—	19,905	»
2 — 10 —	3.2258	3,21	—	—	9,921	»
1 — 5 —	1,6129	1,60	—	—	4,945	»

Monnaies argent.

DÉNOMINATION DES PIÈCES	POIDS en grammes		TITRE		OBSERVATIONS
	LÉGAL	MOYEN	LÉGAL	RÉEL	
1872-73 et après					
1 venezolano.	25	24,97	900	899	
1872-73 2 1/2 bolivars ...	12,50	»	835	»	
1893 2 — ...	10	9,95	—	»	
1 — ...	5	4,90	—	»	
50 centavos...	2,50	2,43	—	»	
25 — ...	1,25	1,20	—	»	

ZANZIBAR

Monnaies

Il n'y a pas de billets de banque en cours.

La circulation monétaire se compose des roupies et fractions Anglo-Indiennes et Deutsche Ost Africanische.

Monnaies or

DÉNOMINATION DES PIÈCES	POIDS en grammes		TITRE		VALEUR INTRINSÈQUE	OBSERVATIONS
	LÉGAL	MOYEN	LÉGAL	RÉEL		
5 dollars.........	8,359	8,335	900	900	25,782	

Les pièces anglaises or et argent ont cours au Zanzibar.

Monnaies argent

DÉNOMINATION DES PIÈCES	POIDS en grammes		TITRE		OBSERVATIONS
	LÉGAL	MOYEN	LÉGAL	RÉEL	
1883 et 85 1 dollar............	27,215	»	900	»	
Roupie anglo-indienne	11,6656	11,55	910 2/3	910	
8 annas	5,8319	5,75	—	—	
4 —	2,0159	2,85	—	—	
2 —	1,457	1,45	—	—	
2 roupies deutsche ost Afrikanische	23,3276	23,20	—	—	
1 roupie deutsche ost Afrikanische	11,6638	11,60	—	—	
8 annas —	5,8319	5,80	—	—	
4 — —	2,9159	2,00	—	—	
2 — —	1,457	1,40	—	—	
1 roupie Mombaza east Africa company...	11,6638	»	910 2/3	—	

NOUVELLE-ZÉLANDE

Billets

Toute banque dûment incorporée peut, avec certaines restrictions, émettre des billets.

Ces billets sont remboursables en or.

Les banques ayant émis des billets étaient, en janvier 1900:

    Bank of New Zealand ;

    Union Bank of Australia Limited ;

    Bank of New South Wales ;

    Bank of Australasia ;

    National Bank of New Zealand Limited.

Les monnaies or et argent anglaises ont cours légal.

DEUXIÈME PARTIE

———

ARBITRAGES

ET

PARITÉS

ARBITRAGES ET PARITÉS

Nota. — Les Parités des Changes avec l'Etranger ont été ramenées à vue en tenant compte des intérêts aux taux officiels des Banques d'Etat, mais il y a lieu de remarquer que les opérations effectives sont en général traitées au taux privé.

AFGHANISTAN

L'unité monétaire est la *roupie de Kaboul*, monnaie d'argent, qui vaut deux *krans* d'argent ou 72 *pice*, monnaie de bronze, soit environ 1 fr. 80.

D'après les rapports officiels, ce sont les *krans* que la Monnaie de Kaboul a frappés jusqu'ici. Elle frappera bientôt une monnaie d'argent plus petite valant le tiers du *kran :* elle projette, en outre, de frapper une monnaie d'or de la valeur de 25 francs et de nouvelles pièces d'argent de 6 et 3 francs.

En ce qui concerne les monnaies de bronze, les seules frappées actuellement sont les *pice* d'une valeur de deux centimes et demi. Il est question d'en créer d'une valeur de 50 centimes.

ALLEMAGNE

BERLIN

Frais de transport

	POUR L'OR			POUR L'ARGENT		
	de PARIS à					
	Berlin	Francfort	Aix-la-Chapelle Strasbourg	Berlin	Francfort	Aix-la-Chapelle Strasbourg
Fret et assurance, parcours franco-belge	1.050	1.050	1.050	1.050	1.050	1.050
Fret et assurance. parcours allemand, taxe au poids	1.750	1.200	0.325	0.120	0.072	0.020
Assurance allemande.	0.170	0.170	0.170	0.170	0.170	0.170
Emballage	0.540	0.510	0.540	0 020	0.020	0.020
Droit fixe : 0,10 par colis	0.020	0.020	0.020	0.004	0.004	0.004
Taxe au poids de la caisse	0.180	0.150	0.333	*	*	*
Par 1.000 francs. . . .Fs	3.710	3.130	2.438	1.364	1.316	1.264

Les frais de transport pour l'or sont :

De Berlin à Londres, par Hambourg.   1/6 % fret.

—   par la poste, pour des sommes minimes. . . . . . .   Mk 0,50 jusqu'à 5 kilos.

De Berlin à Londres, par la poste, par chaque kilo en sus . . . .   Mk 0,20.

Assurance à la poste par Mk 300 de valeur. . . . .   Mk 0,05.

De Berlin à New-York { Fret et transport.   1/5 % environ.

Assurance . . . .   1/8 %   —

De Francfort à Wien, transport et assurance
d'un envoi de Mk 80,000 . . . . Mk 24.
                              Soit. . . . . . . 0,30 %₀.

De Paris à Strasbourg-Metz et Mulhouse,
pour envois de 100,000 fr. or en caisse pesant 34 à
35 kilos . . . . 1 1/8 %₀.

De New-York à Brême, pour envoi d'or, fret. 0,93 3/4 %₀.
        —   emballage et menus
frais . . . . 0,07 %₀.

De Brême à Londres, pour envoi d'or, fret . 1/8 %₀.
        —   emballage et menus frais 1/10 %₀.

HAMBOURG

Frais pour envois d'or et d'argent de *Hambourg* à :
Londres jusqu'à 100,000 Mk de valeur déclarée. 1/6 %₀.
    — au-dessus de —   —   1/8 %₀.
Amsterdam. . . . . 1/2 %₀.
Berlin . . . . 1/6 %₀.
Frêt de *New-York à Brême* . . . . 3/32 %₀.

Les frets pour envois d'or de *Hambourg à New-York* par
vapeur hambourgeois sont :
Jusqu'à concurrence de 500,000 Mk . . . . . 1/4 %₀.
Pour envois de plus de 500,000 Mk . . . . . 1/8 %₀.
Prime d'assurance. . . . . 1/5 %₀.
        Droit de timbre 10 pfennigs par 2,000 Mk.

Frais d'emballage et de transport :
Pour envois d'un million Mk et moins . . . . 0,10 %₀.
    —   supérieurs à un million de Mk. . 0,08 %₀.

BERLIN

Changes

			MARK					MARK
Amsterdam . .	100 fl.	8 j.	168.65 b	New-York . .	1 $.	à vue	4.205 G	
—	—	2 mois	167.40 b	—	—	2 mois		
Bruxelles, Anvers.	100 fr.	8 j.	86.65 B	Paris	100 fr.	8 j.	80.80 b G	
—	—	2 mois	80.10 G	—	—	2 mois		
Scandinavie. .	100 kron.	10 j.	112.05 G	Wien	100 cour.	8 j.	84.55 b	
Copenhague. .	—	8 j.	112.10 b	—	—	2 mois	83.95 b	
Londres . . .	1 £g.	8 j.	20.43 B	Suisse. . . .	100 fr.	8 j.	80.55 B	
—	—	3 mois	20.23⁵ B	—	—	2 mois		
Lisbonne. . .	Milreis.	14 j.		Italie	100 lit.	10 j.	75.35 b	
—	—	3 mois		St- Pétersbourg	100 r.	8 j.	215 40 G	
Madrid. . . .	100 pᵃˢ.	14 j.	66 b	—	—	3 mois	212.30 b	
—	—	2 mois		Varsovie . . .	—	8 j.	215.60 b 215.70 G	

G signifie Geld = (argent) ou demandé.
B — Brief = offert.
b — bezahlt = payé ou fait.

Pour le calcul des intérêts.
mois de 30 jours.
année de 360 jours.

PARITÉS : ramenées à vue

Paris (cours à 8 jours intérêts au taux Banque français).

$$x \text{ fr.} = 100 \text{ Mk.}$$
$$(80.80 + 8 \text{ j. à } 4\%) \text{ Mk. } 80.871 = 100 \text{ fr.}$$
$$x = 123.653$$

$$x \text{ Mk.} = 100 \text{ fr.}$$
$$\text{Fr. } 123.653 = 100 \text{ Mk}$$
$$x = 80.871$$

COURS A BERLIN A 8 JOURS	PARITÉ CORRESPONDANTE, ESCOMPTE CALCULÉ A					
	2 %	2 1/2 %	3 %	3 1/2 %	4 %	4 1/2 %
80.50	124.16	124.14	124.14	124.12	124.11	124.09
55	124.09	124.07	124.06	124.04	124.07	124.02
60	124.01	124. .	123.98	123.97	123.93	123.94
65	123.93	123.92	123.91	123.80	123.88	123.86
70	123.86	123.84	123.83	123.81	123.80	123.79
75	123.78	123.77	123.75	123.74	123.72	123.71
80	123.70	123.69	123.67	123.66	123.65	123.63
85	123.63	123.61	123.60	123.59	123.57	123.56
90	123.55	123.51	123.52	123.51	123.49	123.48
95	123.48	123.46	123.45	123.13	123.42	123.41
81.	123.40	123.38	123.37	123.36	123.34	123.33
05	123.32	123.31	123.29	123.28	123.27	123.25
10	123.25	123.23	123.22	123.20	123.19	123.18
15	123.17	123.16	123.14	123.13	123.11	123.10
20	123.10	123.08	123.07	123.05	123 04	123.02
25	123.02	123. .	122.99	122.98	122.96	122.95
30	122.94	122.93	122.91	122 90	122.89	122.87

Amsterdam (cours à 8 jours, intérêts au taux Banque à Amsterdam).

$$x \text{ fl.} = 100 \text{ fl.}$$
$$\text{Fl. } 100 = 168.80 \text{ (Mk } 168.65 + 8 \text{ j. à 4 \%)}.$$
$$(80.80 + 8 \text{ j. 4 \%) Mk } 80.871 = 100 \text{ fr.}$$
$$x = 208.726$$

$$x \text{ Mk} = 100 \text{ fl.}$$
$$\text{Fl. } 100 = 208.726 \text{ fr.}$$
$$\text{Fr. } 100 = 80.871 \text{ Mk}$$
$$x = 168.80$$

Bruxelles (cours à 8 jours, intérêts au taux Banque Belge).
Et Suisse (—   —   Suisse).
Conjointés comme Paris.

Scandinavie (cours à 10 jours, intérêts au taux Banque en Suède ou Norwège).

$$x \text{ fr.} = 100 \text{ kronors.}$$
$$\text{Kron. } 100 = 112.49 \text{ Mk (112.05} + 10 \text{ j. à 4 1/2)}$$
$$\text{Mk } 80.871 = 100 \text{ fr.}$$
$$x = 138.72$$

$$x \text{ Mk} = 100 \text{ kronors}$$
$$\text{Kron. } 100 = 138.72 \text{ fr.}$$
$$\text{Fr. } 100 = 80.871 \text{ Mk}$$
$$x = 112.49$$

Copenhague (cours à 8 jours, intérêts au taux Banque danois).
Comme Scandinavie, mais cours en mark, plus 10 jours intérêts.

Londres (cours à 8 jours, intérêts au taux Banque à Londres).

x fr. $= 1$ £	x Mk $= 1$ £
£ $1 = 20.421$ Mk (20.403 $+ 8$ j. 4 %)	£ $1 = 25.251$ fr.
Mk $80.871 = 100$ fr.	Fr. $100 = 80.871$ Mk
$x = 25.251$	$x = 20.421$

Madrid (cours à 14 jours, intérêts au taux Banque en Espagne).

x fr. $= 500$ P^{as}	x Mk $= 100$ P^{as}
P^{as} $100 = 66.454$ Mk (66 $+ 14$ j. 6 %)	P^{as} $500 = 409.009$ fr.
Mk $80.871 = 100$ fr.	Fr. $100 = 80.871$ Mk
$x = 409.009$	$x = 66.469$

New-York (cours à vue).

$$x \text{ fr.} = 100 \text{ S}$$
$$\text{S } 100 = 420.5 \text{ Mk}$$
$$\text{Mk } 80.871 = 100 \text{ fr.}$$
$$x = 519.96$$

$$x \text{ Mk} = 1 \text{ S}$$
$$\text{S } 100 = 519.96 \text{ fr.}$$
$$\text{Fr. } 100 = 80.871 \text{ Mk}$$
$$x = 1.205$$

Wien (cours à 8 jours, intérêts au taux Banque en Autriche).

$$x \text{ fr.} = 100 \text{ Cour.}$$
$$\text{Cour. } 100 = 84.662 \text{ Mk } (84.55 + 8 \text{ j. } 6 \text{ %})$$
$$\text{Mk } 80.871 = 100 \text{ fr.}$$
$$x = 104.687$$

$$\text{Mk } x = 100 \text{ Cour.}$$
$$\text{Cour. } 100 = 104.687 \text{ fr.}$$
$$\text{Fr. } 100 = 80.871 \text{ Mk}$$
$$x = 84.662$$

Italie (cours à 10 jours, intérêts au taux Banque en Italie).

$$x \text{ fr.} = 100 \text{ Lire.}$$
$$\text{Lire } 100 = 75.45 \text{ Mk } (75.35 + 10 \text{ j. } 5 \text{ %})$$
$$\text{Mk } 80.871 = 100 \text{ fr.}$$
$$x = 93.08$$

$$x \text{ Mk} = 100 \text{ Lire}$$
$$\text{Lire } 100 = 93.08 \text{ fr.}$$
$$\text{Fr. } 100 = 80.871 \text{ Mk}$$
$$x = 75.45$$

Saint-Pétersbourg (cours à 8 jours, intérêts au taux Banque en Russie).

$$x \text{ fr.} = 100 \text{ R.}$$
$$\text{R. } 100 = 215.687 \text{ Mk } (215.40 + 8 \text{ j. } 6 \text{ %})$$
$$\text{Mk } 80.871 = 100 \text{ fr.}$$
$$x = 266.705$$

$$x \text{ Mk} = 100 \text{ R.}$$
$$\text{R. } 100 = 266.705 \text{ fr.}$$
$$\text{Fr. } 100 = 80.871 \text{ Mk}$$
$$x = 215.687$$

Lingots

Leur poids doit être d'au moins 5 livres, et leur titre de 900 millièmes.

Ils ne sont considérés comme or fin, qu'à partir de 994/1000.

Les lingots, lorsqu'ils sont vendus à la Banque d'Allemagne, doivent être essayés de nouveau, s'ils proviennent de l'étranger, à l'exception toutefois de ceux portant l'estampille d'un fondeur anglais.

L'essayage anglais est identique à l'essayage allemand.

La Banque d'Allemagne ne compte jamais de courtage pour l'achat de barres.

Dans un envoi d'un certain nombre de barres, il n'est pas indispensable que chacune, prise séparément, ait le titre minimum de 900/00 ; il suffit que l'ensemble atteigne la moyenne de 900/00.

Les vendeurs sont responsables du titre vis-à-vis de la Banque d'Allemagne pendant 3 mois.

La Monnaie n'admet pas les bulletins d'essais étrangers ; par suite, il y a lieu de tenir compte des frais d'essayage à raison de Mk 3 par barre.

Les *frais d'essais* sont :

pour l'argent de...........	Mk.	3 par barre.	
pour l'or jusqu'à 6 livres..	»	1	»
» 12 » ..	»	2	»
» 20 » ..	»	3	»
au delà de 20 livres........	»	0,15 pfennig par livre.	

Droits. — La douane ne prélève à l'entrée aucun droit pour les métaux précieux de provenance française.

Avances. — La Banque d'Allemagne paye la livre d'or pur Mk 1392 et avance, le jour du dépôt, les 9/10 environ.

Le courtage est de 4/5 0/00 ; cependant ces affaires se traitent généralement à un change net.

———

CONJOINTES

Barres Or.

Parité

x fr. = 1 kilog. fin.	x fr. = 100 Mk.
Kil. fin 1 = 2 livres.	(cours) Mk 1392 = 1 livre fin.
Livre 1 = 1392 Mk (cours).	Livres fin 2 = 1 kil. fin.
Mk 100 = 123 fr. (à vue).	Kilog. fin 1 = 3437 fr. (pair à Paris).

Barres Argent

Parité

x fr. = 1 kilog. fin.	x fr. = 100 Mk.
Kil. fin 1 = 2 livres fin.	(cours) Mk 150 = 1 livre.
Livre fin 1 = 150 Mk (cours).	Livres 2 = 1 kilog.
Mk 100 = 123 fr. (à vue).	Kilog. 1 = 105 fr. (cours à Paris).

Envoi de lingots d'or de Londres à Berlin, étant donués :

1° Le cours de l'or à Londres sh. **77/10 1/2**.

2° Le Londres à 8 jours à Berlin Mk **20.34** pour papier timbré anglais.

3° Le taux d'escompte de la Banque **4 %**.

x Mk = 1000 gr. fin.

Fin gr. 31.103¹ = 1 oz fin.

Oz fin 11 = 12 oz brut.

Oz brut 10 = 77/11 1/2 sh. ou pence 931 1/2.

Pence 240 = 20.34 Mk à 8 jours, plus 3 jours de grâce, soit 11 jours à 4 0/0 ou Mk 20.36486.

D'où x = 2783.41 Mk.

Parités

x Mk = 1 £.

£ 1 = 240 pence.

Pence 931 1/2 = 1 oz brut.

Oz brut 12 = 11 oz fin.

Oz fin 1 = 31.1035 gr.

Gr. 1000 = 2784 Mk.

Envoi de lingots d'or de Berlin à Londres pour compte de Paris.
L'once étant cotée à Londres............ Sh. 77 3/4.
La Livre sterling étant cotée à Paris à vue. Fr. 25,25.
Le Reichsmark   —   ...... » 123 1/2

Conjointe : Prix de revient en Mk du kilogr. d'or fin acheté à Berlin et vendu à Londres.

x Mk   = 1.000 gr. fin.
Gr. fin 31.1035 = 1 oz fin.
Oz fin 11   = 12 oz brut.
Oz brut 1   = 77 3/4 shillings (cours).
Sh. 20   = 1 £ fixe.
£ 1   = 25,25 fr. à vue (cours).
A vue (cours). fr. 123 1/2 = 100 Mk fixe.

Parités

pour 1 £	pour 100 Mk
x fr. = £ 1.	x fr. = 100 Mk.
£ 1 = 20 sh.	(cours) Mk 1391 = 1 livre fin.
(cours) Sh 77 3/4 = 1 oz brut.	Livres fin 2 = 1000 gr. fin.
Oz brut 12 = 11 oz fin.	Gr. fin 31,1035 = 1 oz fin.
Oz fin 1 = 31,1035 gr. fin.	Oz fin 11 = 12 oz brut.
Gr. fin 1000 = 2 livres fin.	Oz brut 1 = 77 3/4 sh. (cours).
Livre fin 1 = 1391 Mk (cours).	Shillings 20 = 1 £.
Mk 100 = 123 1/2 fr. cours à vue	£ 1 = 25,25 fr. cours à vue.

Envois d'or de New-York

Contre un dépôt suffisant, la Reichsbank accorde quelquefois, au moment de l'annonce par fil des envois d'or, une avance de 10 jours franco intérêts.

Dans le cas où le dernier jour d'un mois tomberait dans cette période de dix jours, la Reichsbank chargerait un jour d'intérêt à son taux pour les nantissements.

Si la livraison de l'or a lieu après l'expiration des 10 jours, la Reichsbank compte pour chaque jour de retard les intérêts à raison de son taux officiel pour l'escompte des effets de commerce.

Les versements en dollars or peuvent être effectués aux succursales de la Reichsbank, à Hambourg ou à Brême.

Monnaies

La Banque d'Allemagne achète les monnaies par 500 grammes, franco courtage. Elle accepte :

Les Impériales de R° 5, 15.............	à Mk	1,275,072	par livre.
Souverains	—	1,275,768	—
Ducats (Autriche)...................	—	1,371,12	—
Napoléons et 20 Kronors.............	—	1,252,104	—
Ducats de Hollande.................	—	1,361,376	—
Aigles............................	—	1,252,80	—
Florins Hollande...................	—	1,252,6608	—
Alphonses XII frappés après 1880......	—	1,249,8768	—
Impériales de 5 R°.................	—	1,252,5216	—
Lingots...........................	—	1,392	—

Les pièces de 20 francs de Belgique, Italie, Serbie, Monaco, de 20 lei de Roumanie et de 8 florins d'Autriche sont acceptées, comme les Napoléons, depuis le 8 novembre 1887.

Sur les Napoléons, la Banque d'Allemagne déduit généralement 1/2 gramme de chaque sac pour déchet. Elle ajoute à cette déduction 1/10 0/00 de perte pour les pièces de 5 et 10 francs.

Le prix auquel elle achète les diverses monnaies est invariable.

CONJOINTES POUR MONNAIES

Ordinairement toutes les opérations en monnaies étrangères se traitent au poids.

Dans le cas où l'on achète les monnaies à la pièce pour être fondues, il y a lieu de faire le calcul suivant :

Exemple : Achat d'Impériales russes cotées Mk 16.68.

$$x \text{ fr.} = 1000 \text{ gr. fin.}$$
$$\text{Gr. fin } 916 = 1000 \text{ gr. fin.}$$
$$(\text{Poids moyen}) \text{ brut } 6 \text{ gr. } 538 = 1 \text{ Impériale.}$$
$$\text{Impériale } 1 = 16.68 \text{ Mk (cours).}$$
$$\text{Mk } 100 = 123 \text{ fr. à vue (cours).}$$

Parités

$$x \text{ fr.} = 100 \text{ Mk.}$$
$$\text{Mk } 16.68 = 1 \text{ Impériale.}$$
$$\text{Impériale } 1 = 6.538 \text{ gr. brut.}$$
$$\text{Gr. brut } 1000 = 916 \text{ gr. fin.}$$
$$\text{Gr. fin } 1000 = 3,437 \text{ fr. plus prime à Paris.}$$

Recherche du prix de revient de pièces traitées au poids
Exemple·pour Napoléons.

x fr. $=$ 1 Napoléon.	**Parité**
Napoléon 1 $=$ 6,438 gr. brut.	x fr. $=$ 100 Mk.
Gr. brut 1000 $=$ 2 livres.	Mk 1252.104 $=$ 1 livre.
Livre 1 $=$ 1252,104 Mk (cours)	Livres 2 $=$ 1000 gr. brut.
Mk fixe 100 $=$ 123 fr. à vue.	Gr. brut 6,438 $=$ 1 Napoléon.
	Napoléon 1 $=$ 20 fr.

Le calcul serait le même pour toutes les autres pièces en faisant varier les poids et les cours.

Envoi de pièces de 20 Mk de Berlin à Londres :

Les cours étant :

L'oz 76 ᵉʰ 3 ᵈ 1/2.
Le Londres Mk 20.49 à vue.

x Mk $=$ 1 pièce.
Pièces 1000 $=$ 258 oz brut.
Oz brut 1 $=$ 915 1/2 pence (76/3 1/2 cours).
Pence 240 $=$ 20.49 Mk (cours).

D'où x $=$ 20.009168 Mk.

1/2 penny d'écart dans le cours donne une différence correspondante en Mk de 0,0109285.

1 pfennig de différence correspond à Mk 0,009765.

Envoi de pièces de 20 Mk de Berlin à New-York d'ordre de Paris.

x fr. $=$ 7.962 gr. brut (20 Mk).
Gr. brut 1 000 $=$ 899⁵ gr. fin.
Gr. fin 31.4035 $=$ 1 oz fin (Amérique).
Oz fin 9 $=$ 10 oz brut.
Oz brut 41 $=$ 800 $ fixe, or monnayé, plus prime s'il y a lieu.
$ 1 $=$ 5.27 fr. 3/4 à 60 jours de vue à New-York.

Cette expression devient après réduction :

4759848 $\times$ 527 3/4 $=$ x fr.

D'où x $=$ 24.96 fr., frais non déduits, par 20 Mk.

Envoi de pièces de 20 Mk de Berlin à New-York d'ordre de Londres.

Etant donné que :

Le cours du Londres à New-York est de $ 4.80 3/4 (pour 1 £ fixe à 60 jours de vue) ;

Le cours du Mark à Londres est de Mk 20.64 (pour 1 £ fixe à 3 mois, moins 3 mois à 3 %), taux officiel de la Banque d'Angleterre ;

Ou de Mk 20.49 pour 1 £ à vue.

Poids des pièces de 20 Mk = gr. 7.962 brut :

$$x \text{ Mk} = 7.962 \text{ gr. brut.}$$
$$\text{Gr. brut } 1000 = 899^5 \text{ gr. fin.}$$
$$\text{Gr. fin } 31.1035 = 1 \text{ oz fin (Amérique).}$$
$$\text{Oz fin } 9 = 10 \text{ oz brut.}$$
$$\text{Oz brut } 13 = 800 \text{ \$ fixe or monnayé (plus la prime s'il y a lieu).}$$
$$\text{\$ } 183.15 \text{ (\$ } 4.80 \text{ } 3/4 + 60 \text{ jours intérêts à 3 \%) } = 1 \text{ £ fixe.}$$
$$\text{£ } 1 = 20.49 \text{ Mk, vue à Londres.}$$

expression qui devient après réduction :

$$\frac{4759848 \times 20.49}{183.15}$$

D'où x = Mk 20.186 (frais non déduits).

1 cent. de différence par $ donne par Mk 20 = 0.04600.
1 pfennig de différence par £ donne par Mk 20 = 0.00990.

BERLIN

Prix d'achat de la Reichsbank

Cours à 8 jours à 2 1/2 % *	Lingots 1392	Napoléons Kronors 1252–104	Impériales-nouvelles 1252–52:6	Florins de Hollande 1252–6608	Dollars 1252–8;	Souverains 1275–768	Alphonses 1249–8768
TITRES	1 000	899 1/2	899,80	899 90	900	916 1/2	897.90
80.30	3.465 07	3.116 83	3.117 87	3 118 22	3.118 55	3.175 74	3.111 29
35	3.462 93	3.114 90	3.115 94	3.116 29	3.116 64	3.173 77	3.109 36
40	3.460 73	3.112 93	3.113 96	3.114 30	3.114 66	3.171 76	3.107 39
45	3 458 59	3.111 ·	3.112 04	3.112 38	3.112 73	3.169 79	3.105 46
50	3.456 44	3.109 07	3.110 11	3.110 45	3.110 80	3 167 83	3.103 54
55	3.454 30	3.107 14	3.108 18	3.108 52	3.108 87	3.165 86	3.101 61
60	3.452 16	3.105 21	3.106 25	3.106 59	3.106 94	3.163 90	3.099 69
65	3.450 04	3.103 28	3.104 32	3.104 66	3.105 01	3.161 93	3.097 56
70	3.447 87	3.101 36	3.102 39	3.102 74	3.103 08	3.159 97	3.095 84
75	3.445 75	3.099 45	3.100 49	3.100 83	3.101 18	3.158 03	3.093 94
80	3.443 61	3.097 53	3.098 56	3.098 90	3.099 25	3.156 07	3.092 02
85	3.441 49	3.095 62	3.096 65	3.097 ·	3.097 34	3.154 13	3.090 12
90	3.439 45	3.093 69	3.094 81	3.095 07	3.095 41	3.152 16	3.088 19
95	3.437 23	3.091 79	3.092 82	3.093 17	3.093 51	3.150 22	3.086 29
81. ·	3.435 12	3.089 89	3.090 92	3.091 26	3.091 60	3.148 28	3.084 39
05	3.433 ·	3.087 98	3.089 01	3.089 36	3.089 70	3.146 33	3.082 49
10	3.430 89	3.086 08	3.087 15	3.087 45	3.087 80	3.144 41	3.080 59
15	3.428 77	3 084 18	3.085 21	3.085 55	3.085 89	3.142 47	3.078 69
20	3.426 65	3 082 27	3.083 30	3.083 65	3.083 99	3.140 53	3.076 79
25	3.424 54	3.080 37	3.081 40	3.081 74	3.082 08	3.138 59	3 074 89
30	3.422 45	3 078 49	3.079 52	3.079 86	3.080 20	3.136 67	3.073 02
35	3.420 08	3.076 36	3.077 39	3.077 73	3.078 07	3.134 51	3.070 89
40	3.418 27	3.074 71	3.075 76	3 076 10	3.076 45	3.132 83	3.069 27

Les prix en marks sont donnés pour 0 k. 500. Pour avoir le prix à la pièce, multiplier les chiffres donnés représentant le prix de 1 kilo, par le poids des pièces.

* Une différence dans le taux d'escompte :

de :	représento :			
1/2 % l'an	0.11 %/oo	soit par kil. } 0.37 pour lingots	0.34 pour monnaies	
1 % —	0.22 %/oo	0.75 —	0.68 à 900	

Coupons

Conjointe de coupons Silber Rente (Rente autrichienne argent).

x fr. = 100 florins, coupons.

Florins, coupons 100 = 85 fl. argent (cours).

Florin, argent 1 = 2 Mk fixe.

Mk 1 = 1.28 fr. (cours à vue à Paris).

Coupons russes (métalliques or) (voir Saint-Pétersbourg).

Conjointes

$$x \text{ fr.} = 1 \text{ £.}$$
$$\text{£ fixe } 100 = 630 \ 1/2 \text{ R. or.}$$
$$\text{R. or } 100 = 324.60 \text{ Mk (cours).}$$
$$\text{Mk } 100 = 1.23 \ 1/4 \text{ fr. à vue (cours).}$$

Parités

$$x \text{ fr.} = 100 \text{ Mk.}$$
$$\text{(Cours) Mk} = 100 \text{ R. or fixe.}$$
$$\text{R. or } 630 \ 1/2 = 100 \text{ £ fixe.}$$
$$\text{£ } 1 = 25.20 \text{ fr. (variable).}$$

Recherche du cours auquel on doit vendre des coupons Douane, pour obtenir fr. 25.25 :

$$x \text{ Mk} = 100 \text{ R. or.}$$
$$\text{(prix du coupon) R. or } 630 \ 1/2 = 1 \text{ £ fixe.}$$
$$\text{£ } 1 = 25.25 \text{ fr. (cours).}$$
$$\text{Fr. (cours) } 123.46 = 100 \text{ Mk.}$$

$$\text{D'où R. or } 100 = 324.37 \text{ Mk.}$$

Les coupons russes ne sont négociables qu'après leur réception, la livraison devant être effectuée le jour même, ainsi que pour tous les coupons étrangers.

Les coupons russes intérieurs se négocient au cours de Saint-Pétersbourg à courts jours, soit à 1 Mk environ au-dessous du cours des billets de banque russes.

Les coupons russes 4 % 1894 (*unifiée*) se paient au change fixe de 216 Mk.

En général, les coupons sont périmés en Allemagne après 3-5 ans, et les titres remboursables après 10-30 ans.

Les coupons des emprunts prussiens et de l'Empire (*Reichs Anleihe*) sont surannés à partir de 4 années.

DROITS DE TIMBRE

Suivant la loi fédérale du 27 avril 1894, le droit de timbre sur les titres étrangers est de :

4 ‰ sur les obligations créées avant le 1er mai 1894.

10 ‰ sur les actions   —   —

6 °/₀₀ sur les obligations créées après le 1ᵉʳ mai 1894.

15 °/₀₀ sur les actions — —

Les titres déjà timbrés allemands avant le 1ᵉʳ mai 1894 sont exempts de ce droit.

Exceptionnellement, les banknotes russes peuvent se vendre sur ordre télégraphique et expédition immédiate.

Les coupures de 500 roubles se négocient avec un écart de 15 pfennig environ.

Les dollars or et papier ne sont négociables qu'après réception. Le courtage est de 1/20 °/₀.

BOURSE

La Bourse est ouverte de midi à 2 h. 30. L'heure de Berlin avance de 44 minutes sur celle de Paris.

ARGENTINE (RÉPUBLIQUE)

Frais de transport :

1° de *Paris à Buenos-Ayres* par la Cⁱᵉ des Chargeurs Réunis.

Chemin de fer de Paris au Havre.	0.55	°/₀₀
Fret du Havre à Buenos-Ayres au-dessous de 500.000 fr.	5	°/₀₀
» » de 500.000 à 1.000.000 fr.	2 1/2	°/₀₀
» » au-dessus fr.	2	°/₀₀
Assurance	1/6	°/₀

Frais en plus : port, visite en douane et au navire, régie, visa consulaire et commission de transit (sur un envoi de 200.000 fr. or, on a payé de ce chef 38 fr. 90).

2° de *Barcelone à Buenos-Ayres*, fret 5 1/2 °/₀₀.

De *Hambourg à Buenos-Ayres*, les départs ont lieu chaque jeudi via Lisbonne et Madère par les steamers de la compagnie Hambourgeoise-Sud-Américaine. (La durée de la traversée varie de 23 à 25 jours.)

Le fret est, pour des envois jusque 500.000 Mk, de	1/2	°/₀
» » supérieurs, de 1/4 à 1/5	°/₀

Cote des changes

Londres, 1 peso or à 90 j. de vue.	48 ^{d} 5/16.
Paris, les 100 pesos or à 90 j. de vue. . . .	506 1/2 fr.
Belgique, les 100 pesos or —	508 1/2 fr.
Germany, les 100 pesos or —	411 1/4 Mk.
Agio s/or.	134 —

Parités : ramenées à vue.

Paris à 90 j. vue (intérêts au taux Banque à Paris $+$ 25 jours voyage).

$$x \text{ fr.} = 100 \text{ pesos papier.}$$
$$(100 + 134 \text{ agio}) \text{ Pesos pap. } 234 = 100 \text{ pesos or.}$$
$$\text{Pesos or } 100 = 500.89 \text{ fr. } (506\ 1/2 - 115 \text{ j. à } 3\ 1/2\ \%).$$
$$x = 214.05$$

Belgique à 90 j. vue (intérêts et voyage au taux Banque en Belgique).

Même conjointe que Paris.

Londres à 90 j. (intérêts et voyage au taux Banque à Londres).

$$x \text{ pence} = 1 \text{ peso papier.}$$
$$(100 + 134 \text{ agio}) \text{ Pesos pap. } 234 = 100 \text{ pesos or.}$$
$$\text{Pesos or } 1 = 47^d 695 \ (48\ 5/16 \text{ pence} - 115 \text{ j. à } 4\ \%).$$
$$x = 20.382$$

$$x \text{ fr.} = 1\ \pounds.$$
$$\pounds\ 1 = 240 \text{ pence.}$$
$$\text{Pence } 47.695 = 1 \text{ peso or.}$$
$$\text{Pesos or } 100 = 234 \text{ pesos papier.}$$
$$\text{Pesos pap. } 100 = 214.03 \text{ fr.}$$
$$x = 25.201$$

Allemagne à 90 j. vue (intérêts et voyage au taux Banque à Berlin).

$$x \text{ fr.} = 100 \text{ Mk.}$$
$$(411\ 1/4 - 115 \text{ j. à } 5\ \%) \text{ Mk } 404.68 = 100 \text{ pesos or.}$$
$$\text{Pesos or } 100 = 234 \text{ pesos pap. } (100 + 134 \text{ agio}).$$
$$\text{Pesos papier } 100 = 214.03 \text{ fr.}$$
$$x = 123.16$$

$$x \text{ Mk} = 100 \text{ pesos papier.}$$
$$\text{Pesos papier } 231 = 100 \text{ pesos or.}$$
$$\text{Pesos or } 100 = 404.08 \text{ Mk.}$$
$$x = 172.91$$

Monnaies

Tarif des monnaies d'or étrangères

Pièces de 20 francs. .	$ 4	Parité: 1 $	=	5 fr.
Livre sterling	» 5.04	Parité à 5 fr. par peso =	25	20
25 pesetas	» 5	—	= 25	
20 marks.	» 4.94	—	= 123	50
Aigle des Etats-Unis, 10 $	» 10.364	—	= 518	20
5 pesos argentins. . .	» 5	—	= 25	
Doublon Isabelle. . .	» 5.166	—	= 25	83

1 patacon or = 2000 reis Brésil

Les monnaies suivantes étaient anciennement tarifées comme suit :

Condor du Chili	à $	9.455	soit	fr.	47.275
20.000 reis Brésil.	»	11.320	»	»	56.60
Once Hispano-Américaine. . . .	»	16.275	»	»	81.375
5 sols du Pérou.	»	5	»	»	25
1 peso Uruguay.	»	1.072	»	»	5.36

Compte simulé

d'un envoi de monnaies or de Paris à Buenos-Ayres

210.000 Napoléons . . .			fr. 4.200.000
	à 1 °/₀₀ prime		4.200
16.000 marks	à fr. 123 1/2		49.760
9.200 £.	25.22		232.024
13.400 $.	5.18		69.442
18.000 Alphonse. . . .	25		450.000
336 quadruples Esp.	81.15		27.266 40
32 Argentinos . . .	25		800
		fr.	fr. 5.003.462 40
1/2°/₀₀ transport de Paris au Havre	s/5.050.000	2.525	
2°/₀₀ fret du Havre à Buenos-Ayres	—	10.100	
Caisses, factage et emballage. .		250	
Sacs		25	
1 1/2 °/₀₀ assurance.	s/50.500.00	7.575	20.475
			fr. 4.982.987 40

Pour des envois de moindre importance les frais sont proportionnellement plus élevés.

ANGLETERRE

LONDRES

Frais de transport et d'assurance

Le fret de Paris à Londres est de :

1,65 °/oo au-dessous de 100.000 fr. par le chemin de fer de l'Ouest,
quelle que soit la somme.
1,25 °/oo au-dessus de 100.000 fr. par le chemin de fer de l'Ouest,
quelle que soit la somme.
1,85 °/oo par le chemin de fer du Nord, de   20.000 à   100.000 fr.
1,50 —   —   —   100.000 à 2.500.000 fr.
1,25 —   —   —   de 2.500.000 fr. et au-dessus.
minimum 3.750 francs.

L'assurance maritime du chemin de fer du Nord est de.   1.15 °/oo
L'assurance de Paris à Londres par les compagnies
privées est de . . . . 0.40 °/oo

Pour le tarif des valeurs accompagnées via Calais-Douvres, les frais seraient, transport et assurance compris, de . 1.27 1/2 °/oo
(Exemple d'un envoi de 322 kilogr. ou fr. 1.000.000 en or)

Tarif du chemin de fer du Nord, de Paris à Londres : 13 fr. 75 de 10 en 10 kilos, à domicile, ou 11 fr. 25 de 10 en 10 kilos, livraison en gare, soit sur 330 kilos . . . . fr.   371.25

3 employés ont droit à un compartiment seul, en ne payant que 2 places (voiture de 2e classe). .   196 »

20 francs par jour pour 3 employés, pendant 3 jours. . . . .   180 »

Assurance 0.40 °/oo . . . .   400 »

Pourboire, faux frais, caisses, etc. 27 75

1 1/6 °/oo . . . . fr. 1.175 »

Jusqu'à 700 kilos exclusivement on est obligé de payer une place.

Pour des envois supérieurs à 700 kilos, l'expéditeur a droit à un fourgon à bagages qui lui est entièrement réservé sans avoir de place à payer.

DÉTAIL DES FRAIS POUR ENVOIS PAR CHEMIN DE FER DU NORD

De Paris à Londres TARIF des valeurs accompagnées	à fr. 11.25 les 10 kilos	Employés	3 j. à 20 fr. soit 60 fr. par employé	Places	à payer à 98 fr. la place	Assurance 0,40 °/₀₀	Menus frais	TOTAL	Soit par 1.000 fr.
Kᵒˢ 300 Fr. 925.000	Fr. 337	3	Fr. 180	2	Fr. 106	375	50	Fr. 1.138	1.23
» 400 » 1.240.000	» 450	4	» 240	3	» 294	496	50	» 1.530	1.23
» 500 » 1.550.000	» 562	4	» 240	3	» 294	620	50	» 1.766	1.14
» 700 » 2.170.000	» 787	5	» 300	4	» 392	868	50	» 2.397	1.10
» 800 » 2.480.000	» 900	5	» 300	4	» 392	992	50	» 2.637	1.06
» 1000 » 3.100.000	» 1125	5	» 300	4	» 392	1.240	50	» 3.107	1. »

Paris à Londres

Transport de l'argent en barres ou monnayé :

Par 1,000 francs. . . . . 1,85 ⎫
Assurance. . . . . 0,40 ⎬ (Taxe au poids
Deux jours intérêts . . . . . 0,16 ⎭ 15 fr. par 1.000 kilos)
                                                   2.41 °/₀₀

Frais pour des envois de billon de Paris à Londres :

Le coût est de 100 fr. les 1.000 kilos, plus 1 fr. 50 par envoi sans minima.

Fret pour l'or de :

Londres à New-York, sans escale à Liverpool, depuis £ 50.000. . . . . 3/32 °/₀
Londres à New-York, via Liverpool, depuis £ 50.000. . 1/8 °/₀
Liverpool à New-York, depuis £ 30.000. . . . . 1/4 °/₀
  —   —   au-dessus de £ 30.000. . . . . 1/8 °/₀
Londres à Brême. . . . . 5/8 °/₀₀
  — *à Hambourg*. . . . . 1/8 °/₀

Assurance pour l'or de :

Londres à Brême et Hambourg. . . . . 5/8 °/₀₀
  —   à New-York . . . . 1 °/₀₀

Frais de transport et assurance pour des envois d'or de *Londres à Madrid* (via Lisbonne ou Vigo) :

Fret et Transport de Londres à Madrid sur	Taux du fret et transport par £ 100	Montant par 1.000 francs	CAMIONNAGE emballage et menus frais, 1 sh. par 1.000 £ ou 1/5 °/oo	Assurance 1 sh. 6 d. par 100 £ ou 3/4 °/oo	Total des frais par 1.000 fr.
£ 20 40.000	11 sh. ou 11/20°/o	5.50	0.20	0.75	6.45
» 40 60.000	9 sh. ou 9/20°/o	4.50	0.20	0.75	5.45
» 60 80.000	7 sh. ou 7/20°/o	3.50	0.20	0.75	4.45
» 80 100.000	5 sh 6 ou 11/40°/o	2.75	0.20	0.75	3.70
£ 100.000 et au-dessus	5 sh. ou 1/4 °/o	2.50	0.20	0 75	3.45

Envoi d'or de *Londres à Rosario*, par Lampert et *Holt Line* :

£ 20.000 et plus . . . . 1/4 °/o
Assurance à Londres, 2 sh. 6 pence par £ 100. . . . . . 1 1/4 °/oo
— à Paris . . . . 1 3/4 °/oo

Changes

Cote

Places.	Versements.		3 mois.		
France, 1 £ g.	Fr.. . .	25.185	Fr. . .	25.40	Pour les jours expi-
Algérie, 1 £.	» . . .	25.21	» . .	25.50	rés, on bonifie les
Belgique, 1 £.	» . . .	25.235	» . .	25.48 3/4	intérêts au taux
Suisse, 1 £.	» . . .	25.3875	» . .	25.625	officiel du pays où
Italie. 1 £.	Lire. . .	27	Lire. .	27.375	l'effet est payable,
Allemagne, 1 £.	Mk. . .	20.505	Mk . .	20.75	sauf pour l'Espa-
Hollande, 1 £.	Fl.. . .	12.125	Fl. . .	12.23 3/4	gne et le Portugal,
Autriche, 1 £.	Couronne	24.25	Cour. .	24.525	pour lesquels le
Russie, 1 R.	Pence. .	25 5/16	Pence..	24 13/16	taux est fixé.
Portugal, 1 mil reis.	» . .	36 7/16	» .	36	
Espagne, 5 pesetas.	» . .	36 1/4	» .	35 7/8	
Scandinavie, 1 £.	Kron.. .	18.275	Kron. .	18.575	
New-York, 1 S.	Pence. .	49 3/8			

Taux d'escompte de la Banque d'Angleterre. . . . . 4 %
Escompte hors Banque trimestre plein. . . . . . . 3 7/8 %

		60 j. vue	30 j. vue	10 à 15 j. vue	à vue
Bombay / Calcutta / Madras / Colombo	1 roupie =	1 sh/3 25/32	1/3 7/8	1/3 15/16	1/4
Singapore.	1 piastre =	1 sh./11	1/11 1/8	1/11 3/16	1/11 1/4
Batavia . .	1 £ =	12 fl. 40	12.32 1/2	12 28 3/4	12.25
Hong-Kong	1 piastre =	1 sh./10 7/8	1/11	1/11 1/16	1/11 1/8

Calcul des intérêts : années de 365 jours, mois pour leur nombre exact.

Or en barres par once standard. 77/9
Argent en lingots par once standard. 27 7/16
Dollars mexicains. 27 7/16

PARITÉS

Belgique

x fr. = 100 belge.	x belge = 1 £.
Belge 25.23⁵ = 1 £g.	£ 1 = 25.185 fr.
£ 1 = 25.18⁵	Fr. 99 80 = 100 belge.
x = 99.80	x = 25.23⁵

25.23⁵ — 25.18⁵ ou perte 5 c. par £ =
= 0 fr. 20 par cent fr. ou 2 °/₀₀ perte.

ou 25.18⁵ + 2 °/₀₀ = 25.235

Algérie et Suisse (conjointe comme Belgique).

Italie

x fr. = 100 lire.	x lire = 1 £
Lire 27 = 1 £.	£ 1 = 25.18⁵
£ 1 = 25.18⁵	Fr. 93.277 = 100 lire.
x = 93.277	x = 27

Allemagne

x fr. = 100 Mk.	x Mk = 1 £.
Mk 20.505 = 1 £.	£ 1 = 25.185 fr.
£ 1 = 25.18⁵ fr.	Fr. 122.823 = 100 Mk.
x = 122.823	x = 20.505

Hollande

x fr. = 100 fl.	x fl. = 1 £.
Fl. 12.12⁵ = 1 £g.	£ 1 = 25.18⁵ fr.
£ 1 = 25.18⁵	Fr. 207.711 = 100 fl.
x = 207.711	x = 12.12⁵

Autriche

x fr. = 100 cour.	x cour. = 1 £.
Cour. 24.25 = 1 £.	£ 1 = 25.18⁵ fr.
£ 1 = 25.18⁵	Fr. 103.855 = 100 cour.
x = 103.85⁵	x = 24.25

Russie

x fr. $=$ 100 R.	x pence $=$ 1 R.
R. 1 $=$ 25 5/16 pence.	R. 100 $=$ 265.623 fr.
Pence 240 $=$ 25.18⁵	Fr. 25.18⁵ $=$ 240 pence.
$x =$ 265.623	$x =$ 25.312

Portugal

x fr. $=$ 100 milreis.	x pence $=$ 1 milreis.
Milreis 1 $=$ 36 7/16 pence.	Milreis 100 $=$ 382.366 fr.
Pence 240 $=$ 25.18⁵ fr.	Fr. 25.18⁵ $=$ 240 pence.
$x =$ 382.366	$x =$ 36.437

Espagne

x fr. $=$ 500 pesetas.	x pence $=$ 5 pesetas.
Pesetas 5 $=$ 36 1/4 pence.	Pesetas 500 $=$ 380.398 fr.
Pence 240 $=$ 25.18⁵	Fr. 25.18⁵ $=$ 240 pence.
$x =$ 380.398	$x =$ 36.25

Scandinavie

x fr. $=$ 100 kron.	Kron. 1 $=$ 1 £.
Kron. 18.27⁵ $=$ 1 £.	£ 1 $=$ 25.18⁵ fr.
£ 1 $=$ 25.18⁵	Fr. 137.811 $=$ 100 kron.
$x =$ 137.811	$x =$ 18.27⁵

New-York

x fr. $=$ 100 $.	x pence $=$ 1 $.
$ 1 $=$ 49 3/8 pence.	$ 100 $=$ 512.128 fr.
Pence 240 $=$ 25.18⁵ fr.	Fr. 25.18⁵ $=$ 240 pence.
$x =$ 512.128	$x =$ 49.37⁵

Changes asiatiques

(Intérêts voyage à déduire).

Bombay et Calcutta

x fr. $=$ 1 roupie.	x pence $=$ 1 roupie.
Roupie 1 $=$ 16ᵈ	Roupie 1 $=$ 1.679 fr.
Pence 240 $=$ 25.18⁵	Fr. 25.18⁵ $=$ 240 pence.
$x =$ 1.679	$x =$ 16

Singapoure

x fr. = 1 S.	x pence = 1 S.
$ 1 = 23 1/4 pence.	$ 1 = 2.4397 fr.
Pence 240 = 25.18⁵	Fr. 25.18⁵ = 240 pence.
x = 2.4397	x = 23.25

Batavia

x fr. = 100 fl.	x fl. = 1 £.
Fl. 12.40 = 1 £.	£ 1 = 25.18⁵ fr.
£ 1 = 25.18⁵ fr.	Fr. 203.104 = 100 fr.
x = 203.104	x = 12.40

Hong-Kong : conjointe comme Singapoure.

LINGOTS

Poids

Leur poids est généralement de :

Pour	l'or	de	204	oncos soit,	kilos	6,345
		ou	400	—	—	12,440
Pour l'argent de 1.050				oncos soit,	kilos	31,255

Frais

Pour l'or

Fonte   de l'or . . . .   1/4 pence par once ou 31 gr. 1035
Essai   —   . . . .£ 0 : 4 : 6 par lingot.
Courtage   —   . . . . . .   1/8 °/₀ pour l'acheteur.

Pour l'argent

Fonte de l'argent . . . .£ 0 : 12 : 6 par 1000 oz ou 31 k. 1035
Essai   —   . . . .£ 0 : 1 : 6 par lingot.
Essai de l'argent doré . .£ 0 : 3 : 6 par lingot.
Courtage   —   . . . .   1/8 °/₀ pour l'acheteur.

Frais d'affinage

Les frais d'affinage de lingots d'or ont été réduits en 1899 à : 2 pence 3/4 par once sur le poids brut du lingot.

Le décompte est établi sans majoration sur le cours de l'or.

Parfois il est bonifié 1/16 °/₀ sur le produit net.

Le coût des frais pour l'affinage de l'argent à Londres est de :
1/8 pence par oz pour les barres titrant 16 1/2 B. soit   993.75
1/4   —   —   —   16 à 15 B. —   991 2/3
    à 988.
3/8   —   —   —   15 à 14 B. —   987.5
    et au-dessous.

A Londres on considère comme fins, les lingots d'argent à partir de 994 millièmes.

Les lingots d'argent, accompagnés d'un certificat d'essai d'une maison de Londres, doivent être du poids sus-indiqué — de 1000 à 1050 oz — en vue de leur expédition aux Indes.

Les lingots contenant de l'or doivent être fondus et essayés avant leur négociation.

Bank of England

La Banque d'Angleterre est acheteur de lingots d'or titrant minimum 833 millièmes, de préférence des lingots pesant 400 onces.

Les lingots de provenance étrangère, sont réessayés par les affineurs de la Banque moyennant paiement de £ 0 : 4 : 6 par Barre.

Seuls les lingots américains sont exempts du nouvel essai, toutefois le vendeur doit fournir à la Banque une garantie dont voici le libellé :

« In consideration of your purchasing, the undermentioned
» United States Mint Bars without remelting or re-assaying,
» we hereby agree to indemnify you against all losses and costs
» you may incur by so doing and we undertake to have them
» remelted and assayed when called upon to do so. »

La Banque ne compte pas de fraction autre que des 1/40 d'once, ainsi une barre pesant réellement 399,835 oz ne serait décomptée que pour 399,825 oz.

La Banque d'Angleterre n'achète pas les lingots d'argent.

Droits de garde

Les droits de garde perçus par la Bank of England pour le dépôt des monnaies d'argent sont de :

    £ 0 : 1 : 9 pour le premier mois, par chaque colis
    £ 0 : 1   pour les mois suivants   —   —

Tous les lingots doivent être essayés de nouveau sauf ceux provenant d'Allemagne dont le titre correspond au titre anglais. (*Voir Berlin.*)

Titre anglais

Les titres Standard anglais sont :

1° *pour l'argent*

$$\frac{11\ 2/20}{12} \quad \text{ou} \quad \frac{222}{240} \quad \text{ou} \quad \frac{37}{40} \quad \text{ou} \quad \frac{925}{1000}$$

11 oz 2 pennyweight d'argent fin $=$ 12 oz d'argent standard.

2° *pour l'or*

$$\frac{11}{12} \quad \text{ou} \quad \frac{220}{240} \quad \text{ou} \quad \frac{916\ 2/3}{1000}$$

11 oz fin $=$ 12 oz standard

Pour trouver le titre effectif de *Better* (meilleur) et *Worse* (plus mauvais), il faut :

		Pour argent :	Pour or :
pour « Better » ajouter les pennyweight et fractions	à	222 pw.	240 pw.
pour « Worse » déduire	— —	à 222 pw.	220 pw.

Exemple pour argent :

B   17 1/2 pwt $= 222 + 17\ 1/2$ soit 239 1/2 titre définitif
W   5   — $= 222 - 5$ —   217   —

Conversion du titre anglais en millièmes (titre français)

Il suffit de diviser le titre anglais par 240.

Exemple :

Un lingot ayant 239 1/2 (titre anglais) titrera en millièmes

$$\frac{239^5}{240} = 997^9 \text{ millièmes (titre français)}$$

Inversement pour convertir le titre français en titre anglais, il faut multiplier le titre français par 240.

Exemple :

Un lingot du titre français de 998/000 titrera en Angleterre :

$$\frac{998}{1000} \times 240 = 239\ 1/2 \text{ ou } B\ 17\ 1/2 \text{ s'il est en argent}$$
$$\text{ou } B\ 19\ 1/2 \text{ s'il est en or}$$

Unité de poids pour les lingots — Ses divisions

1 livre de poids ou 1 livre Troy. . . . . = 12 oz
1 oz. . . . . = 20 pennyweight
1 pwt. . . . . = 24 grains
La livre Troy. . . . . = 5760 grains
5760 grains. . . . . = grammes 373,2419
1 oz Troy. . . . . =   —   31,1035

ARBITRAGES ET COMPTES SIMULÉS POUR LINGOTS

Or en barres

x fr. = 1 kilo fin.	**Parité**
Kilo fin 1 = 1000 gr. fin.	x fr. = 1 £.
Gr. fin 31.1035 = 1 oz fin.	£ 1 = 240 pence.
Oz fin 11 = 12 oz brut.	(77/10 cours) d. 934 = 1 oz brut.
Oz brut 1 = 934 d. (77/10) (cours)	Oz brut 12 = 11 oz fin.
Pence 240 = 1 £.	Oz fin 1 = 31.1035 gr. fin.
£ 1 = 25.30 fr. (cours à vue à Paris).	Gr. fin 1000 = 3437 fr. à Paris (plus la primo s'il y a lieu).

Expression qui devient après réduction :
1461396ّ5 × 77/10 (cours) × 25.30

La livre sterling étant à Paris à 25.10, calculer à quel cours on devra acheter l'oz standard à Londres pour que le coût égale fr. 3437 — 1/4 °/₀ (net fr. 3428.40 le kilogr.)

x pence = 1 oz stand.
Oz stand 12 = 11 oz fin.
Oz fin 1 = 31.1035 gr. fin.
Gr. fin 1000 = 3437 — 1/4 0/0.
Fr. 25.10 = 240 pence.

d'où x = 934ᵈ65 ou sh. 77/10 13/20.
à 25.11 la £ = 934ᵈ27 ou sh. 77/10 1/4.

expression qui devient après réduction :

$$\frac{684277 \times 3437}{25.10}$$

Parités

x fr. $= 1$ £.

£ $1 = 240$ pence.

Pence 931.65 $= 1$ oz stand.

Oz brut 12 $= 11$ oz fin.

Oz fin 1 $= 31.1035$ gr. fin.

Gr. fin 1000 $= 3437 — 1/4$ % fr.

d'où $x = 25.10$

Envoi de lingots or de Londres à Berlin d'ordre de Paris.

Cours de Londres, l'oz stand. 77/9

Cours du chèque à Paris. . . . . Fr.   25.15

Cours de l'Allemagne à Paris. . . Fr.   123.95 à vue.

1° Prix de revient :

x Mk $= 1$ livre poids fin.

Livre poids fin 2 $= 1000$ grammes fin.

Grammes fin 31.1035 $= 1$ oz fin.

Oz fin 11 $= 12$ oz standard.

Oz standard 1 $= 933$ pence (77/9 cours).

Pence 240 $= 1$ £.

£ $1 = 25.15$ fr. (cours).

(Cours) Fr. 123.95 $= 100$ Mk.

____

$= $ Mk 1383.26

Frais Londres-Berlin fret. . . . . .   1/6 %

Assurance. . . . .   5/8 %°

Emballage et divers. . . . .   1/2 %°

3.68

____

Mk 1386.94 vendus à Mk 1392

Profit 5.06 Mk, soit 3.62 %°.

Parités :

x fr. $= 100$ Mk.	x fr. $= 1$ £
(Cours) Mk 1392 $= 1$ livre fin.	£ $1 = 240$ pence.
Livre fin 2 $= 1000$ gr. fin.	d. (cours) 933 $= 1$ oz st.
Gr. fin 31.1035 $= 1$ oz fin.	Oz stand. 12 $= 11$ oz fin.
Oz fin 11 $= 12$ oz st.	Oz fin 1 $= 31.1035$ gr. fin.
Oz st. 1 $= 933$ pence (cours).	Gr. fin 1000 $= 2$ livres fin.
Pence 240 $= 1$ livre.	Livre fin 1 $= 1392$ Mk
Livre 1 $= 25.15$ fr.	Mark 100 $= 123.95$ fr.

Argent

x fr. = 1 kilog. fin.	**Parité**
Kil. fin 1 = 1000 gr. fin.	x fr. = 1 £.
Gr. fin 31.1035 = 1 oz. fin.	£ 1 = 240 pence.
Oz fin 11.1 = 12 oz. stand.	Pence 30 = 1 oz. stand.
Oz st. 1 = 30 pence (cours).	Oz. st. 12 = 11.1 oz fin.
Pence 240 = 1 £.	Oz fin 1 = 31.1035 gr. fin.
£. 1 = 25.30	Gr. fin 1000 = 109.10 (cours à Paris)

expression qui devient après réduction :

$$111823 \times 30 \times 25.30$$

Recherche de la valeur d'un lingot argent de oz 884.5 titrant B 17 1/2 (cours de l'oz stand. : 29 pence).

$$x\ \pounds = 884.5 \text{ oz brut}$$
$$\text{Oz brut } 222 = 239.5 \text{ oz standard.}$$
$$\text{Oz stand. } 1 = 29 \text{ pence.}$$
$$\text{Pence } 240 = 1\ \pounds.$$

d'où $x = 115 : 6$.

Recherche de la valeur d'un lingot argent

pesant 8553 oz poids ou 266 k. 035
titrant B 16 1/2 (238 1/2) ou 993 2/3 %₀
à 29 pence par oz standard.

1° Avec le poids en onces et le titre anglais :

$$x\ \text{fr.} = 8553 \text{ oz poids.}$$
$$\text{Oz poids } 222 = 238\ 1/2 \text{ oz stand.}$$
$$\text{Oz stand } 1 = 29 \text{ pence.}$$
$$\text{Pence } 240 = 1\ \pounds.$$
$$\pounds\ 1 = 25.20 \text{ (cours).}$$

2° Avec les poids et titres français :

$$x\ \text{fr.} = 266 \text{ k. } 035.$$
$$\text{Kilog. } 1 = 32.150728 \text{ oz. poids.}$$
$$\text{Oz poids } 1000 = 993\ 2/3 \text{ oz. fin.}$$
$$\text{Oz fin } 11.1 = 12 \text{ oz stand.}$$
$$\text{Oz stand } 1 = 29 \text{ pence.}$$
$$\text{Pence } 240 = 1\ \pounds.$$
$$\pounds\ 1 = 25.20 \text{ (cours).}$$

d'où $x = 27979.58$ fr.

Argent doré : Décomptes de Londres et Paris pour mêmes lingots.

LONDRES / PARIS

POIDS en gr.	TITRES		OzStand. argent	COURS	PRODUIT	Contre-valeur en francs à 2/16	POIDS en kilogr.	TITRES		Argent fin	COURS	PRODUIT francs
	Or	Argent						Or	Argent			
4.000	5 gr. ou 1b	17 B	4306,30	27 1/2 plus 1/2 d pour or contenu abandonné = 28 d.	£ 502 : 8	12640,35	124 k. 414	0,8 ^{s}	996	123 k. 916	100 fr. 20 Or abandonné contre une prime sur l'argent de 7 fr. 25 %o sur 218,89 soit 1.586 par kilo fin.	12416,40 195,55 12612,95
4.000	4 gr.	17 B	4306,30	27 1/2 plus 5/16 d pour or contenu abandonné = 27 13/16.	£ 499 : 0 : 7	12555,60	124 k. 414	0,7	996	123 k. 916	100 fr. 20 Or abandonné contre une prime sur l'argent de 4 fr. 75 %o sur 218,89 soit 0 f. 82 par kilo.	12416,40 101,60 12518,00
4.000	3 gr.	17 B	4306,30	27 1/2 plus 1/8 d pour or contenu abandonné = 27 5/8.	£ 495 : 13 : 5	12471,05	124 k. 414	0,5 ^{s}	996	123 k. 916	100 fr. 20 Or abandonné contre une prime sur l'argent de 0 fr. 25 %o sur 218,89 soit 0 fr 054 par kilo.	12476,40 6,70 12123,10

Nota. — Londres exprime l'or contenu en grains par H.
Londres cote l'argent contenant 3 gr. or 1/8 d au-dessus du cours de l'argent fin.
— — 4 — 5/16 d —
— — 5 — 1/2 d —

Compte simulé de la vente de lingots or contenant de l'argent.
(Extrait du livre de M. Le Touze) :

Oz brut	Worse	Oz standard	Pennyweight par livre de poids	(20 pwt abandonnés à l'affineur) reste :	Pennyweight par barre
187.783	0.2	187.612	23 1/2	3 1/2	56 (1)
120.445	0.3 1/8	120.272	25	5	51
137.883	1.2 1/4	137.117	34	14	172
241.496	0.3 5/8	241.097	27 1/2	7 1/2	157
60.100	0.2 3/8	60.035	24 1/2	4 1/2	23
174 868	0.1 5/8	174.738	21 1/2	1 1/2	21
96 438	0.3 1/2	96.283	27 1/2	7 1/2	63
74.245	0.0 1/8	74.242	19	.	.
1,093 200		1.091.398			544 B 17

$$\text{Oz } 1091.398 \text{ à sh. } 78 \text{ l'oz} = \qquad £ \ 4.256 : 9 : 0$$

$$\text{Pwt } \frac{544}{20} = \text{Oz } 27.2 ^{B\,17} = \text{Oz stand } 99.28 \ (2)$$

$$\text{à } 61 \ 1/2 \text{ pence} = \qquad » \quad 7 : 10 : 1$$

$$£ \ 4.263 : 19 : 1$$

Courtage. . . . . £ 1 : 8 : 6

Essai. . . . . . » 5 : 6 : 7 cl   »   6 : 15 : 1

net . . . . . . £ 4257 : 4 : 0

(Explications de l'auteur) :

(1) Puisque une livre de poids vaut 12 oz, pour obtenir le nombre de pennyweight par barre, il faut diviser 191.975 par 12, ce qui donne 15.994 livres, lesquelles multipliées par 3 1/2 pwt donnant 56 pennyweight.

(2) Puisque 20 pwt $=$ 1 oz, 544 pennyweight vaudront : $\dfrac{544}{20} = 27$ 2 oz.

Lingots or contenant de l'argent

Compte simulé d'un achat à Londres d'un lingot or contenant de l'argent :

N° du lingot	Poids	Titre	Poids standard	Argent
56	Oz 32.150	900 millièmes	Oz 31.565	23.80

Recherche du produit en £ de l'or contenu :

$$x \pounds = 32.150 \text{ oz (à 900 °/\text{oo})}$$
$$\text{Oz (à 900 °/oo) 1.000} = 900 \text{ oz fin}$$
$$916 \text{ 2/3 oz fin} = 1.000 \text{ oz standard}$$
$$\text{Standard 1 oz} = 77 \text{ shillings 10 1/2}$$
$$\text{Pence 240} = 1 \pounds$$
$$\text{d'où } x = \pounds\ 122 : 18 : 1 \text{ coût de l'or}$$

Vérification du poids en Oz standard :

$$x \text{ oz standard} = 32.150 \text{ oz poids}$$
$$\text{Oz poids 1.000} = 900 \text{ oz fin}$$
$$\text{Oz fin 11} = 12 \text{ oz standard}$$
$$\text{d'où } x = 31.565 \text{ oz standard}$$

Dans le cas où il y a plus de 20 pwt d'argent dans un lingot d'or, on ne paie pas les frais d'affinage, mais on abandonne pour acquitter ces frais 20 pwt pour l'affineur ; ainsi pour ce lingot, il y a 23.8 pwt dont 20 à déduire : reste 3 pwt 8 grains.

Recherche du nombre de pwt contenus dans 31.565 oz :

$$x \text{ pwt} = 31.565$$
$$\text{Oz (1 £ poids) 12} = 3 \text{ 1/3 pwt ou 3 pwt 8 grains (puisque}$$
$$\text{le pwt contient 24 grains)}$$
$$\text{d'où } x = 8,76 \text{ pwt}$$

Réduction de pennyweight en £ :

$$x \pounds = 8 \text{ pwt (négliger les fractions)}$$
$$\text{Pwt 20} = 1 \text{ oz}$$
$$\text{Oz 1} = 54 \text{ pence (cours de l'argent en barres)}$$
$$\text{Pence 240} = 1 \pounds$$
$$\text{d'où } x = \pounds\ 0 : 1 : 9$$

Le lingot en question reviendra donc à :

$$\pounds\ 122 : 18 : 1 \text{ coût de l'or}$$
$$0 : 1 : 9 \text{ coût de l'argent}$$
$$0 : 3 : 1 \text{ courtage 1/8 °/o}$$
$$\text{Ensemble . . . . . } \pounds\ 123 : 2 : 11$$

Relation entre le prix de l'or et celui de l'argent

Oz argent fin . . . . $x = 1$ oz or fin
Oz or fin. . . . . . . $11 = 12$ oz standard or
Oz standard or. . . $1 = 3 : 17 : 10\ 1/2\ £$ fixe ou 934 1/2 pence
Pence (cours). . . . $28 = 1$ oz stand argent
Oz standard argent. $40 = 37$ oz argent fin

Monnaies

Souverains

Les « Souverains » ne sont acceptés dans le commerce que comme monnaie d'appoint.

Ils sont *reçus* par la Banque d'Angleterre contre des Banknotes, s'ils pèsent minimum :

$$123,274 \text{ grains Troy} \quad \frac{120,274 \times 3732119}{5760} \quad \text{soit}$$

7 gr. 793627 (sauf les pièces altérées frauduleusement)

Au-dessous de ce poids on paie la différence à raison de shillings 77 : 10 1/2 par oz,
ou environ fr. 0,32 par décigramme manquant.

Le poids des Souverains *délivrés* par la Banque d'Angleterre varie entre 123,27 et 122 1/2 grains minimum.

Recherche du poids légal en oz, en grains et en grammes du souverain, étant donné que 40 £ Troy = 1869 Souverains.

$$
\begin{array}{l|l}
x \text{ Oz} = 1 \text{ souv.} & x \text{ grains} = 0,25682 \text{ oz} \\
40\ £ \text{ Troy ou oz } 480 = 1869 \text{ souv.} & \text{Oz } 1 = 480 \text{ grains} \\
\hline
\text{d'où } x = 0,25682 \text{ oz.} & \text{d'où } x = 123,274 \text{ grains}
\end{array}
$$

$$
\begin{array}{lcl}
x \text{ grammes} & = & 123,274 \text{ grains} \\
\text{Grains } 5760 & = & 373 \text{ gr. } 2419 \\
\hline
x & = & 7 \text{ gr. } 988
\end{array}
$$

Le poids légal du Souverain est donc de : oz 0,25682, ou 123,274 grains, ou 7 gr. 988.

Valeur de l'oz de Souverains

$$
\begin{array}{lcl}
x\ £. & = & 1 \text{ oz} \\
\text{Oz } 12 & = & 1 \text{ livre Troy} \\
\text{Livres Troy } 40 & = & 1869 \text{ Souverains} \\
\hline
\text{d'où } x & = & 3 : 17 : 10\ 1/2\ £ \text{ ou } 77 \text{ sh } 10\ 1/2
\end{array}
$$

Les pièces monnayées étrangères ne se négocient qu'au poids.

L'acheteur doit payer 1/8 % de courtage.

On peut éviter le courtage pour la vente.

Les prix cotés se comprennent généralement pour la vente sur le marché anglais.

MONNAIES D'OR VENDUES AU POIDS (SANS FONTE)

Recherche du prix par kilo fin de pièces quelconques.

x fr. $=$ 1000 gr. fin	**Parité**
(Titre) gr. fin 899ˢ $=$ 1000 gr brut.	x fr. $=$ 240 pence.
(Oz st.) gr. 31,103ˢ $=$ 76 sh/8 1/2 (cours)	Pence 92 1/2 $=$ 31,103ˢ gr. l'oz st.
Pence 240 $=$ 25,30 fr.	Gr. brut 1000 $=$ 899ˢ gr. fin (titre).
d'où $x =$ 3468,31	Gr. fin 1000 $=$ 3468,31 le kilog.

Recherche du prix par kilo brut de pièces quelconques.

x fr. $=$ 1000 gr. brut	x fr. $=$ 240 pence.
Gr. 31,103ˢ $=$ 76 sh 8 1/2 (cours).	Pence 920 1/2 $=$ 31,103ˢ gr.
Pence 240 $=$ 25,30 frs	Gr. brut 1000 $=$ 3119,74
$x =$ 3119,74	

Recherche du prix à la pièce.

(Exemple pour les pièces de 20 Mk.)

x fr. $=$ 1 pièce.	**Parité**
Pièces 1000 $=$ 256 oz brut.	x fr. $=$ 1 £.
Oz brut 1 $=$ 76 sh. (cours).	£ 1 $=$ 20 shillings.
Sh. 20 $=$ 25.30 (cours).	Sh. (cours) 76 $=$ 1 oz brut.
$x =$ 24.61 fr.	Oz 256 $=$ 1000 pièces.
	Pièce 1 $=$ 24.61 à Paris.
	$x =$ 25.30 fr.

Ou

	Parité
x fr. $=$ 1 pièce.	x fr. $=$ 1 £.
Pièce 1 $=$ 7.962 gr. (poids).	£ 1 $=$ 240 pence.
Gr. 31.103ˢ $=$ 1 oz.	(76 sh.) pence 912 $=$ 1 oz.
Oz 1 $=$ 912 d. (76 sh.).	Oz 1 $=$ 31 gr. 103ˢ.
Pence 240 $=$ 25.30 fr.	Gr. (poids) 7.962 $=$ 1 pièce.
$x =$ 24.62 fr.	Pièce 1 $=$ 24.62 fr.
	$x =$ 25.30

Recherche du cours auquel on doit traiter à Londres pour obtenir un prix déterminé par pièce.

Exemple pour Napoléons :

Poids.	6 gr. 450
Prix.	19 fr. 95
Chèque	25 fr. 15 à vue.

x pence = 1 oz brut.
Oz brut 1 = 31.103⁵ gr.
Gr. brut 6.450 = 1 Napoléon.
Napoléon 1 = 19.95 fr.
(vue) fr. 25.15 = 240 pence.

x Pence = 1 oz.
Oz 207.37 = 1000 Napol.
Napol. 1000 = 19.950.
(vue) fr. 25.15 = 240 pence.

Recherche du cours en pence par oz, étant donné le prix en francs par kilo fin.

Kilo	3437 fr.
Titre	896 millièmes.
Chèque	25 fr. 15.

x pence = 1 once (à 896).
Oz (à 896) 1000 = 896 oz fin.
Oz fin 1 = 31.103⁵ gr. fin.
Gr. fin 1000 = 3437 fr.
Fr. 25.15 = 240 pence.

D'où x = 914 pence ou 76 sh. 2 pence, ou après réduction pour toutes pièces :

$$\frac{25.656655 \times \text{titre}}{\text{cours du Londres.}}$$

Recherche du prix par oz standard auquel on doit vendre, après fonte, des monnaies pour correspondre :

1° *A un cours déterminé à la pièce.*

Exemple pour Alphonses :

x d. = 1 oz st.
Oz st. 12 = 11 oz fin.
(Titre) oz fin 896 = 1000 oz (Alphonse).
Oz 1 = 31,1035 gr.
(Poids) gr. 8.06 = 24.80 fr. (cours).
(Cours) fr. 25.12 = 240 d.

2° A un cours déterminé au kilo de pièces.

$$x^d = 1 \text{ oz st.}$$
$$\text{Oz st. } 12 = 11 \text{ oz fin.}$$
$$\text{Oz fin } 1 = 31.103^5 \text{ gr. fin.}$$
$$\text{(Titre) gr. fin } 896 = 1000 \text{ gr. (Alphonse).}$$
$$\text{(Alphonse) gr. } 1000 = 3080 \text{ fr. (cours).}$$
$$\text{Cours } 25. \ 12 = 240 \text{ d.}$$

Recherche du cours par oz brut de pièces négociées en oz standard.

Exemple pour dollars à 899 1/2 :

$$x \text{ pence} = 1 \text{ oz de \$ monnayé.}$$
$$\text{Oz de \$ } 1000 = 899^5 \text{ oz fin.}$$
$$\text{Oz fin } 11 = 12 \text{ oz standard.}$$
$$\text{Oz standard } 1 = 933 \text{ pence (77/9) cours.}$$
$$\rule{4cm}{0.4pt}$$
$$\text{d'où } x = 915\text{d.}52 \text{ ou } 76/3 \ 1/2.$$

Parité

$$x \text{ \$} = 1 \text{ £.}$$
$$\text{£ } 1 = 240 \text{ pence.}$$
$$\text{Pence } 933 = 1 \text{ oz standard.}$$
$$\text{Oz standard } 12 = 11 \text{ oz fin.}$$
$$\text{Oz fin } 1 = 31 \text{ gr. } 1035.$$
$$\text{Gr. fin } 899^5 = 1000 \text{ gr. à } 899 \ 1/2.$$
$$\text{Gr. brut } 1.67 = 1 \text{ \$.}$$
$$\rule{4cm}{0.4pt}$$
$$x = 4,88239 \text{ \$.}$$

MONNAIES ARGENT

Piastres *Pérou, Chili*

Recherche du prix en pence auquel ressort l'oz standard à Londres, étant donné :

La £ versement . . . . 25.20 fr.
Le poids des pièces . . . . . 24 gr. 05
La piastre à Paris 2.50
Le titre . . . . 900 °/₀₀

$$x \text{ pence} = 1 \text{ oz standard.}$$
$$\text{Oz standard } 12 = 11.10 \text{ oz fin.}$$
$$\text{Oz fin } 1 = 31.103^5 \text{ gr. fin.}$$
$$\text{Gr. fin } 900 = 1.000 \text{ gr. brut.}$$
$$\text{Gr. brut } 24.95 = 2.50 \text{ fr.}$$
$$(\text{Cours}) \text{ fr. } 25.20 = 240 \text{ pence.}$$

Expression qui devient après réduction :

$$\frac{307.50285 \times 2.50 \ (\text{cours})}{25.20 \ (\text{cours})} = 30.506^2$$

$$\text{d'où } x = 30 \text{ pence } 506^2 \text{ par once standard}$$

Recherche du prix en francs auquel ressort la piastre étant donnés :

$$\text{La £ versement 25.20 fr. à Paris}$$
$$\text{L'oz standard 30.5062 pence à Londres}$$
$$\text{Le titre. . . . . } 900 \ \%_{00}$$
$$\text{Le poids . . . . } 24 \text{ gr. } 95$$

$$x \text{ fr.} = 1 \text{ \$.}$$
$$\text{\$ } 1 = 24.95 \text{ gr. brut.}$$
$$\text{Gr. brut } 1.000 = 900 \text{ gr. fin.}$$
$$\text{Gr. fin } 31.1035 = 1 \text{ oz fin.}$$
$$\text{Oz fin } 11.10 = 12 \text{ oz standard.}$$
$$\text{Oz standard } 1 = 30 \ 506^2 \text{ pence.}$$
$$\text{Pence } 240 = 25.20 \text{ fr. à vue à Paris.}$$

Expression qui devient après réduction :

$$325200 \times 30.506^2 \times 25.20 = 2.50$$
$$\text{d'où } x = 2.50 \text{ fr.}$$

Recherche du prix auquel ressort l'oz brut de pièces étant donnés :

$$\text{£ versement 25.20 fr. à vue à Paris}$$
$$\text{Le poids des \$, 24.95 gr.}$$
$$\text{\$ à Paris, 2.50 fr.}$$

	Parité
x pence $= 1$ oz de \$ Pérou-Chili	x fr. $= 240$ pence.
Oz $1 = 31.103^5$ gr.	Pence $29.681 = 1$ oz.
Gr. $24\ 95 = 2.50$ fr.	Oz $1 = 31.103^5$ gr.
Fr. $25.20 = 240$ pence.	Gr. $24.95 = 2.50$ fr.

$$\text{d'où } x = 29.681 \text{ pence.}$$

Recherche du prix de revient en francs de la $ Pérou-Chili étant donné :

Le poids des pièces 24.95 gr.
Le cours de l'oz de pièces 30 pence.
Le cours de la £ 25.20 fr. à vue.

x fr. $= 1$ $.	**Parité**
$ 1 $= 24.95$ gr.	x fr. $= 240$ pence.
Gr. $31.103^s = 1$ oz.	Pence $30 = 1$ oz.
Oz $1 = 30$ pence.	Oz $1 = 31.103^s$ gr.
Pence $240 = 25.20$ fr. à vue.	Gr. $24,95 = 1$ $.
$x = 2.526$ fr.	$ 1 = 2.526$ fr.

COMPTES SIMULÉS POUR MONNAIES OR

Vente de 50,000 Napoléons à la Banque d'Angleterre à 76 sh. 3 1/2 (en supposant un poids moyen des pièces de gr. 6.438).

x fr. $= 1$ million de francs.
Fr. $20.000 = 207$ oz (ou 6438 grammes).
Oz brut $1 = 915 \text{ 1/2}$ pence (76 sh. 3 1/2).
Pence $240 = 1$ £.
£ $1 = 25.34$ fr. à vue à Paris.

Produit, frais de transport et assurance non déduits Fr. 1.000.300 »
Si le poids moyen du Napoléon eût été de gr. 6.448
(oz 207.30) le million eût produit . . . . . . Fr. 1.001.896 86

Gr. 6.450 $=$ 207.370 oz.
— 6.449 $=$ 207.340 —
— 6.448 $=$ 207.307 —
— 6.447 $=$ 207.2757 —
— 6.446 $=$ 207.2435 —
— 6.445 $=$ 207.2114 — etc.

Gr. 6.450 soit oz 207.37 à 76 ^{sh}/3 1/2 à 25.30 $= 0.64$ °/₀₀ de prime.

76/4	—	1.18	—
76/4 1/2	—	1.73	—
76/5	—	2.28	—
76/5 1/2	—	2.82	—
76/6	—	3.37	—
76/6 1/2	—	3.92	—

Les Napoléons sont cotés à la pièce et au poids; on en trouve irrégulièrement sur le marché; la Banque d'Angleterre seule en possède généralement de fortes parties, elle les vend avec environ 4 pence par oz d'écart sur son prix d'achat.

Conversion de 1.000 Napoléons en Livres sterling (Poids du Napoléon, gr. 6.438, moyenne).

$$x \pounds = 1.000 \text{ Napoléons.}$$
$$\text{Pièces } 1.000 = 6.438 \text{ gr. brut.}$$
$$\text{Gr. brut } 1.000 = 899 \text{ gr. fin (titre).}$$
$$\text{Gr. fin } 31.1035 = 1 \text{ oz fin.}$$
$$\text{Oz fin } 11 = 12 \text{ oz standard.}$$
$$\text{Oz stand } 40 = 1.869 \pounds \text{ fixe.}$$
$$\text{d'où } x = \pounds 790 : 8 : 5.$$

Le cours de la £ étant à 25.34, le produit brut de la fonte sera donc de :

$$\pounds 790 : 8 : 5 \times 25.34 = 20.029 \ 25 \text{ fr. brut.}$$

sur lequel il faudra déduire les frais de transport, fonte, essai, etc. Si le poids moyen des pièces était de gr. 6.448, les 1.000 Napoléons produiraient :

$$\pounds 791 : 13 : 4 \text{ à } 25.34 = \text{fr.} \quad 20.060 \ 45$$
$$\text{et pour } 50.000 \text{ pièces : fr. } 1.002.022 \ 70$$

Achat de Napoléons à Londres.

Poids gr. 6.45125. Cours de l'oz 76/7 3/4 ou 919 3/4 pence = chèque à Paris fr. 25,12 1/2.

Prix de revient à Paris

	Parité
x fr. = 1 pièce.	x pence = 31.1035 gr.
Pièce 1 = 6.45125 gr.	Gr. 6.45125 = 19.97074 fr.
Gr. 31.1035 = 919 d. 75.	Fr. 25.12 1/2 = 240 pence.
Pence 240 = 25.12 1/2 fr.	
ou	x fr. = 1 £.
x fr. = 1 pièce.	£ 1 = 240 pence.
Pièces 1.000 = 207.41 oz.	Pence 919 3/4 = 1 oz.
Oz 1 = 919 d. 75.	Oz 207.41 = 1.000 Napol.
Pence 240 = 25.12 1/2 fr. à vue	Napoléon 1.000 = 19.970.74 fr.

Expression qui devient après réduction :

$$\frac{919.75 \times 25.12 \ 1/2 \times 207.41}{240} = \text{fr. } 19.970474.$$

Soit pour 100.000 pièces. . . . . Fr. 1.997.074 »

A reporter. . . . Fr. 1.597.074 »

Frais, suivant le tarif, des valeurs accompagnées

Voyage : 5 hommes, aller et retour, chacun 98 fr., pour 4 seulement qui paient . . . . Fr. 392
Voyage : Indemnité de 20 fr. par
homme et par jour, pour 3
jours . . . . Fr. 300 } Fr. 692 »
650 kilos à fr. 11.25 par 10 kilos . . . . . — 731 25
Frais d'assurances 0.40 °/₀₀ sur 2.000.000 fr. — 800 »
2 jours, perte d'intérêt à 2 °/₀ . . . . — 222 25
Divers. — 80 50

Ensemble 1.26 °/₀₀ . . . . . Fr. 2.526 »

Profit 1/5 °/₀₀. — 1.999.600 »

Pour 125.000 pièces. . . . . — 2.496.342 »
Voyage et indemnité de 5 hommes . . . . Fr. 692 »
820 kilos à fr. 11.25 par 10 kilos. . . . . — 911 »
0.10 °/₀₀ assurances . . . . — 1.000 »
2 jours perte d'intérêt à 2 °/₀. . . . . . . — 277 »
Divers . . . . — 98 »

Ensemble 1.19 °/₀₀. . . . . Fr. 2.978 »

Profit 0.27 °/₀₀. — 2.499.320 »

Achat de quadruples espagnols expédiés à la Havane.

4000 quadruples = oz 3172
à 74 sh /6 = £ 12.933 : 4 —
1/2 °/₀ fret sur ₓ 13000 . . . . . . ₓ 65 : — : —
Caisses, connaissement, etc. . . . . » 0 : 8 : —
1|8 °/₀ courtage . . . . » 16 : 3 : 3
Assurance : 4 shillings °/₀, plus
3 pence timbre, sur ₓ 13000 . . . » 27 : 12 : 6 » 109 : 3 : 9

Coût. . £ 13.042 : 7 : 9

— 134 —

Achat à la Havane de la couverture de l'envoi ci-dessus, en Londres à 60 j. de vue.

4000 quadruples produiraient au prix du tarif de $ 17.	$ 68.000
Commission de la maison de la Havane pour réception des pièces et remise de la couverture = 1 %	» 680
Produit à 60 jours de vue.	$ 67.320

En admettant le change à 17 % (prime sur le change fixe de $ 444 les $ 100), les $ 67300 produiront à ce change . . . . £ 12.939 : 2 : 3

à 60 j. de vue
(20 j. voyage en sus)

Guinées : Il est encore d'usage d'établir les comptes en « guinées ». Ces guinées se décomptent au taux fixe de £ 1 : 1 (21 shillings).

La Bourse de Londres est ouverte de 11 heures à 4 heures. L'heure de Londres retarde sur celle de Paris de 10 minutes.

En Angleterre il n'y a pas de règles générales pour la date de prescription des coupons et titres remboursables ; tout dépend des conditions qui régissent les divers emprunts.

Coefficients pour la simplification des chiffrages :

MONNAIES	TITRES	POIDS en GRAINS	OZ	COURS en pence	COURS en francs	Pour avoir le prix à la pièce	Pour avoir le prix au kilogr.
Napoléons.	809 1/2	6.45	207.37	× 915 et 25.30 par		86.404	ou 13.396
Marks	899 1/4	7.962	250 »			106 2/3	133.969
Florins Hollandais.	899 1/2	6.714	215.86			8994 1/6	133.961
Kronors.	899 1/2	8 055	287.90			119.958	133.956
Dollars.	899 3/4	1.67	536 92			2.237	133.962
Impériales anc^{nes}.	915 3/10	6.51	210.26			87.608	133.992
Livres Turques. .	915	7.20	231.50			96.458	133 969
Alphonsines . . .	896	8.06	259.13			10.707	133.928
Lingots.	»	»	»			»	1.461.326

Simplification pour les calculs de l'or monnayé à Londres :

Les cours des monnaies à Londres étant donnés par « once de pièces », en multipliant les chiffres ci-dessous par le cours du Londres on obtient le prix au kilo brut :

76/3 1/2	1.22611610	536	76/7 1/2	1.23177455	912
3/4	1.22675100	872	3/4	1.23210016	248
76/4	1.22708591	208	76/8	1.23244136	584
1/4	1.22742081	544	1/4	1.23277920	920
1/3	1.22775571	880	1/2	1.23311417	256
3/4	1.22809002	221	3/4	1.23344907	592
76/5	1.22812552	552	76/9	1.23378397	928
1/4	1.22876012	888	1/4	1.23411888	264
1/2	1.22909533	224	1/2	1.23445378	600
3/4	1.22943023	560	3/4	1.23478868	936
76/6	1.22976313	896	76/10	1.23512359	272
1/4	1.23010001	232	1/4	1.23545849	608
1/2	1.23043594	568	1/2	1.23579339	944
3/4	1.23076941	904	3/4	1.23612830	280
76/7	1.23110175	210	76/11	1.23646320	616
1/4	1.23113965	576	1/4	1.23679810	952

On ne doit tenir compte des chiffres placés à droite de la ligne double que lorsqu'on opère pour plus de 100 kilos.

Une différence de 1/8 penny = 0.00016745168 × par le cours du Londres.

Or en barres. — Simplification des chiffrages.

En multipliant les chiffres ci-dessous par le cours du Londres, on obtient le prix en francs du *kilo fin*.

77/8	1.3620215	36	77/11	1.3664056	76
1/4	1.3623868	81	1/4	1.3667710	21
1/2	1.3625222	26	1/2	1.3671363	66
3/4	1.3631175	71	3/4	1.3675017	11
77/9	1.3634820	16	78	1.3678670	7
1/4	1.3638482	61	1/4	1.3682284	1
1/2	1.3642136	06	1/2	1.3685937	5
3/4	1.3645789	51	3/4	1.3689590	9
77/10	1.3649442	96	78/1	1.3693244	3
1/4	1.3653096	41	1/4	1.3696897	7
1/2	1.3656750	86	1/2	1.3700551	1
3/4	1.3660403	31	3/4	1.3704204	5

Une différence de 1/8 penny représente 0.00018267 × cours du Londres. Les chiffres placés à droite de la ligne double ne sont employés que pour une quantité supérieure à 100 kilos.

$$x \text{ fr.} = 1 \text{ £.}$$
$$\text{£ } 1 = 240 \text{ pence.}$$
$$\text{Pence } 947 = 31 \text{ gr. } 103^4.$$
$$\text{Gr. } 6.44 = 20 \text{ fr.}$$

Monnaies or

Tableau de leur valeur comparative sur la base du prix de l'oz de pièces à Londres, importées ou exportées des places suivantes :

Cours de l'Oz de pièces	Paris Napoléon 6 gr. 44 1 £ = fr. :	Berlin 20 Mk 7 gr. 95 1 £ = Mk :	Amsterdam 10 F 6 gr. 715 1 £ = F :	Pétersbourg 10 R° 8 gr. 60 10 £ = R° ;	Pétersbourg 10 Ro 8 gr. 60 1 R° = pence :	New-York $ 1 gr. 67 £ 100 = $:	New-York $ 1 gr. 67 1 $ = pence
76/2 1/2	25,349	20,535	12,153	94,915[8]	25,285	488,78	49,101
» 2 3/4	25,343	20,529	12,152	94,89	25,292	488,65	49,114
76/3	25,336	20,521	12,149	94,864	25,299	488,52	49,127
» 3 1/4	25,329	20,518	12,146	94,838	23,306	488,38	49,141
» 3 1/2	25,322	20,512	12,142	94,812	25,313	488,25	49,154
» 3 3/4	25,315	20,506	12,139	94,786	25,320	488,12	49,168
76/4	25 308[6]	20,500	12,136	94,76	25,327	487,98[7]	49,181[6]
» 4 1/4	25,301[7]	20,493	12,133	94,734	25,333	487,85	49,194
» 4 1/2	25,293	20,490	12,129	94,708	25,340	487,72	49,208
» 4 3/4	25,288	20,484	12,126	94,683	25,347	487,58	49,221
76/5	25,281	20,479	12,122	94,657	23,354	487,45	49,235
» 5 1/4	25,274	20,473	12,110	94,631	25,361	487,32	49,248
» 5 1/2	25,267	20,468	12,116	94,605	25,368	487,19	49,261
» 5 3/4	25,260	20,462	12,113	94,579	25,375	487,05	49,275
76/6	25,253	20,457	12,109	94,553	25,382	486,92	49,288
» 6 1/4	25,246	20,451	12,106	94,528	25,389	486,79	49,302
» 6 1/2	25,239[8]	20,445	12,103	94,502	23,396	486,65	49,315
» 6 3/4	25,232	20,439	12,100	94,476	25,403	486,52	49,329
76/7	25,226	20,434	12,096	94,45	25,410	486,39	49,342
» 7 1/4	25,219	20,429	12,093	94,425	25,416	486,26	49,355
» 7 1/2	25,212	20,423	12,09	94,399	25,423	486,12	49,369
» 7 3/4	25,205	20,417	12,086	94,374	25,430	485,99	49,382
76/8	25,197	20,412	12,083	94,348	25,437	485,86	49,396
» 8 1/4	25,191	20,406	12,080	94,322	25,444	485,73	49,409
» 8 1/2	25,184	20,401	12,077	94,297	25,451	485,60	49,423
» 8 3/4	25,177	20,395	12,073	94,271	25,458	485,46	49,436
76/9	25,171	20,390	12,070	94,245	25,465	485,33[7]	49,45
» 9 1/4	25,164	20,385	12,066	94,220	25,472	485,20	49,463
» 9 1/2	25,157	20,379	12,063	94,194	25,479	485,07	49,476
» 9 3/4	25,150	20,374	12,06	94,168	25,486	484,94	49,490

Le profit ou la perte qui peut résulter d'une opération est constitué par *l'écart entre les cours mentionnés au tableau et les cours réels (frais non compris)* :

EXEMPLES (frais non compris) :

1° Envoi de Napoléons de Paris à Londres :

Cours : Napoléons à Londres 76/5 l'oz.
Londres à Paris 25.35 fr. par £.

Cours réel....... 25 fr. 35 (Paris donne 1 £ pour avoir 25 fr. 35).
Tableau (2° colonne). 25 fr. 281 (Paris reçoit 1 £ en expédiant 25 fr.281 en Napoléons).

Profit...... 0 fr. 069 par £ ou 2.74 °/₀₀.

2° Envoi de marks de Londres à Berlin :

Cours : Mark à Londres 76/3 l'oz.
Londres à Berlin 20.35.

Cours réel........ 20 Mk 35 (Berlin pour avoir £ 1 donne Mk 20.35).
Tableau (3° colonne). 20 412 (Berlin donne £ 1 pour recevoir Mk 20.412 or).

Profit...... 0 Mk 062 par £ ou 3.05 °/₀₀.

3° Envoi de dollars monnayés de New-York à Londres :

Cours : Dollars or à Londres 76/3 1/2 l'oz.
New-York à Londres 49 1/16 pence par $.

Cours réel........ 49^d 1/16 (Londres pour avoir 1 $ donne 49^d 1/16).
Tableau (7° colonne). 49.151 (Londres donne 1 $ or pour avoir 49^d 151).

Profit...... 0^{d}0910 par £ ou 1.85 °/₀₀.

Parités des changes contre expéditions d'or entre Londres et les places indiquées ci-dessous.

1° *Or en barres :*

COURS A LONDRES par oz standard	PARIS 3137 fr. £1=fr.	BERLIN 1393 Mk £1=Mk	AMSTERDAM 1650 fl. £1=fl.	NEW-YORK 20 $ 67/83 £100=$	NEW-YORK $1=pence	St-PÉTERSBOURG 1290.30 R. £10=R	St-PÉTERSBOURG R.1=pence	WIEN 3276 c. £1=cour.
77/9	25.207	20.418	12.101	487.46	49.236	94.632	25.361	24.026
1/8	25.204	20.415	12.099	487.39	49.243	94.62	25.364	24.023
1/4	25.200	20.412	12.098	487.31	49.250	94.607	25.368	24.020
3/8	25.195	20.410	12.096	487.24	49.256	94.594	25.371	24.017
1/2	25.193	20.407	12.094	487.17	49.263	94.581	25.374	24.014
5/8	25.190	20.404	12.093	487.10	49.269	94.569	25.378	24.010
3/4	25.187	20.401	12.091	487.04	49.276	94.556	25.381	24.007
7/8	25.183	20.399	12.090	486.97	49.283	94.543	25.385	24.004
77/10	25.180	20.396	12.088	486.91	49.289	94.531	25.388	24.000
1/8	25.177	20.393	12.086	486.84	49.296	94.518	25.391	23.997
1/4	25.173	20.391	12.085	486.78	49.302	94.506	25.395	23.994
3/8	25.170	20.388	12.083	486.72	49.309	94.493	25.398	23.991
1/2	25.167	20.385	12.081	486.67	49.316	94.480	25.401	23.988
5/8	25.163	20.382	12.080	486.60	49.322	94.468	25.403	23.984
3/4	25.160	20.380	12.078	486.54	49.329	94.455	25.408	23.981
7/8	25.156	20.377	12.077	486.47	49.335	94.442	25.412	23.978
77/11	25.153	20.374	12.075	486.40	49.342	94.430	25.415	23.975
1/8	25.150	20.371	12.073	486.33	49.349	94.417	25.418	23.972
1/4	25.146	20.369	12.072	486.26	49.355	94.401	25.422	23.968
3/8	25.143	20.366	12.07	486.19	49.362	94.392	25.425	23.965
1/2	25.14	20.363	12.068	486.13	49.368	94.379	25.429	23.962
5/8	25.136	20.361	12.067	486.06	49.375	94.367	25.432	23.959
3/4	25.133	20.358	12.065	486	49.382	94.354	25.435	23.956
7/8	25.13	20.355	12.064	485.93	49.388	94.341	25.439	23.952
78/0	25.126	20.352	12.062	485.87	49.395	94.329	25.442	23.949
1/8	25.123	20.35	12.06	485.80	49.401	94.316	25.446	23.946
1/4	25.12	20.347	12.059	485.74	49.408	94.301	25.449	23.943
3/8	25.116	20.344	12.057	485.67	49.415	94.291	25.452	23.940
1/2	25.113	20.342	12.056	485.61	49.421	94.278	25.456	23.936
5/8	25.11	20.339	12.054	485.64	49.428	94.266	25.459	23.933
3/4	25.106	20.336	12.052	485.48	49.431	94.253	25.463	23.930
7/8	25.103	20.333	12.051	485.41	49.441	94.241	25.466	23.927
78/1	25.10	20.331	12.049	485.35	49.448	94.228	25.469	23.924
1/8	25.096	20.328	12.048	485.28	49.454	94.216	25.473	23.921
1/4	25.093	20.325	12.046	485.22	49.461	94.203	25.476	23.917
3/8	25.09	20.322	12.044	485.15	49.467	94.190	25.480	23.914
1/2	25.086	20.320	12.043	485.09	49.474	94.178	25.483	23.911
Différence 1/8	0.003	0.0027	0.0016	0.066	0.0066	0.012	0.0034	0.0035

Le profit ou la perte qui peut résulter d'une opération est constitué par l'écart entre les cours mentionnés au tableau et les cours réels (frais non compris).

2° *Souverains* (envoi de Londres) :

Du tableau ci-dessus, une ligne, celle qui correspond à 77/10 1/2, donne la parité des changes contre envoi de Souverains aux poids et titre légaux $\frac{7 \text{ gr. } 988}{916 \ 2/3}$.

Il y a lieu de tenir compte de :

1° La différence entre le titre légal et le titre réel de vente ;

2° La différence entre le poids légal et le poids réel.

Barème *établi sur le cours de l'or standard à Londres*
(La livre sterling étant cotée à Paris 25.9).)

COURS à Londres EN PENCE par oz standard	ARGENT FIN [1]		PIASTRES MEXICAINES [2]	
	Prix au kilo	Perte par mille sur la base de 218.89	Prix au kilo	Prix en francs par pièce sur le poids de 27 gr. 06
25	91.23	583.17	82.11	2.2220
1/8	69	581.09	52	2331
1/4	92.15	579	93	2442
3/8	60	576.92	83.31	2553
1/2	93.06	574.83	75	2664
5/8	51	572.75	84.10	2775
3/4	97	570.67	57	2886
7/8	94.43	568.58	98	2997
26	88	566.50	85.39	2.3109
1/8	95.34	564.41	80	3220
1/4	80	562.33	86.22	3331
3/8	96.25	560.25	63	3442
1/2	71	558.16	87.04	3553
5/8	97.16	556.08	45	3664
3/4	62	553.99	86	3775
7/8	98.08	551.91	88.27	3886
27	53	549.83	68	2.3997
1/8	09	547.74	89.09	4108
1/4	99.45	545.66	50	4220
3/8	90	543 57	91	4331
1/2	100.36	541.49	90.32	4442
5/8	81	539.40	73	4553
3/4	101.27	537.32	91.14	4664
7/8	73	535.24	55	4775
28	102.18	533.15	96	2.4886
1/8	64	531.07	92.37	4997
1/4	103.10	528.98	78	5108
3/8	55	526.90	93.19	5219
1/2	104.	524.82	60	5331
5/8	47	522.73	94.01	5442
3/4	92	520.65	42	5553
7/8	105.38	518.56	83	5664
29	83	516.48	95.24	2.5775
1/8	106 29	514.40	65	5886
1/4	74	512.31	96.06	5997
3/8	107.20	510.23	47	6108
1/2	66	508.14	89	6219
5/8	108.11	506.06	97.30	6330
3/4	57	503.97	71	6442
7/8	109.03	501.89	98.12	2.6553

(1) 1/8 penny différence représente 0 fr. 456 par kilo ou 2.084 °/₀₀.
(1) 1/16 — — 0 fr. 228 — 1.042 °/oo.
    1 cent. différence sur le cours de Londres 0 fr. 04 par kilo ou 0 20 °/oo.
(2) 1/8 penny différence par oz stand = 0 fr. 41 par kilo ou 0 fr. 01115 par pièce
(2) 1 cent. différence sur le cours du Londres = 0 fr. 036 par kilo ou 0 fr. 0008 par pièce.

PIASTRES MEXICAINES

Cours donnés en pence par oz de pièces.

En multipliant les chiffres de la deuxième colonne par le cours en pence on obtient le prix en francs de la pièce (sur le poids de 27 gr. 06).

COURS DU LONDRES A PARIS	1 PENNY PAR OZ REPRÉSENTE :
25.13	0.09109596
1/2	0 09111423
14	0.09113250
1/2	0.09114990
25.15	0.09116817
1/2	0.09118644
16	0.09120471
1/2	0.09122298
25.17	0.09124125
1/2	0.09125952
18	0.09127692
1/2	0.09129519
25.19	0.09131316
1/2	0.09133173
20	0.09135000
1/2	0.09136827
25.21	0.09138654
1/2	0.09140481
22	0.09142308
1/2	0.09144048
25/23	0.09145875
1/2	0.09147702
24	0.09149442

Exemple : Soit le cours de 25 pence par oz. (Le Londres valant à Paris, 25 fr. 185).

Le prix en francs par piastre sera 0,09129519×25 = 2 fr. 28237.

AUTRICHE-HONGRIE

VIENNE

Frais de transport pour or

De Paris à Vienne, Budapest ou Trieste :

Parcours français :
Transport et assurance chemin de fer jusqu'à la
frontière. . . . . 0.95 ⁰/₀₀
Emballage. 0.02 ⁰/₀₀
    Parcours allemand :
Taxe au poids, environ. . . . . 0.11 ⁰/₀₀
Assurance. 0.17 ⁰/₀₀
       Soit. . . . . 1.25 ⁰/₀₀

De Genève à Vienne :

Par groupe, valeur déclarée 1.000 fr. et assurée :
    Pour 10.000 fr. . . . . 0.40 ⁰/₀₀
    Pour 50.000 fr. . . . . 0.36 ⁰/₀₀
Expédition de 1.650.000 fr. non assurée ⎰
Valeur déclarée, 1.000 fr. par caisse ⎱ fr. 416, soit. 0.252 ⁰/₀₀
L'assurance de Genève à Vienne est à Paris de. . . 0.20 ⁰/₀₀

De Francfort à Vienne :

Transport et assurance d'un envoi de Mk 80.000
Mk 24, soit. . . . . 0.30 ⁰/₀₀

De Paris à Trieste :

Frais pour un envoi de 100.000 fr. or. . . . . . . 1.241 ⁰/₀₀

De Trieste à Athènes :

Envois de Napoléons, par bateau du Lloyd austro-
hongrois, le fret est de. . . . . 1/5 ⁰/₀
   (avec réduction pour des sommes importantes).
L'assurance est de. . . . . 1/10 ⁰/₀₀
Frais de transport et d'assurance (valeur entière 100.000 fr.).

Or de Paris à Vienne :

Valeur déclarée 100.000 fr. Transport 107,05 }
       —   16,70 } Fr. 123.75 = 1/8 %

Valeur déclar ' 1.000 fr. Transport 75,05 }
       —   0,25 } Fr. 75.30 } 0.93 %,

Assurance s/fr. 99.000 à 0.18 %₀₀ . . . . 17.80 }

Envoi d'argent de Trieste à Alexandrie :

  Fret. . . . . 1/4 %
  Assurance. . . . . 1/6 %

Dans l'intérieur de l'Autriche-Hongrie, les frais de port pour les envois, avec valeur déclarée, s'élèvent :

Pour l'or à 1/3 %₀ environ sur la valeur entière ;
 » l'argent à 1/4 à 1/2 %₀ suivant la distance ;
 » billets de Banque à 1/4 % de la valeur déclarée.

Frais d'envoi d'une caisse de 100.000 fr. or, pesant environ 35 kilos, partant de :

A DESTINATION de :	NANCY			REIMS			TROYES		
	Transport à Avricourt 0.25 %	D'Avricourt à la ville destinataire	Assurance allemande 0.06 1/4 p. 375 fr.	Transport à Avricourt 0.75 %₀₀	D'Avricourt à la ville destinataire	Assurance allemande 0.06 1/4 p. 375 fr.	Transport à Avricourt 1.05 %₀₀	D'Avricourt à la ville destinataire	Assurance allemande 0.06 1/4 p. 375 fr.
Wien......	23	11.90	10.65	75	11.90	16.65	103	11.90	16.65
Total...	Fr. 53.55			Fr. 103.55			Fr. 133.55		
Trieste......	25	11.90	16.65	75	11.90	16.65	103	11.90	16.65
Total...	Fr. 53 55			Fr. 103.55			Fr. 133.55		
Budapest....	25	15.65	16.65	75	15.65	16.65	103	15.65	16.65
Total...	Fr. 57.30			Fr. 107.30			Fr. 137.30		
Poids maximum des caisses pour l'étranger : 50 kilos.									

Cote des changes

Amsterdam. . . .   200.10 Couronnes = 100 F. holl.
Belgique . . . . .   96.15   —   = 100 Belge.
Allemagne . . . .   118.70   —   = 100 Mark.

Londres . . . . . .   242,60 Couronnes ═ 10 livre.
Italie. . . . .   92.20   —   ═ 100 lire.
Paris. . . . .   96.25   —   ═ 100 francs.
Russie . . . .   259.50   —   ═ 100 roubles.
Suisse . . . .   96.05   —   ═ 100 suisse.

Tous les cours sont donnés à vue.

PARITÉS.

Paris (Voir tableau).

x fr. ═ 100 cour.	x cour. ═ 100 fr.
Cour. 96.25 ═ 100 fr.	Fr. 103.896 ═ 100 cour.
x ═ 103.896.	x ═ 96.25.

Amsterdam.

x fr. ═ 100 fl.	x cour. ═ 100 fl.
Fl. 100 ═ 200.10 cour.	Fl. 100 ═ 207.89 3/4 fr.
Cour. 96.25 ═ 100 fr.	Fr. 103.896 ═ 100 cour.
x ═ 207.89 3/4.	x ═ 200.10.

Belgique.

x fr. ═ 100 belge.	x cour. ═ 100 belge.
Belge 100 ═ 96.15 cour.	Belge 100 ═ 99.896 fr.
Cour. 96.25 ═ 100 fr.	Fr. 103.896 ═ 100 cour.
x ═ 99.896.	x ═ 96.15.

ou 96.25 — 96.15 ═ 0 cour. 10 par 100 fr. perte ou 0 fr. 10¼ %.

Allemagne.

x fr. ═ 100 Mk.	x cour. ═ 100 Mk.
Mk. 100 ═ 118.70 cour.	Mk. 100 ═ 123.324 fr.
Cour. 96.25 ═ 100 fr.	Fr. 103.896 ═ 100 cour.
x ═ 123.324.	x ═ 118.70.

x fr. ═ 100 cour.
Cour. 118.70 ═ 100 Mk.
Mk. 100 ═ 123.40 (cours à Paris).
x ═ 103.96.

Londres.

x fr. ═ 1 x.	x cour. ═ 10 x.
£ 10 ═ 242.60 cour.	x 1 ═ 25.205 fr.
Cour. 96.25 ═ 100 fr.	Fr. 103.896 ═ 100 cour.
x ═ 25.205.	x ═ 242.60.

x fr. ═ 100 cour.
Cour. 242.60 ═ 10 x.
£ 1 ═ 25.19 (cours à Paris).
x ═ 103.833.

Italie.

$$x \text{ fr.} = 100 \text{ lire.}$$
$$\text{Lire } 100 = 92.20 \text{ cour.}$$
$$\text{Cour. } 96.25 = 100 \text{ fr.}$$
$$x = 95.79.$$

$$x \text{ cour.} = 100 \text{ lire.}$$
$$\text{Lire } 100 = 95.79 \text{ fr.}$$
$$\text{Fr. } 103.896 = 100 \text{ cour.}$$
$$x = 92.20.$$

Suisse.

Conjointes comme Belgique.

Russie.

$$x \text{ fr.} = 100 \text{ r.}$$
$$\text{R. } 100 = 259.50 \text{ cour.}$$
$$\text{Cour. } 96.25 = 100 \text{ fr.}$$
$$x = 269.61$$

$$x \text{ cour.} = 100 \text{ r.}$$
$$\text{R. } 100 = 269.61 \text{ fr.}$$
$$\text{Fr. } 103.896 = 100 \text{ cour.}$$
$$x = 259.50.$$

TABLE DE PARITÉS

COURS DU PARIS	PARITÉ CORRESPONDANTE EN FR.	COURS DU PARIS	PARITÉ CORRESPONDANTE EN FR.
cour.		cour.	
95	105,26	95,72 1/2	104,46
02 1/2	105,23	75	104,43
05	105,20	77 1/2	104,41
07 1/2	105,18	95,80	104,38
95,10	105,15	82 1/2	104,35
12 1/2	105,12	85	104,32
15	105,09	87 1/2	104,30
17 1/2	105,06	95,90	104,27
95,20	105,04	92 1/2	104,24
22 1/2	105,01	95	104,22
25	104,98	97 1/2	104,19
27 1/2	104,95	96	104, 1/6
95,30	104,93	02 1/2	104,13
32 1/2	104,90	05	104,11
35	104,87	07 1/2	104,08
37 1/2	104,84	96,10	104,05
95,40	104,82	12 1/2	104,02
42 1/2	104,79	15	104,00
45	104,76	17 1/2	103,97
47 1/2	104,73	96,20	103,95
95,50	104,71	22 1/2	103,92
52 1/2	104,68	25	103,89
55	104,65	27 1/2	103,86
57 1/2	104,63	96,30	103,84
95,60	104,60	32 1/2	103,81
62 1/2	104,57	35	103,78
65	104,54	37 1/2	103,76
67 1/2	104,52	40	103,73
95,70	104,49	Di férence 02 1/2	0,027

Lingots or

Conditions de la Banque Austro-Hongroise :

Les lingots doivent être d'un poids minimum de 2 1/2 kilog. Leur titre ne doit pas être inférieur à 898 °/₀₀.

Le prix d'achat est de 3.276 couronnes par kilog. fin.

Pour les lingots à 898 °/₀₀ et au-dessus, le vendeur peut obtenir que l'argent contenu lui soit bonifié, moyennant paiement du droit d'affinage de 4 couronnes par kilog.

Les lingots dont le titre est inférieur à 898 supportent un droit de 4 couronnes par kilog. brut pour frais d'affinage, par contre, l'argent contenu est bonifié. Les barres non accompagnées d'un bulletin d'essai, du Bureau I. R. des Monnaies de Wien ou de celui de Kremnitz, supportent une taxe d'essai de 2 couronnes par barre.

Le paiement des barres n'a lieu que sur présentation du bulletin de la Monnaie.

Pour les lingots non accompagnés de ces bulletins, la Banque avance jusqu'à 90 °/₀ de leur valeur.

Pour l'envoi des barres à l'essai, il est compté 2 couronnes par 50 kilos.

Le vendeur s'engage à reprendre au prix de vente, dans un délai de trois mois, les lingots cassants ou qui contiendraient des pirytes ou de l'iridium.

Les lingots venant de France pour être frappés ne doivent pas être essayés à nouveau, mais ils sont soumis à un droit de poinçonnage de 3/8 °/₀. Ce droit peut être évité si l'on fait poinçonner les barres à la Monnaie de Paris, cette formalité coûte 3 fr. par lingot.

FRAPPE DES MONNAIES

La frappe des monnaies argent et nickel n'est faite que pour compte de l'État. Pour l'or, il peut être frappé des pièces de 20 couronnes pour compte des particuliers lorsque la Monnaie n'est pas occupée pour le service de l'État.

Les droits de frappe ne peuvent être supérieurs à 3 °/₀₀ de la valeur. Ils ont été fixés par arrêté du 11 août 1892 à :

6 couronnes par kilo. fin pour les particuliers.

4 — — pour la Banque Austro-Hongroise.

Décompte simulé d'un envoi de lingots or de Paris à Wien ; disposition par chèque le jour de l'expédition :

Kilos fin 74 k. 931⁴ à 3.276 coùr. = coùr. 245.475,26

Transport Paris à Wien 1.25 %₀₀.

Voyage 2 jours.

Frais à Wien :

Essais 2 Kr. par barre. . . . . coùr. 24

Commission 1/4 %₀₀. . . . . » 62

Menus frais. . . . . » 5,50

Montant avancé par la Banque le jour de l'arrivée 90 % de la valeur perte d'intérêts 5 jours à 4 % sur la solde . . . . » 14,15   105.65

Cour. 245.369,61

Lingots or

Envois Paris Wien :

Prix d'achat de la Monnaie 3.276 couronnes.

x fr. = 1.000 gr. fin	**Parité :**
Gr. fin 1.000 = 3.276 cour.	x fr. = 100 cour.
Cour. 104.914 = 100 fr.	Cour. 3.276 = 1.000 gr. fin
	Gr. fin 1,000 = 3.437 fr.
x = 3.437	x = 104.914

ou

x cour. = 100 fr.

Fr. 3.437 = 1 kilog. fin

Kilog. fin 1 = 3.276 cour.

x = 95.313

Le gold point s'établit à 95.313 cour. ou 104.914 fr. (frais non compris).

Wien-Londres :

x cour. = 1 £	x pence = 1 oz stand.
£ 1 = 240 pence	Oz stand. 12 = 11 oz fin.
(77/9) pence 933 = 1 oz st.	Oz fin 1 = 31.1035 gr. fin.
Oz stand. 12 = 11 oz fin	Gr. fin 1.000 = 3.276 coùr.
Oz fin 1 = 31.1035 gr. fin.	Cour. 24,02 2/3 = 1 £
Gr. fin 1.000 = 3.276 cour.	£ 1 = 240 £
x = 24,02 2/3	x = 933 (ou 77/9)

Le gold point s'établit à cour. 24,02 2/3 (frais non compris).

Wien-Berlin :

$$x \text{ cour.} = 100 \text{ Mk}$$
$$\text{Mk } 2.784 = 1.000 \text{ gr. fin}$$
$$\text{Gr. fin } 1.000 = 3.276 \text{ cour.}$$
$$x = 117.672$$

$$x \text{ Mk} = 100 \text{ cour.}$$
$$\text{Cour. } 3.276 = 1.000 \text{ gr. fin}$$
$$\text{Gr. fin } 1.000 = 2.784 \text{ Mk}$$
$$x = 84.984$$

$$x \text{ cour.} = 1.000 \text{ gr. fin}$$
$$\text{Gr. fin } 1.000 = 2.784 \text{ Mk}$$
$$\text{Mk } 100 = 117.672 \text{ cour.}$$
$$x = 3.276 \text{ Mk}$$

Le gold point s'établit à 117.672 cour. ou 84.984 Mk (frais non compris).

Lingots argent

$$x \text{ fr.} = 1.000 \text{ gr. fin.}$$
$$\text{Gr. fin } 1.000 = 2 \text{ livres fin.}$$
$$\text{Livre fin } 1 = 45 \text{ fl. fixe argent.}$$
$$\text{Fl. argent } 100 = 100.10 \text{ fl. papier (cours).}$$
$$\text{Fl. papier } 100 = 214.60 \text{ fr. à vue à Paris.}$$

Parités :

$$x \text{ fr.} = 100 \text{ fl. papier.}$$
$$\text{Fl. papier (cour) } 100.10 = 100 \text{ fl. argent.}$$
$$\text{Fl. argent fixe } 45 = 1 \text{ livre fin.}$$
$$\text{Livres fin } 2 = 1.000 \text{ gr. fin.}$$
$$\text{Gr. fin } 1.000 = \text{cours en fr. à Paris.}$$

COMPTES SIMULÉS

Envoi de lingots d'argent de Paris à Wien, pour la frappe en florins.

Supposant le kilogramme d'argent fin à Paris à 182.77, le change à fr. 215, tel quel, la prime, à 6 mois, sur l'argent à Wien à 1/2 %.

1 kilogramme = ...		Fr. 182.77
Voyage, 3 jours à 3 %, intérêts à Paris.	0.03	
Frais de monnayage à Wien 1 %	1.82	
Frais de transport 5 1/2 %₀₀	1 »	
Courtage 1/20 %	0.09	
A reporter	2.96	182.77

Reports. . . .	2.96	182 77

Bon de monnaie à 6 mois à 5 % sur fl. 192.42 remis
  à la réception des lingots, intérêts. 4.81
Frais de poinçonnage à Paris, 0.80° par barre . . .   0.46
1 1/4 % pour s'assurer le change de l'argent dans
  6 mois 2.29

Frais. . . . . Fr. 10.22   10.22

Coût net le kilogramme. . . . . Fr. 192.99

Reçu par kilogramme d'argent :

Fl. 90 à fr. 215 = ...   Fr. 193.50
1/2 % prime sur l'argent . . . .   »   0.96   ci . . . Fr. 194.46

Actuellement, on ne frappe plus d'argent pour le compte des particuliers.

Monnaies

Les Monnaies se négocient à la pièce, par parties de 300 unités minimum.

Le courtage est de 1/2 %.

Poids des pièces		Bonification à l'acheteur par chaque 1/2 gr. manquant.
Pour 1,000 ducats	3.487 gr.	1/7 de ducat.
— 500 Napoléons . .	3.220 »	31/400 de Napoléon ou fr. 3.10 par gr.
— 500 pièces de 20 Mk.	3,075 »	1/16 de 20 Mk.
— 500 demi-impériales .	3.267 »	1/3 de demi-impériale.
— 500 Souverains. .	3.987 »	1/16 de £g.
— 500 £ turques . .	3.602 »	2/29 de £ tq.

D'après la loi du 2 août 1892, l'unité monétaire est :

1 couronne = 100 heller.

Les pièces de 20 et 10 couronnes pesant moins de gr. 6.74 et 3.37 ne sont acceptées que par les Caisses publiques.

D'après la relation d'août 1896, la pièce de 20 fr. égale 19.04 couronnes au lieu de fl. 8, comme précédemment.

Tarif d'achat des monnaies or par la monnaie d'État.

DÉSIGNATION DES MONNAIES	PRIX DU KILOGR. en couronnes	TITRES
Pesos argentins.	2944.963	898.93
Ducats autrichiens-hongrois.	3228.492	985.49
Aigles (entiers et demi).	2946.600	899.46
20 fr. : France, Italie, Belgique, Bulgarie, Suisse, Autriche, Monaco, Roumanie, Serbie (Grèce et papales exceptées).	2944.963	898.95
10 florins de Hollande.	2946.2726	899.35
5 yens, Japon.	2946.2726	899.35
Scandinavie, 20 kronors.	2944.963	898.95
Livres turques	2995.710	914.44
Marks allemands	2915.945	899.25
1/2 Impériales russes, anciennes	3000.621	915.94
— nouvelles.	2945.945	899.25
Souverains, effigie Victoria	3000.621	915.94
Condors Chili, frappe avant 1892.	2943.6534	898.55

La Monnaie prend ces pièces contre paiement en couronnes d'or sous déduction de 1/10 °/₀₀, perte de fonte, et de une couronne, frais d'essai pour chaque espèce.

———

A Wien, il se traite beaucoup d'affaires en Napoléons, livres turques et demi-impériales.

Les opérations en talaris se font à Venise et principalement à Trieste.

———

Tarif d'achat des Monnaies or par la Banque Austro-Hongroise, sur la base de 1638 florins par kilogr. fin.

DÉSIGNATION DES MONNAIES	PRIX DU KILOG. en florins-papier	PRIX DU KILOG. en couronnes d'or	TITRES
100 piastres Égypte, après 1885 inclus	1430.0129	2861.8858	873.59
Alphonse XII, à partir de 1881. . . .	1467.958	2935.916	896.2
Pesos argentins.	1473.2336	2916.4673	899.41
Ducats, Autriche-Hongrie	1615.0703	3230.1406	986
Aigles. États-Unis	1474.0526	2948.1052	899.91
20 fr. : y compris Autriche, Monaco, Roumanie, Serbie (Grèce exclus), 10 et 5 fr. (déduction 1/10 °/oo du poids brut).	1473.2336	2916.4673	899.41
Guillaumes de Hollande.	1473.8888	2947.7776	899.81
Yens, Japon.	1473.8888	2947.7776	899.81
Kronors, Scandinavie	1473.2336	2916.4673	899.41
Livres turques.	1498.6201	2997.2402	914.91
20 marks, 10 et 5 marks (déduction 1/10 °/oo du poids brut.	1473.725	2917 450	899.71
Impériales anciennes.	1501.0769	3002.1538	916.41
— et 1/2 Impériales nouvelles	1473.725	2947.450	899.71
Souverains, effigie Victoria. . . .	1501.0769	3002.1538	916.41

Si le vendeur de monnaies or demande le paiement de la contre-valeur en couronnes or, la Banque déduit 1/2 °/oo, supposant qu'elle en ait une provision.

Le poids se compte par grammes et non par décigrammes. Les monnaies doivent être adressées par parties ajustées. 500-1000. Le paiement s'effectue de suite, excepté pour les pièces mutilées ou non courantes qu'il y aurait lieu de fondre, et, dans ce cas, la Banque avance provisoirement 90 °/° de la valeur.

Monnaies or.

Envois :

Paris à Wien (Napoléons pesant 6 gr. 45).

x fr. = 20 fr.	
Fr. 20 = 6,45 gr.	x fr. = 100 couron.
Gr. 1000 = 2916,47 (cours.)	Cour. 2916,47 = 1000 gr.
Cour. 100 = 105,236 fr. (cours.)	Gr. 6,45 = 20 fr.
x = 20,000	x = 105,236

Wien Paris (couronnes pesant 6 gr. 77).

x fr. = 100 couronnes	x cour. = 100 fr.
Cour. 20 = 6,77 gr. B	Fr. 3437 = 1000 gr. fin
B gr. 1000 = 899,5 (titre) gr. fin	Gr. fin 899,5 = 1000 gr. B.
Gr. fin 1000 = 3437 fr.	Gr. B. 6,45 = 20 cour.
$x = 104,65$	$x = 95,566$

Berlin à Wien (marks pesant 7 gr. 96).

x Mk. = 20 Mk.	x Mk. = 100 cour.
Mk. 20 = 7,96 gr. B.	Cour. 2947,45 = 1000 gr. B.
Gr. B. 1000 = 2947,45 cour.	Gr. B. 7,96 = 20 Mk.
Cour. 100 = 85,245 Mk (cours)	
$x = 20,00$	$x = 85,245$

Wien à Berlin (couronnes pesant 6 gr. 77).

x Mk. = 100 cour.	x cour. = 100 Mk.
Conr. 20 = 6,77 gr. B.	Mk. 1252,10 = 500 gr. B
Gr. 500 = 1252,10 Mk.	Gr. B. 6.77 = 20 couron.
$x = 84,767$	$x = 117,07$

Londres à Wien (Souverains pesant 7 gr. 98).

x couronnes = 1 £
£ 1 = 7,98 gr.
Gr. 1000 = 3002,15 cour.
$x = 23,957$

Wien à Londres (couronnes pesant 6 gr. 77).

Vente au poids :	Vente après fonte :
x couronnes = 1 £.	x couronnes = 1 £.
£ 1 = 240 pence.	£ 1 = 240 pence.
(76/3 1/2) d. 915 1/2 = 1 oz.	Pence (77/9) 933 = 1 stand. oz.
Oz 1 = 31,1035 gr.	Oz stand. 12 = 11 oz fin.
Gr. 6,77 = 20 cour.	Oz 1 = 31,1035 gr fin.
	(titre) gr. fin 899 1/2 = 1000 gr. B.
	Gr. 6,77 = 20 cour.
$x = 24,089$	$x = 21,087$

Or au poids moyennant le prix du ducat « al marco ».

Parité

x fr. $=$ 1000 fr.	x fr. $=$ 100 fl.
Fr. à 3437 $=$ 1000 gr. fin.	Fl. (cours) 5,45 $=$ 1 ducat.
Gr. fin 1000 $=$ 290,626 ducats.	Ducats 290,626 $=$ 1000 gr. fin.
Ducat 1 $=$ 5,45 fl. (cours).	Gr. fin 1000 $=$ 3437 fr. au pair
Fl. papier 100 $=$ 215 fr. à vue.	à Paris.

ou pour 1 livre fin.

x fr. $=$ 1 livre fin.	x fr. $=$ 100 fl.
Livre fin 1 $=$ 145,313 ducats	Fl. 5,45 (cours) $=$ 1 ducat.
Ducat 1 $=$ 5,45 fl. (cours).	Ducats 145,313 $=$ 1 livre fin.
Fl. 100 $=$ 215 fr. à vue.	Livres fin 2 $=$ 3437 fr. au pair
	à Paris.

Ducats vendus au poids

1 ducat $=$ 3,442 gr. fin.

Parité

x fr. $=$ 1000 gr. fin.	x fr. $=$ 100 fl.
Gr. fin 3,442 $=$ 1 ducat.	Fl. (cours) 5,45 $=$ 1 ducat.
Ducat 1 $=$ 5,45 fl. (cours).	Ducat 1 $=$ 3,442 gr. fin.
Fl. papier 100 $=$ 215 fr. à vue.	Gr. fin 1000 $=$ 3,437 fr. au pair
	à Paris.

DUCATS :

Au poids brut 1 ducat $=$ 3,468 gr. brut.

Parité

x fr. $=$ 1000 gr. brut.	x fr. $=$ 100 fl.
Gr. brut 3,468 $=$ 1 pièce.	Fl. 5,45 $=$ 1 pièce.
Pièce 1 $=$ 5,45 fl. (cours).	Pièce 1 $=$ 3,468 gr. brut.
Fl. papier 100 $=$ 215 fr. à vue.	Gr. brut 1000 $=$ 3100 fr. à Paris.

Calcul à la pièce pour toutes monnaies.

Parité

x fr. $=$ 1 pièce.	x fr. $=$ 100 fl.
Pièce 1 $=$ cours.	Cours $=$ 1 pièce.
Fl. 100 $=$ 215 fr. à vue.	Pièce 1 $=$ ... fr. à Paris

Achat à Trieste de 5000 tallaris Marie-Thérèse, expédiés à Alexandrie, pour compte de Paris

Compte simulé :

5,000 tallaris à fl. 2,14 = ... Fl. 10700 »
1/8 % commission . . . . Fl. 13,40
1/10 % courtage . . . . — 10,70
1/4 % fret . . . . — 26,75
(au-dessus de 10000 fl. or le fret est inférieur).
1/6 % assurance . . . . Fl. 18
Emballage et divers. . . . . — 2,80 ci. Fl. 71.65
                                        Soit Fl. 10771,63

Couverture approximative, sur Paris à vue :

Fr. 23000 à fl. 46,95 =. . . . . Fl. 10798,50
 Courtage 1/20 % =. . . . . — 5,40
                        Net Fl. 10793,10

Wien avance sur Paris de 56 minutes.

La date de surannation en Autriche-Hongrie est de 3 — 6 ans pour les coupons et de 3 — 30 ans pour les titres remboursables.

BELGIQUE

BRUXELLES

La Banque Nationale délivre des accréditifs sur toutes ses agences pour n'importe quelle somme au-dessus de 100 francs, toutefois le paiement en écus ne s'obtient que si l'agence en est suffisamment pourvue, et, dans le cas contraire, il faut attendre qu'elle ait pu faire venir la quantité nécessaire du Siège Central ou de la Succursale d'Anvers.

La Banque Nationale à Bruxelles fait des avances sur des dépôts d'or monnayé étranger ou des lingots. Elle n'a pas de conditions fixées, elles sont à débattre chaque fois.

Elle n'avance pas contre dépôt de papier commercial.

Frais d'envoi en colis postaux de Bruxelles en Allemagne, poids maximum 5 kilos, déclaration de valeur entière obligatoire :

Prix fixe par colis. . . . 1 fr. par 15.000 fr. | soit
Assurance 0 fr. 25 par 750 fr.   5 fr.   — | 0,40 %₀.

Cote des changes

Allemagne	100 marks	à vue = fr Belge :	123,44
Londres	1 £	— =	25,25
Autriche.	100 couronnes	— =	103,85
Paris	100 francs	— =	100,20
États-Unis	100 dollars	— =	524 »
Pays-Bas.	100 florins	— =	207,90
Suisse	100 francs	— =	99,35
Russie	100 roubles	— =	267,03
Italie.	100 lire	— =	93,60

Les cours sont cotés à vue, pour les comparer à ceux de Paris il y a lieu de déduire la prime cotée sur le versement Paris, ou ajouter la perte s'il y a lieu.

COUPONS ET TITRES

Le délai de surannation est de 5 ans pour les coupons belges et de 30 ans pour les titres.

BERMUDES

L'or et l'argent anglais ont cours légal. Cependant, les commerçants et les Banques acceptent les billets et l'or américains, mais avec un escompte de 2 % environ.

Les Banques traitent généralement le papier anglais : au pair s'il est à vue ou à 30 jours ; avec 1/2 % de commission, s'il est à plus de 30 jours.

Elles acceptent le papier sur les États-Unis : au pair de juin à décembre, avec un escompte pouvant atteindre 2 % durant le reste de l'année, saison des touristes.

BOLIVIE

Transport

Paris à Antofogasta

Lamport et Holt Line, du Havre. . . . .   2 1/4 %

Compagnie Kosmos, d'Anvers. . . . .   1,20 %

ASSURANCE

Argent en barres . . . .   3/8 %

Argent minerai. . . . .   1/2 %

Étain, lingots ou minerai. . . . .   5/8 %

Chunges

Londres à 90 jours de vue, par peso. . . . . . .   25 1/8 pence

Paris   —   —   . . . .   2,62 francs

Hambourg   —   —   . . . .   2,15 marks

Parités ramenées à vue.

Londres (cours à 90 jours de vue, intérêts au taux Banque à Londres + 50 jours de voyage).

x fr. $=$ 1 peso.	x pence $=$ 1 peso.
Peso 1 $=$ 24,734 d. (25 1/8 — 140 j. à 4 %)	Peso 1 $=$ 2,597 fr.
d. 240 $=$ 25,20 fr. (cours Londres à Paris).	Fr. 25,20 $=$ 240 pence.
$x = 2{,}597.$	$x = 24{,}734$

Paris (cours à 90 jours de vue, intérêts au taux Banque à Paris — 50 jours de voyage).

Hambourg (cours à 90 jours de vue, intérêts au taux Banque à Hambourg — 50 jours de voyage).

x fr. $=$ 1 peso.	x Mk $=$ 1 peso.
Peso 1 $=$ 2,108 mk (2,15 — 140 j. à 5 %).	Peso 1 $=$ 2,592 fr.
Mk 100 $=$ 123 (cours du Berlin à Paris).	Fr. 123 $=$ 100 Mk.
$x = 2{,}592$	$x = 2{,}108$

BRÉSIL

Frais de transport

Intérêts et frais d'envoi d'or de Rio à Paris contre traites à 90 jours de vue

Commission à Rio 1/4 %	2.50 %₀
Douane, camionnage, emballage	
Voyage de l'or, 30 jours à 3 %.	2.50 —
Dispositions à 90 jours à 3 %	7.50 —
Voyage des traites, 30 jours à 3 %.	2.50 —
Timbre anglais 1/2 %₀	0.50 —
Timbre sur effet à Rio 1/8 %.	1.25 —
Fonte, essai	0.35 —
Fret par vapeur anglais 3/8 %.	3.75 —
— français (le double).	
Assurance 1 1/2 %₀.	1.50 —
— à Rio (2 1/2 %₀.	
Courtage sur achat d'or.	1 —
— pour vente de papier à 90 jours.	1.875 —
Divers.	0.15 —
Total.	25.375%₀

Frais pour une expédition de fr. 12.500 en or de Paris à Pernambuco, par la Cᴵᵉ Générale Transatlantique :

Chemin de fer de Paris à Bordeaux . . . fr.	21.90	
Fret de Bordeaux à Pernambuco	93.75	121.15
Divers	5.50	
Soit . . . . 9 fr. 692 %₀		

Cote des changes

Londres	60 jours de vue	1 milreis	=	»	
—	90 — —	—	=	8	1/4 pence.
Paris	90 — —	1 franc	=	1160	reis bres.
Hambourg	90 — —	1 mark	=	1410	—
New-York	3 — —	1 dollar	=	6104	—
Lisbonne	90 — —	100 reis port	=	429	—

Parités ramenées à vue.

Londres (cours à 90 jours de vue, intérêts au taux Banque
à Londres + voyage 20 jours)

x fr. = 1000 reis Brésil.	x fr. = 1 £.
Reis 1000 = 8,15^d (8 1/4 d. : 110 j. à 4%)	£ 1 = 240 pence.
Pence 240 = 25,20 (cours du Londres	Pence 8,15 = 1 milreis.
à Paris).	Milreis 1 = 0,855 75 fr.
x = 0,85575	x = 25,20.

Paris (cours à 90 jours de vue, intérêts au taux Banque à Paris
+ voyage 20 jours).

x fr. = 1000 reis br.	x reis = 1 franc.
Reis (1160 + 110 j. 4%) 1174,14 = 1 franc.	Fr. 0,851 68 = 1000 reis.
x = 0,85168	x = 1174,14.

Hambourg (cours à 90 jours de vue, intérêts au taux Banque
allemande + voyage 20 jours).

x fr. = 100 marks.	x reis = 1 mark.
Mark 1 = 1140,67 reis (1110 + 110 j. 3%)	Mark 1 = 1,2260 francs.
Reis 1000 = 0,851 fr.	Franc 0,851 = 1000 reis.
x = 122,60 fr.	x = 1140,67

New-York (cours à 3 jours de vue, intérêts au taux américain,
+ voyage 17 jours).

x fr. = 100 $.	x reis = 1 $.
$ 1 = 6114,16 reis (6104 + 20 j. à 3%)	$ 1 = 5,2034 francs.
Reis 1000 = 0,851 franc.	Fr. 0,851 = 1000 reis.
x = 5,20,31	x = 6114,16.

Lisbonne (cours à 90 jours de vue, intérêts au taux portugais
+ 18 jours de voyage).

x fr. = 100 milreis p.	x reis b. = 100 reis port.
Port reis 100 = 136,70 reis b. (120 + 108 j. 6%)	Reis p. 1000 = 3,7163 fr.
Reis b. 1000 = 0,851 franc.	Franc 0,851 = 1010 reis b.
x = 371,63.	x = 136,70.

Monnaies

Une pièce d'or de 20,000 reis. = 17 gr. 900 à 3148 fr. 29 le kilogr.

= fr. 2,8177 le milreis

2,53 3/4 % frais d'exportation   0.0715

net   fr. 2.7462   à fr. 2,7462

Etant donné le cours, à 24 3/4 d à 90 j. de vue   2,60390

et 25 fr. 25 par £

Il en résulte une différence de   fr. 0,1423

soit   5,16 %

BULGARIE

Frais de transport

De Roustchouk à Paris.

Envoi de 50.000 fr. en or pesant 17 kil. 500 :

Taxe perçue par la Roumanie. . . . . . . Fr. 11.60

—   l'Autriche et l'Allemagne   20.60

—   la France. 53.50

Ensemble. . . . Fr. 85.70 soit 1.716 %

En Bulgarie il n'a pas été prévu de date de surannation pour les coupons et titres remboursables.

CAMEROUN

Monnaie légale comme en Allemagne.

Il y a aussi une certaine circulation de $, de £ et de francs, avec une valeur respective d'environ Mk 4.25, 20.40 et 0.80.

CANADA

Coté des changes

Paris	Câble transfert. . . .	5,16 1/2 francs par dollars.	
	Chèque.	5,17 1/4	—
	60 jours de vue. . . .	5,19	—
Londres	Câble transfert. . . .	9 3/4 % + 40 $ fixe = 9 £	
	Chèque.	9 5/8 %	
	60 jours de vue.		
New-York.		1/2 % prime.	

PARITÉS

Londres câble transfert.

x fr. $= 1$ £.	x S $= 9$ £.
£ 9 $= 43.90$ S $(40 + 0\ 3/4\ \%)$	£ 1 $= 25.193$ fr.
S 100 $= 516\ 1/2$ fr.	Fr. 516 1/2 $= 100$ S.
$x = 25.193$	$x = 43.90$

$$x \text{ fr.} = 1 \text{ S can.}$$
$$\text{S } 43.90 = 9 \text{ £.}$$
$$\text{£ } 1 = 25.20 \text{ (cours à Paris).}$$
$$x = 516.62$$

En 1901 il a été ouvert au Canada une succursale de la Monnaie de la Grande-Bretagne qui frappe l'argent nécessaire aux besoins du Canada : elle doit aussi frapper des Souverains anglais avec de l'or acheté aux mines du pays.

CEYLAN

La circulation monétaire est composée des pièces argent de 1 roupie indienne ;

De pièces argent de 50.25 et 10 cents de Ceylan ;

Et de pièces de 5 et 1 cents et de 1/2 cent en cuivre.

Le Gouvernement de Ceylan n'a pas encore suivi l'Inde en établissant le Souverain d'or « legal tender », mais il n'y a pas de doute qu'il ne le fasse prochainement.

Janvier 1900.

Les cotes de changes sont exprimées en roupies de Ceylan pour Bombay et Maurice.

CHILI

Frais de transport

De Paris à Valparaiso.

Envoi d'argent, via La Pallice.	3/4 %
De Paris à La Pallice, par 1.000 kilos, 141.95. .	3/20 % env.

De Londres à Valparaiso.

Fret.	1 %
— pour montants de £ 100.000 et au-dessus. .	7/8 %

De Valparaiso à Londres.

Envoi d'or, fret.   1   %
Assurance maritime. . . . .   1/2 %
Commission à Valparaiso. . . . .   1/8 %

Envois de Valparaiso à Paris.

	Or		*Argent monnayé*	
Transport et fret.	0.»» ⁰/₀₀	Transport et fret.	0.»» ⁰/₀₀
Assurance.	3.33	Assurance.	3.33
Perte d'intérêts 50 jours à		Perte d'intérêts 50 j. à 4 %.	5.56
4 %.	5.56	Commission.	1.25
Commission.	1.25	Timbre des traites.	0.50
Timbre des traites. . . .	0.50	Frais divers.	0.36
Frais divers.	0.36	Perte sur titre légal. . . .	3.»»
	20.»» ⁰/₀₀	Affinage.	6.»»
			20.»» ⁰/₀₀

Coto dos changos

Paris à. . . . .   90 jours de vue, 1,64 5/9 francs pour 1 peso.
Londres à. . . .   90 jours de vue, 15 2/3 pence   —
Hambourg à. . .   90 jours de vue, 1,35 mark   —

PARITÉS (ramenées à vue)

Paris (cours à 90 j. vue. intérêts au taux, hors Banque, français + 45 jours voyage).

$$\text{Fr. } 1,64 \, 5/9 + 135 \text{ jours à } 4\% = 1,620 \text{ fr. à vue.}$$

Londres (cours à 90 j. de vue, intérêts au taux Banque anglais + 45 jours de voyage).

$$x \text{ fr.} = 1 \pounds.$$
$$\pounds \, 1 = 240 \text{ pence.}$$
$$(15 \, 2/3 - 135 \, \text{j. à } 4\%) \text{ pence } 15,131 = 1 \text{ peso.}$$
$$\text{Peso } 1 = 1,62 \text{ fr.}$$
$$x = 25.196.$$

x fr. $= 1$ peso.	x pence $= 1$ peso.
Peso $1 = 15,131$ pence.	Peso $1 = 1,62$ fr.
Pence $240 = 25,196$ fr.	$25,20 = 240$ pence.
$x = 1,620$	$x = 15,131.$

Hambourg (cours à 90 j. vue, intérêts au taux Banque allemand
+ 45 j. voyage).

$$x \text{ fr.} = 100 \text{ Mk.}$$
$$(1.35 - 135 \text{ j. à } 5\%) \text{ Mk. } 1.32 \ 1/2 = 1 \text{ peso.}$$
$$\text{Peso } 100 = 162 \text{ fr.}$$
$$x = 122,26.$$

x fr. $= 1$ peso.	x Mk. $= 1$ peso.
Peso $1 = 1,325$ Mk.	Peso $1 = 1,635$ fr.
Mk. $100 = 123,40$ fr.	Fr. $123,40 = 110$ Mk.
$x = 1,635.$	$x = 1,325.$

COTE DES MÉTAUX PRÉCIEUX

Or.

L'or est coté à tant pour mille de prime.

Le 28 janvier 1900 on cotait 10,20 % (le change était 16 pence
à 3 mois).

Le 29 janvier 1900 on cotait 10,40 % (le change était 16 pence
à 3 mois).

A différentes époques, le Gouvernement effectue des ventes d'or,
par exemple : le 23/1 1900 il a vendu environ $ 800,000 à des prix
variant entre 11,10 et 11,30 %. Le change trimestriel sur Londres
était à cette date, 16 1/4ᵈ. Les traites locales payables en or
étaient cotées à 18 5/16ᵈ.

Argent.

Coté en $ par mark ou par kilog.

Le 29 décembre 1899, l'argent était coté au Chili $ 12,65 par
mark, ou $ 55 par kilog., et même date le cours était à Londres
26 15/16 par oz standard.

Le mark équivaut à 230 gr. 07114 et se divise en 8 onces.

Monnaies

La nouvelle monnaie chilienne est frappée aux poids et titres
suivants :

1 peso or	0 gr. 599.103	titre 916 2/3
1 peso argent	20 grammes	— 835

Les monnaies or et argent sont échangeables l'une contre
l'autre au pair.

PARITÉS THÉORIQUES :

ø fr. = 1 peso or.
Peso or 1 = 0,599,103 gram. brut.
Gram. brut 1000 = 916 2/3 gram. fin.
Gram. fin 1000 = 3,111,11 fr.

d'où 1 peso or = 1,891,607 fr.

qui équivalent à 18 pence au cours de 25,2214 fr. par £ sterl.

L'ancien rapport de l'or à l'argent était 1 à 15 1/2.

Le Chili en frappant des pièces argent pesant 20 grammes au titre de 835, c'est-à-dire contenant 16,70 gram. de fin établit ce rapport théoriquement à :

0,549177 3/4 or fin pour 16,70 argent fin.
soit 1 à 30,589 —

C'est-à-dire que, théoriquement, il sera donné pour un kilog. d'or fin 30,589 kilog. d'argent fin en pièces monnayées.

La hausse de la valeur de l'argent, ou la baisse du change chilien, même si elles ne se produisaient pas simultanément, pourraient avoir pour effet l'exode des monnaies chiliennes.

Le gouvernement ne serait alors à même de les remplacer immédiatement qu'avec perte.

PARITÉS COMMERCIALES : OR :

A 3437 fr., prix commercial de l'or. 916 2/3 titre légal et 0 gr. 599103 poids légal. La parité du peso or est de fr. 1,887523
équivalant à pence 18, au cours de 25,1669
ou — 17,976 — — 25,20 par £

PARITÉS MARCHANDES : OR :

A 3437 fr. le kilog. 916 %., titre marchand et 0 gr. 599103 poids légal. La parité est de fr. 1,88615¹ par peso
ou pence 18. au cours de 25,1486
ou — 17,963 — — 25,20 par £

PARITÉS MARCHANDES : ARGENT :

Les pesos argent étant échangeables au pair contre des $ or, leur valeur marchande au Chili correspond également à fr. 1,886151.

Le peso de 20 grammes, au titre de 835, contient 16 gr. 70 d'argent fin.

Sur ces bases, la valeur marchande du kilog. d'argent fin ressort à fr. 112,943 soit, au cours de 25 fr. 20 par £, 30ᵈ 19/20 par oz stand.

GOLD POINT :

Le gold point de sortie est :
Non compris les frais :   17,963 pence à vue.
Comprenant les frais 2 º/₀ : 17,603   —   —
pour exportation en France.

SILVER POINT :

L'exportation en France peut se faire lorsque :

y compris 3 º/₀ frais envoi	Le change à vue chilien est de 18 pence par $.
	Le cours du chèque Londres à Paris 25,45 par £.
	Le kilog. d'argent fin à Paris . . . fr. 116,31
	soit par once standard. 31ᵈ 84/100

CHINE

CANTON (Kwang-Tung)

La circulation monétaire dans cette province est composée de : dollars coupés « chopped dollars » et monnaie subsidiaire chinoise de 10 et 20 cent.

Les dollars en circulation sont principalement mexicains, mais les yens japonais, les dollars de Hong-Kong et les Kwang-Tung dollars, sont aussi en cours.

Ces différentes pièces sont supposées être du même poids : 416 grains ou 27 gr. 06 et au titre de 900 º/₀₀.

Par dollars coupés (chopped dollars), on entend les pièces brisées ou mutilées par les marchands chinois ou par les Banquiers, qui estampillent avec un poinçon de fer toutes celles qui passent entre leurs mains.

HONG-KONG

Dans cette province, les piastres mexicaines et les yens japonais argent ont cours légal quand ils ne sont pas estampillés.

Les chopped dollars, les Kwang-Tung dollars et divisions ne sont pas monnaie courante, toutefois, les détaillants les acceptent par petits montants.

Les billets des Banques de Hong-Kong sont préférés à l'argent et, pour cette raison, font prime.

Les clean dollars (dollars intacts), c'est-à-dire les pièces non estampillées, jouissent généralement d'une prime d'environ 2 % par rapport aux chopped dollars.

La totalité des marchandises expédiées par les commerçants étrangers est payée en chèques sur Hong-Kong. Ces chèques peuvent être vendus aux Banques locales, avec une prime de 1/4 à 1 %, quelquefois 1 1/2 %.

Les marchands chinois, entre eux, effectuent leurs transactions en prenant pour base le « taël », monnaie de compte représentant un poids déterminé d'argent (taël Hong-Kong 37 grammes 58).

72 de ces taël sont l'équivalent de 100 piastres.

Dans les districts éloignés et principalement dans les classes pauvres, on se sert de monnaies de cuivre appelées cashs ou sapèques. Environ 1.000 de ces pièces équivalent à une piastre.

En général, les commerçants étrangers résidant à Hong-Kong déposent leurs fonds dans les Banques locales et en disposent par chèques.

La monnaie locale n'est pas garantie par le gouvernement chinois. Les pièces sont acceptées pour leur valeur réelle, ce qui oblige les marchands et banquiers à les examiner une à une et à les estampiller. La marque apposée sur les monnaies évite un autre examen, lorsqu'elles sont de nouveau présentées.

Frais de transport

de barres d'argent et de piastres mexicaines de Paris à Hong-Kong
par les Messageries Maritimes :

De fr. 100.000 transport de Paris à Marseille. Fr. 23 les 100 kil. = 1,30 %

Fret de Marseille à Hong-Kong. . . . . 0,75 %

—   De 200.000 et au-dessus . . 0,50 %

De 5 à 600.000 fr. = Camionnage à Paris . . . . . . 0,10 %o
                    Traction de Paris à Marseille. . 1,30 »
                    Camionnage à Marseille. . . . 0,10 »
                    Fret . . . . 5 » »

                        Total . . . . 6,50 %o

Au-dessus de 1 million de fr. le fret serait de . . . 4 » %o
(La Cie réduirait peut-être le fret à . . . . 3 1/2 %o
  pour des envois plus importants.)

Hong-Kong : Cote des Changes.

Londres	en shillings et pence par piastre	(à vue 60 et 90 j.).
Paris	en francs par piastre	(à vue —).
New-York	en dollars par 100 piastres	(à vue —).
San Francisco	—	(à vue —).
Shanghaï	en taëls pour 100 piastres	(à vue —).

Shanghaï : Cote des changes.

Londres	Câble	2/8 1/4	shillings par taël.
	vue	2/8 1/2	— —
	30 j. de vue	2/8 1/2	— —
	4 mois de vue	2/8 7/8	— —
France	vue	3.40	francs par taël.
	4 mois de vue	3.46	— —
	6 mois de vue	3.49	— —
Allemagne	vue	2.80	marks —
	4 mois de vue	2.85	— —
New-York et San Francisco	Câble	153	taëls par 100 $.
	vue	152 1/2	— —
	4 mois de vue	149 3/4	— —
	6 mois de vue	150 3/4	— —
Inde	câble	210	roupies par 100 taëls.
	à vue	210 1/2	— —
Hong-Kong	câble	72 5/8	taëls par 100 $ Hong-Kong.
	3 jours de vue	72	— —
Japon	câble	72 1/4	taëls pour 100 Yen.
	10 j. de vue	71 1/2	— —
Dollars Mexique		71	— pour $ Mexiq.

COLOMBIE

Frais de Transport

De Paris par la Compagnie Générale Transatlantique :
Envois de fr. 100.000 et au-dessous.   1 1/4 °/₀ + 1 °/₀₀ commission.
— au-dessus de fr. 100.000 . .   3/4 °/₀ + 1/4 °/₀₀ —
Assurance pour des envois de Paris à Panama 1/4 °/₀.

De New-York à Panama, pour des envois d'or, les frais de transport et autres s'élèvent à 9 °/₀₀.

L'or est embarqué sur les Steamers de la *Pacific Mail Steamship C°* qui le livre à Aspinwall à la *Panama Railroad Cy* pour être transporté à destination.

Pour des envois supérieurs à $ 100,000 ou $ 200,000 on pourrait sans doute obtenir une réduction de la Compagnie.

L'exportation de lingots ou de monnaies se fait en barils dont le coût est de $ 2,50 l'un.

Envoi d'or de Paris à Barranquilla par la Royal Mail.
Frais d'un envoi de 36,000 fr. . . . .   1,18 °/₀

Monnaies

La monnaie courante est la piastre et la 1/2 piastre colombienne d'argent au titre légal de $\frac{835}{1.000}$; c'est avec cette monnaie que se font généralement tous les paiements.

La presque totalité des $ colombiennes a été démonétisée. On se sert de piastres péruviennes et chiliennes pour l'exportation en Amérique centrale, au Pérou et au Chili.

A Panama les $ du Pérou et Chili jouissent toujours d'une prime, selon la demande, variant entre 5 et 10 °/₀.

Disposition sur Paris de fr. 100,000 en contre-valeur d'un paiement en monnaie colombienne à 835 millièmes.

$$
\begin{array}{lr}
\text{Traite à vue sur Paris fr. 100.000. . . . } & \$ 20.000 \\
\text{108 °/₀ de prime (soit 208). . . . . } & \$ 21.600 \\
\hline
 & \$ 41.600 \\
\text{Commission à Panama 1 °/₀. . . . . . . } & 416 \\
\hline
\text{Net de tous frais en monnaie à } \tfrac{835}{1.000} \text{ . . } & \$ 41.184 \\
\end{array}
$$

La conjointe de l'opération s'établit ainsi

$$
\begin{array}{rcl}
x \text{ fr.} &=& 1 \, \$ \\
\$ \, 41.184 &=& 100.000 \text{ fr.} \\
\hline
\text{d'où } x &=& 2,42 \, 13/16
\end{array}
$$

Changes

		Prime :
Traite sur New-York à jours de vue	......	2.000 %
— Londres à —	......	1.900 —
— Paris à —	......	1.900 —
Monnaies d'argent de 0,835 millièmes	......	700 —
Billets nationaux anciens	......	70 —
— — nouveaux	......	20 —

(Cours de Barranquilla du 17 mars 1901.)

Disposition sur Londres de £ 4000 en contre-valeur d'un paiement en monnaie colombienne à 835 millièmes.

Traite à vue sur Londres £ 4.000	$ 20.000
110 % de prime (soit 210)	$ 22.000
	$ 42.000
Commission 1 %	$ 420
Net de tous frais en monnaie colombienne à $\frac{835}{1.000}$	$ 41.580

$$
\begin{array}{l}
\text{La conjointe} \\
\text{de l'opération} \\
\text{s'établit ainsi}
\end{array}
\left\{
\begin{array}{l}
x \text{ fr. pour } 1 \text{ \$.} \\
\$ 41.580 = 4.000 \text{ £.} \\
£ 1 = 25,16\ 1/2 \text{ fr. à vue à Paris.} \\
\hline
\text{d'où } x = 2,42\ 3/32 \text{ fr.}
\end{array}
\right.
$$

Disposition sur New-York de $ 20,000.

Traite à vue sur New-York	$ 20.000
116 % de prime	$ 23.200
	$ 43.200
Commission 1 %	$ 432
Net de tous frais en monnaie colombienne à $\frac{835}{1.000}$	$ 42.768

$$
\text{Conjointe}
\left\{
\begin{array}{l}
x \text{ fr. pour } 1 \text{ \$ piastre.} \\
\$ 42.768 = 20.000 \text{ dollars.} \\
\$ 1 = 5.16 \text{ fr. à vue à Paris.} \\
\hline
\text{d'où } x = 2.41\ 5/16 \text{ fr.}
\end{array}
\right.
$$

COSTA-RICA

La base du système monétaire est, depuis le 16 juillet 1900, le colon or, contre lequel est échangé peu à peu tout l'ancien papier-monnaie.

L'unité monétaire est le colon ou colone, du poids de 0 gr. 778, au titre de 900 millièmes.

Les monnaies autres que celles en or sont subsidiaires et leur frappe, ainsi que leur cours, sont limités par la loi. Leur pouvoir libératoire a été fixé à 10 colones au maximum.

Les monnaies d'or étrangères ont cours légal dans Costa-Rica avec les équivalences suivantes :

1 dollar U. S. A. . .	2.10 colones	(soit pour 1 colon $ 0.47619).
1 Souverain. . . .	10.20 —	(— pence 23.529).
1 mark.	0.50 —	(— marks 2).
1 franc.	0.40 —	(— francs 2.50).

CUBA

HAVANE (LA)

Frais de transport

Les frais de transport pour des envois d'or, *de Paris à la Havane,* par Saint-Nazaire et le Havre, sont de :

Par la Compagnie Générale Transatlantique (chemin de fer compris) :

Jusque 500.000 fr.	5,25 %o
De 500.000 fr. à 1.000.000	3,25 %o
Au-dessus de 1.000.000.	2,59 %o

L'assurance de Paris à la Havane, sous déclaration de la valeur entière, est de. 1/6 %

Envois de *Paris à Santiago de Cuba* (Antilles) :

Par la Compagnie A. Lopez, les frais de transport de Paris à Santiago par le Havre, via New-York et la Havane, sont de 10 %o, plus 10 %, soit. . . . . 11 %o

Nota. — Le transbordement de la Havane à Santiago est fait, aux risques de la Compagnie, par bateau-poste.

L'assurance de Paris à Santiago est de. . . . . 2,25 %o

Fret de New-York à la Havane :

Jusque 100.000 $. . . . . 1/2 %
De 100.000 à 500.000 S . . . . 1/4 %
500.000 $ et au-dessus. . . . . 3/16 %

Monnaies

Etalon pour Cuba :

Par suite d'un ordre exécutif, issu du Gouvernement des États-Unis, le dollar américain est, depuis le 1er mars 1899, l'étalon pour l'île de Cuba.

Depuis cette date et jusqu'à nouvel ordre, tous les droits de douane, impôts, etc., dus dans l'île, sont payables en monnaie américaine ou en or étranger au taux de :

Dollars. . . . . 4,82 les Alphonsines de 25 pesetas.
— . . . . . 3,86 les Napoléons (Union latine exclusivement).

Coto dos changos à la Havano

Madrid et Barcelone.	8 j. vue. 20 à 19 3/4 Esc^te	100 pesos — 20	= 500 pesetas.
Capitales de provinces	— 19 3/4 à 19 1/2 —	100 pesos — 19 3/4	= 500 pesetas.
Autres places. . . .	— 19 1/2 à 19 3/4 —	100 pesos — 19 1/2	= 500 pesetas.
Londres.	60 j. vue. 19 3/8 à 19 1/2 % Prime	144 pesos $+$ 19 3/8 %	= 100 livres.
Paris.	3 j. vue. 6 3/8 à 6 5/8 % —	100 pesos $+$ 6 3/8 %	= 300 francs.
Hambourg.	3 j. vue. 4 7/8 à 5 1/8 % —	100 pesos $+$ 4 7/8 %	= 400 marks.
États-Unis	3 j. vue. 10 1/4 à 10 3/8 % —	100 pesos $+$ 10 1/4 %	= 100 dollars.

PARITÉS

Paris (ajouter au cours 3 j. vue $+$ 21 j. voyage).

$$x \text{ fr.} = 100 \text{ pesos.}$$

$$(106\ 3/8 + 24 \text{ j. à } 3\ \%) \text{ Pesos } 106.587 = 500 \text{ fr.}$$

$$x = 469,10$$

$$x \text{ pesos} = 500 \text{ fr.}$$

$$\text{Fr. } 469,10 = 100 \text{ pesos.}$$

$$x = 106,587$$

Espagne (ajouter au cours 8 j. vue $+$ 20 j. voyage).

x fr. $=$ 500 pesetas.
Pesetas 500 $=$ 80.328 pesos (100 — 20 $=$ 80 $+$ 28 j. 4 %).
Pesos 106,587 $=$ 500 fr.

$$x = 376.81$$

x pesos $=$ 500 pesetas.
Pesetas 500 $=$ 376,81 fr.
Fr. 500 $=$ 106,587 pesos.

$$x = 80,328$$

Londres (ajouter au cours 60 j. vue $+$ 3 j. grâce $+$ 18 j. voyage).

x fr. $=$ 100 pesos.
(111 $+$ 19 3/8 % $+$ 81 j. 4 %) pesos 531.80 $=$ 100 £.
£ 1 $=$ 25,20 (à Paris).

$$x = 171,20$$

x fr. $=$ 1 £.	x pesos $=$ 100 £.
£ 100 $=$ 531,80 pesos.	£ 1 $=$ 25,087 fr.
Pesos 106,587 $=$ 500 fr.	Fr. 500 $=$ 106,587 pesos.
$x = 25,087$	$x = 531,80$

Hambourg (3 j. vue $+$ 25 j. voyage).

x fr. $=$ 100 pesos.
(104 7/8 $+$ 28 j. 4 %) pesos 105,20 $=$ 100 Mk.
Mk 100 $=$ 122,80 (à Paris).

$$x = 406,80$$

x pesos $=$ 100 Mk.
Mk 100 $=$ 122,80 fr.
Fr. 500 $=$ 106,587 pesos.

$$x = 104,71$$

New-York et États-Unis (3 j. vue $+$ 2 à 6 j. voyage).

x fr. $=$ 100 pesos.
(110 1/4 $+$ 9 j. 4 0/0) pesos 110,36 $=$ 100 $.
$ 100 $=$ 517 1/2 fr.

$$x = 468,9$$

x fr. $=$ 100 $.	x pesos $=$ 100 $.
$ 100 $=$ 110,36 pesos.	$ 100 $=$ 517,69 fr.
Pesos 106,587 $=$ 500 fr.	Fr. 500 $=$ 106,587 pesos.
$x = 517,69$	$x = 110,36$

Tarification ancienne des monnaies d'or

Les onces espagnoles à 875/1.000 étaient acceptées pour 17   pesos or.
Les Alphonsines à 900/1.000   —   5,30   —
Les pièces d'or de 20 fr. franç. après 1865 —   4,24   — .
     —   10 fr.   —   —   2,12   —
     —   20 pesetas espagnoles —   4,24   —
     —   10   —   —   2,12   —

Seuls les Napoléons des Etats faisant partie de l'Union latine sont
acceptés.

PARITÉS THÉORIQUES DE L'OZ

1 oz $\left\{\begin{array}{l}\text{Titre légal.} \\ \text{Poids légal.}\end{array}\right.$

Titre légal. . . . .   875 millièmes.
Poids légal. . . . .   gr. 27,067.

Soit gr. fin 23,683625 à fr. 3444,44 le kilo fin = fr. 81,5768.

Prenant pour base le prix de 81 fr. 5768 pour l'oz les parités
ressortent pour les francs suivant conjointe :

x pesos = 500 francs.	x fr. = 1 peso.
Fr. 81,5768 = 17 pesos.	p^{os} 104,196 fixe = 500 fr. fixe.
d'où x = 104,196 pesos.	d'où x = 4,7986 fr.

Le pair correspond donc pour le franc à 4,196 %.

PARITÉS THÉORIQUES SUR LA BASE DE 17 PESOS = 1 OZ

Marks

10 marks poids légal. . . . .   gr. 3,982475.
   —   titre légal . . . .   900 millièmes.
   —   poids fin . . . .   gr. 3,5842275.

x pesos = 400 marks.	x Mk = 1 peso.
Mk 10 = gr. 3,5842275 fin.	Pesos 102,909 = 400 mk.
Gr. fin 23,683 5/8 = 17 pesos.	Soit Mk 3,8878 par peso.
Soit $ 102,909 par 400 marks.	

Le pair des marks était 2,90 % prime.

Dollars

1 dollar poids légal . . . .   gr. 1,67185.
   —   titre légal . . . .   900 millièmes.
   —   poids fin . . . .   gr. 1,504665

x pesos = 100 dollars.	x $ = 1 peso.
Dollar 1 = 1,504665 gr. fin	Pesos 108 = 100 S.
Gr. fin 23,683625 = 17 pesos.	Soit $ 0,92592 par peso.
Soit pesos 108 par 100 dollars.	

Le pair des dollars était 8 % prime.

Souverains

1 £ stg poids légal . . . .   gr. 7,98805.
  —   titre légal. . . . .   916 2/3 millièmes.
  —   poids fin . . . .   gr. 7,32237 11/12.

x pesos $=$ 100 £.	x pence $=$ 1 peso.
£ 1 $=$ 7,32237 11/12 gr. fin.	Pesos 525,597 $=$ 100 £.
Gr. fin 23,683625 $=$ 17 pesos.	£ 1 $=$ 240 pence.
Soit pesos 525,597 par 100 £.	d'où 45ᵈ 2/3 $=$ 1 peso.
	ou £ 0 : 3 : 9 2/3 $=$ 1 peso.

Le change fixe du Londres étant pour 100 £ :   444 pesos.
Le pair des Souverains   —   100 £ :   525,597.
    Il en résulte un écart de :   81,597 pesos.
    pour 444 pesos fixe, soit une prime de :   18 3/8 %.
Le pair correspond donc pour la livre sterling à 18 3/8 %/° prime.

Pour le règlement des anciens contrats, stipulant le paiement en *pesos oro*, les pièces suivantes conserveront leur valeur d'autrefois :
    Alphonsines de 25 pesetas $=$ 5,30 pesos or.
    Napoléons . . . . $=$ 4,24   —
Quant aux monnaies espagnoles en argent elles étaient reçues en paiement de droits de douane, impôts, etc., à raison de :
    Dollars 0,60 cents par peso argent.
    —   0,12   —   par peseta.

Compte simulé d'un envoi d'Alphonsines à la Havane,
contre couverture sur New-York.

Cours à la Havane du New-York à 60 jours de vue. . . 8 1/8 %
Cours du câble-transfert du Paris à New-York. 517 1/2
Vendu 10.000 Alphonsines à $ 5.30. . . . . . . Pesos 53.000

Couverture

A 8 1/8 % prime $=$ pesos 108,12 pour 100 dollars,
soit $\dfrac{53.000}{108,12}$ $=$ dollars 49.019,60 à fr. 517 1/2 $=$ . . Fr. 253.676 40

Frais : 60 jours à 3 % (taux officiel à Paris). ⎫
  Timbre français des traites. . . . . ⎬ 13 1/2 %/₀₀ $=$ Fr. 3.421 40
  3 jours de grâce à New-York, etc. ⎪
  (comme page 174). . . . . . . ⎭

    Produit net des 10.000 Alphonsines. . . Fr. 250.252 »
ou par pièce fr. 25,0252.

*Décompte de quadruples espagnols à la Havane et couverture
sur Londres.*

Cours du Londres à 60 jours de vue. . . ·19 1/4 °/o, prime.
Cours du chèque Londres à Paris. . Fr. 25,26.

Vendu 1.000 oz à pesos 17 = pesos. . 17.000.

Couverture

A 19 1/4 °/o de prime sur 444 pesos = pesos 529,47 pour £ 100.

Pour 17.000 pesos, on aura $\dfrac{17.000}{529.47}$ = £ 3210 : 15 : 2

à 25 fr. 26 = ... Fr. 81.103 65
Frais (comme ci-contre) à déduire, 13 1/2 °/oo =   » 1.094 90
Produit net. . . . . Fr. 80.008 75

ou par pièce fr. 80.

COMPTES SIMULÉS

Décompte d'Alphonsines et couverture :
Cours du Londres à 60 jours de vue =   19,25 °/o de prime.
Cours du chèque Londres à Paris. . = fr. 25,26.

Vendu 4.000 Alphonsines à pesos 5,30 = pesos 21.200.

Couverture

Pesos 444 + 19 1/4 °/o prime = pesos 529,47.
On paie donc les 100 £   pesos 529,47.

Pour 21.200 pesos on aura $\dfrac{21.200}{529.4}$ = £ 1004

à 25,26 = ... Fr. 101.141 04
Frais :
60 jours à 3 °/o (taux officiel à Londres). 5. » °/oo
Voyage { Aller des espèces. . . . . . }
{ Retour de la couverture. . . } 3,33 »
{ 40 jours à 3 °/o . . . . }
Fret. . . . . 2,59 »
Assurance . . . . 1,66 »
Timbre anglais des traites . . . . . . 0,50 »
3 jours de grâce à Londres. . . . . . 0,25 »
Dépêches et menus frais. . . . . . . 0,17 »
Total. . . . . 13,50 °/oo/, soit Fr. 1.365 40
Produit net des 4.000 Alphonsines. . . . . Fr. 99.775 64
ou par pièce. . . . . Fr. 24.9439

SANTIAGO DE CUBA

Cote des changes

Londres   à 3 jours de vue $ 4.90 1/2 par £.
États-Unis   à 3 jours de vue   pair à 1/4 % prime.
France   à 8 jours de vue   2 à 2 1/2 % perte.
Espagne   à 8 jours de vue   23 à 24 % perte.

Paris à 8 jours de vue (change fixe 100 $ = 500 fr.)

$$x \text{ fr.} = 100 \text{ pesos} \qquad x \text{ pesos} = 500 \text{ fr.}$$
$$(100 - 2\,1/2\,\%) \text{ pesos } 97\,1/2 = 500 \text{ fr.} \qquad \text{Fr. } 512,82 = 100 \text{ pesos.}$$
$$x = 512,82 \qquad x = 97\,1/2$$

— 8 jours intérêts et voyage 20 jours environ.

Londres à 3 jours de vue (et 3 jours de grâce).

$$x \text{ fr.} = 100 \text{ pesos.}$$
$$\text{Pesos } 4,90\,1/2 = 1 \text{ £.}$$
$$\text{£ } 1 = 25,20 \text{ cours à Paris.}$$
$$x = 513,76$$

— 6 jours intérêts et voyage 15 jours environ.

$$x \text{ fr.} = 1 \text{ £.} \qquad x \text{ \$} = 1 \text{ £.}$$
$$\text{£ } 1 = 4,90 \text{ pesos.} \qquad \text{£ } 1 = 25,127 \text{ fr.}$$
$$\text{Pesos } 97\,1/2 = 500 \text{ fr.} \qquad \text{Fr. } 512,82 = 100 \text{ \$.}$$
$$x = 25,127 \qquad x = 4,90$$
$$+ \text{ intérêts 21 jours.} \qquad - \text{ intérêts 21 jours.}$$

New-York à 3 jours de vue.

Cours des dollars, plus prime, moins intérêts 3 jours et voyage
5 jours.

Espagne à 8 jours de vue (change fixe 100 $ = 500 pesetas).

$$x \text{ fr.} = 500 \text{ pesetas.} \qquad x \text{ \$} = 500 \text{ pesetas.}$$
$$\text{Pesetas } 500 = 76 \text{ \$ } (100 - 24). \qquad \text{Pesetas } 500 = 389,74 \text{ fr.}$$
$$\text{\$ } 97\,1/2 = 500 \text{ fr.} \qquad \text{Fr. } 512,82 = 100 \text{ \$.}$$
$$x = 389,74 \qquad x = 76$$

— 8 jours intérêts et voyage
23 jours environ.

COMPTES SIMULÉS

Décompte d'Alphonsines et Couverture

Cours du Londres à 3 jours de vue. . .   491 $ par 100 £.
Cours du Chèque Londres à Paris. . . .   25,35 fr. par Livre.

Envoi de 10000 Alphonsines : crédit à $ 4,82 = 48.200 $.

Couverture de £ 9816 : 14 à 491 . . . . . . = 48.200 $.

Vente des £ 9816,14 à 25,25 . . . . = fr. 248.853,34

    Frais et intérêts :

Fret.	2,59 °/oo	
Assurance.	1,66	
Menus frais et dépêches.	0,19	
18 jours voyage des espèces		
19 jours retour de la couverture		
3 jours vue (couverture).		
3 jours de grâce à Londres		
7 jours (débarquement et différence de courrier)		
50 jours. . . . . soit à 3 °/o.	1,16	
Total. . . . . 8,60 °/oo ci		2.140,13

Produit net de 10000 Alph. . . . . fr. 246.713,21

La conjointe de l'opération s'établit ainsi :

$$x \text{ fr.} = 1 \text{ Alphonse.}$$
$$\text{Alphonse } 1 = 4,82 \text{ \$ fixe.}$$
$$(\text{cours}) \text{ \$ } 4,91 = 1 \text{ £.}$$
$$£ 1 = 25,35 \ (\text{cours}) \text{ fr.}$$
$$(1000 \text{ fr. plus frais}) \text{ fr. } 1008,60 = 1.000 \text{ fr. rendus net.}$$

Fr. 24,671.

Envoi d'Alphonsines de Paris à la Havane contre couverture en versement New-York.

Cours du New-York. . . . . 1/4 °/o prime à 3 j. vue.
Cours à New-York du câble sur Paris. 519 1/2.

Envoi de 10000 Alphonsines : Crédit à $ 4,82 . = 48.200 $.

Couverture de $ 48.080 N.-Yk à 1/4 °/o prime . = 48.200 $.

Vente des $ 18080 à 519 1/2 . . . . = fr. 249.775,60
    Frais et intérêts :

Fret. . . . . 2,59 °/₀₀ ⎫
Assurance. . . . . 1,66 °/₀₀ ⎪
Menus frais. . . . . 0,35 ⎪
Timbre sur câble transfert à N.-Yk . . . 0,40 ⎪
                           ⎬
18 jours voyage des espèces . . . . . . ⎪
5 jours voyage de couverture à N.-Yk. ⎪
3 jours à New-York. . . . . ⎪
4 jours débarquement et différence de ⎪
    courrier . . . . ⎪
————— ⎪
30 jours. . . . . soit à 3 °/₀. 2,50 ⎭

        Total . . . . 7,50 °/₀₀ ci 1.873,30

                      Fr. 247.902,30

La conjointe de l'opération s'établit ainsi :

$$x \text{ fr.} = 1 \text{ Alphonse.}$$
$$\text{Alphonse } 1 = 4,82 \ \$ \text{ Cuba.}$$
$$\text{Cuba } \$ 102,50 = 100 \ \$ \text{ U. S. A.}$$
$$\text{U. S. A. } \$ 100 = 519 \ 1/2 \text{ fr.}$$
$$(\text{Fr. } 1000 + \text{frais}) \text{ fr. } 1007,50 = 1000 \text{ fr. net.}$$

           24,790

ÉTABLISSEMENTS DU DÉTROIT

(STRAITS SETTLEMENTS)

Il n'existe pas de pièces d'or dans la circulation.

Monnaies ayant cours légal :

Piastres mexicaines, poids 418 grains (ou 27 gr. 07) titre 902.
Dollar anglais et Hong-Kong, 416 grains (ou 26 gr. 957) titre 900;
et les divisions frappées pour les Straits Settlements.

Changes

Les changes sur les pays à étalon d'or varient suivant les fluctuations du cours de l'argent.

Londres	coté en shillings et pence . . .	par piastre.
Paris	coté en francs.	—
Indes	coté en roupies et fractions. . .	—
Chine	coté en taels	par 100 piastres.
Japon	coté en yens.	—
Hong-Kong	coté en 0/0 perte	—
Batavia	coté en florins	—

ÉGYPTE

ALEXANDRIE

Frais de transport

Fret de Marseille à Alexandrie par la Compagnie des Messageries maritimes :

Jusqu'à	fr. 25,000	6 º/₀₀	
De fr. 25,000 à	100,000	5	Si le total des expéditions dans l'année atteint fr. 7.500.000, la Compagnie consent parfois à une rétrocession sur les frets prélevés antérieurement.
100,000 —	500,000	2 1/2	
500,000 —	750,000	2 1/4	
750,000 —	1,500,000	2	
1,500,000 —	5,000,000	1 3/4	
5,000,000 —	7,500,000	1 1/2	
Au-dessus de	7,500,000	1 1/4	

	Taux de l'assurance	Taux du fret
Du Caire à Alexandrie.		1/6 à 1/2 º/₀
De Suez à Alexandrie.		suivant importance
De Suez à Bombay.		1/2 º/₀
De Suez à la Réunion.	4/10 º/₀	1 à 1 1/2 º/₀
De Trieste à Alexandrie. . . .	1/10 º/₀	1/4 º/₀
De Beyrouth à Alexandrie. . . .	1/10 º/₀	1/4 º/₀

Envois de Napoléons de Paris à Alexandrie :

Frais relatifs à un envoi de fr. 2,000,000 :

Chemin de fer de Paris à Marseille. . . . . fr.	1,05	°/oo
Fret de Marseille à Alexandrie.	1,75	
Assurance de Paris à Alexandrie.	0,50	
Commission de transit à Marseille.	0,25	
Emballage et menus frais.	0,25	
fr.	3,80	°/oo
Perte d'intérêts 10 jours, soit à 3 °/o.	0,83	
	4,63	°/oo
Plus aléa.	0,37	
	5,00	°/oo

Envois de Londres à Alexandrie : Pour les envois importants, les frais d'envoi et d'assurance s'élèvent à 4 °/oo environ, plus une perte d'intérêts de 10 jours, soit totalement 5 °/oo environ.

Cote des changes

Londres. . . .	3 jours de vue	1 £	=	piastres	97 5/16
—	3 mois de date	—	=	—	96 1/4
France.. . . .	3 jours de vue	100 fr.	=	—	386
—	3 mois de date	—	=	—	383
Suisse.	3 mois de date	—	=	—	379
Allemagne. . .	3 jours de vue	100 marks	=	—	475 1/4
— . . .	3 mois de date	—	=	—	469 1/4

Dans le calcul des intérêts, l'année est comptée à 365 jours et les mois pour leur nombre exact de jours.

Depuis le 28 mai 1885, le pair du change sur France, sur la base du taux officiel des piastres tarif 77 6/40 pour Napoléons, est de Pt. 385,75 pour 100 fr.

PARITÉS (ramenées à vue)

Paris (cours à 3 jours de vue, intérêts au taux Banque à Paris) :

$$x \text{ fr.} = 20 \text{ piastres.}$$

(386   3 j. intérêts à 3 °/o) piastres 386.096 = 100 fr.

$$x = 5,1771$$

$$x \text{ piastres} = 100 \text{ fr.}$$

Fr. 5,1771 = 20 piastres.

$$x = 386,096$$

Londres (cours à 3 jours de vue, intérêts au taux Banque à Londres) :

$$x \text{ fr.} = 1 \text{ £.}$$
$$\text{£ } 1 = 97,314 \text{ piastres } (97 \text{ } 5/16 + 3 \text{ j. à } 4 \text{ }\%)$$
$$\underline{(386 + 3 \text{ j. int.) piastres } 386,096 = 100 \text{ fr.}}$$
$$x = 25,212$$

$$x \text{ piastres} = 1 \text{ £.}$$
$$\text{£ } 1 = 25,212 \text{ fr.}$$
$$\underline{\text{Fr. } 100 = 386,096 \text{ piastres.}}$$
$$x = 97,314$$

Suisse (cours à 3 mois, intérêts au taux Banque en Suisse) :

$$x \text{ fr.} = 100 \text{ fr. Suisse.}$$
$$\text{Suisse } 100 = 383,73 \text{ piastres } (379 + 3 \text{ mois à } 5\%).$$
$$\underline{\text{Piastres } 386,096 = 100 \text{ fr.}}$$
$$x = 99,38$$

$$x \text{ piastres} = 100 \text{ Suisse.}$$
$$\text{Suisse } 100 = 99,38 \text{ fr.}$$
$$\underline{\text{Fr. } 100 = 386,096 \text{ piastres.}}$$
$$x = 383,73$$

Allemagne (cours à 3 jours, intérêts au taux Banque à Berlin) :

$$x \text{ fr.} = 100 \text{ marks.}$$
$$\text{Marks } 100 = 175,40 \text{ piastres } (175 \text{ } 1/4 + 3 \text{ j. à } 4\%).$$
$$\underline{\text{Piastres } 386,096 = 100 \text{ fr.}}$$
$$x = 123,129$$

$$x \text{ piastres} = 100 \text{ marks.}$$
$$\text{Marks } 100 = 123,129 \text{ fr.}$$
$$\underline{\text{Fr. } 100 = 386,096 \text{ piastres.}}$$
$$x = 175,40$$

Monnaies

COTE

Variable.

Livre égyptienne..	P. T. 100	£	1
— sterling.	— 97 20/40	£	1
— turque.	— 88 20/40	£	1
Impériale russe de R. 5,15. . . .	— 79 10/40	Imp.	1
Napoléon.	— 77 6/40	Fr.	20

Fr. 20 argent.	P. T.	77 10/40	Fr. 20
Piastre à colonnes.	—	19 4/10	S 1
Piastre égyptienne.	—	19 16/40	S 1
Piastre de la Reine.	—	17 15/40	Talari 1
Medjidie.	—	16 18/40	S 1
Rouble.	—	13	R. 1
Florin d'Autriche.	—	8	Fl. 1
Florin parisis.	—	18 20/40	Fl. holl. 2 1/2
Roupie.	—	8 3/40	Roup. 1
Shilling.	—	4 32/40	Shil. 1

Souverains anglais.

Le poids minimum auquel ces pièces sont acceptées est 122 1/2 grains ou 7 gr. 93786 (poids au-dessous duquel la « Bank of England » ne délivre pas de Souverains).

A l'entrée, la douane vérifie si le poids de *chaque pièce* est conforme ; elle fait payer par le destinataire la différence de poids manquant.

Etant donné le pair du Souverain : P. T. 97 1/2, les frais d'envoi Londres-Alexandrie : 5 °/₀₀, il devient possible :

D'importer des Souverains à Alexandrie, lorsque le change à vue est : P. T. 97 1/2 — 5 °/₀₀, soit P. T. 97 1/80 par £.

D'exporter des Souverains d'Alexandrie, lorsque le change à vue est : P. T. 97 1/2 + 5 °/₀₀, soit P. T. 97,98 3/4 par £.

Napoléons.

Le Napoléon est au pair lorsque la pièce est cotée 77 6/40 et sa parité s'établit ainsi :

$$\frac{\begin{aligned} x \text{ fr.} &= 20 \text{ P. T.}\\ \text{P. T. } 77,15 &= 20 \text{ fr.}\end{aligned}}{5,1847}$$

Les frais d'envoi Paris-Alexandrie étant de 5 °/₀₀ et le Napoléon au pair, il devient possible :

D'importer des Napoléons à Alexandrie, lorsque le change à vue est : fr. 5,1847 + 5 °/₀₀, soit 5,2106 ou P. T. 383,82 par 100 fr. vue.

D'exporter des Napoléons d'Alexandrie, lorsque le change à vue est : fr. 5,1847 — 5 °/₀₀, soit 5,1587 ou P. T. 387,67 par 100 fr. vue.

Envois de Napoléons de Paris à Alexandrie :

Cote des Napoléons à Alexandrie. . .   P. T.   77 6/40
Paris à 3 j. de vue   —   . . . P. T.   383 1/4
5,000 Napoléons à 77 6/40, crédités en P. T.   385,750
Achat de fr. 100,000 à 3 j. de vue, débités.   383,250

Profit brut. . . . . . P. T.   2,500

soit 6 1/2 °/₀₀, frais à déduire.

Recherche du prix en francs auquel doit être la £, pour qu'il y ait égalité à expédier des Napoléons de France ou des Souverains de Londres.

Sur la base de P. T. 97 1/2 par £ prix fixe du tarif.
et P. T. 77 6/40 par Napoléon   —

x fr. = 1 £.
£ 1 = 97 1/2 P. T.
P. T. 77,15 = 1 Napoléon.
Napoléon 1 = 20 fr.

£ 1 = 25,275 fr.

Lorsque le change sur Londres est supérieur à 25,275 fr. par £, l'exportation des Napoléons, de France, remplace avec avantage les envois de Souverains de Londres, frais non compris.

Achat et envoi à Bombay de £ 20,000 or anglaises.

£ 20,000 à Pt 97 20/40. . . . .   pt.   1.950.000
Fret d'Alexandrie à Suez 1/6 °/₀. . . .   »   3,250
Fret de Suez à Bombay 1/2 °/₀. . . .   »   9,750
Emballage et embarquement..   120

Coût. . . . . Pt.   1.963.120

Produit de Napoléons et de Souverains expédiés de Marseille.

Coût des remises à 3 mois pour pt. 20. . . . .   fr.   5.3050
Intérêts : 3 mois à 6 °/₀. . . . . fr.   4,50 °/₀
Courtage à Alexandrie 1/20 °/₀. . . .   »   0,05
Frais d'envoi, assurance et menus frais.   »   0,50
Timbre à Marseille 1/20 °/₀. . . . . .   »   0,05   à   »   0,1115

Net. . . . . fr.   5,1935

Contre le produit de Napoléons, au tarif :
Pt 77 6/40 pour fr. 20.   5,1847

Marge. . . . . fr.   0,0088
ou. . . . .   1/6 °/₀

Envoi à la Réunion de $ à colonnes et de talaris Marie-Thérèse.

7,500 $ à colonnes à.	pt.	19 2/20	pt.	144.375
77 talaris Marie-Thérèse à.	»	20	»	1.540
Agio : 3 paras par pièce sur 7.500 pièces.	»	562,20		
Fret d'Alexandrie à Suez 1/2 %. . .	»	729,20		
Fret de Suez à Saint-Denis 1 1/2 %.	»	2189,60		
Emballage et frais de transport. . . .	»	250,30		
Frais d'embarquement, connaissement à Suez..	»	47		
Lettres et divers.	»	25	cl. »	3.803,30
		Coût.	pt.	149.718,30
		Soit : à pt. 96 par £.	£	1559 : 11 : 5

Envoi à la Réunion de :

£ 1,000 en or.	pt.	97.500
Napoléons 1,000.	»	77.150
Prime sur Napoléons.	»	100
Fret de Suez à la Réunion.	»	1.746,20
Fret jusqu'à Suez 1/4 % et timbre.	»	436,35

Assurance sur 45.000 f. à 4/10 % $=$ fr. 180 »»
Timbre. . . . . $=$ » 0,50

Fr. 180,50
Escompte 5 %.. » 9 »»

	Net. . . fr. 171,50 à pt. 77 6/40 $=$	»	661,20
Frais divers à Suez.	»	39,30
Emballage, embarquement.	»	40
Lettres.	»	10
	Total. . . . . pt.	177.683,05

DISPOSITIONS EN COUVERTURE

Pt 97.500	les £ 1.000, au change de 25,27 1/2 $=$	fr. 25.275
» 80.183,05	les 1.000 Napoléons, à 77 6/40 les 20 fr. $=$	» 20.393,15
	(plus tous les frais).	
Pt. 177.683,05	Total.	fr. 45.668,15

Cote de Beyrouth

Napoléons.	pt	104 1/2 (4 1/2 °/₀ prime, le pair étant pt 100).
Livre sterling. . .	—	131 (4 3/4 °/₀ prime, le pair étant pt 126 1/4).
Livre turque . . .	—	120
Medjidié d'argent.	—	22 30/40 fixe.
Londres à 3 mois.	—	129 25/40 pour £ 1 à 3 mois.
France à 3 mois. .	paras	206 pour fr. 1 à 3 mois.

Recherche du prix de la France à 3 mois étant donné que le cours des Medjidiés à Alexandrie est de pt 16 30/40, et la France 3 mois à Beyrouth à 206 paras.

$$x \text{ fr. à 3 mois} = \text{pt } 20.$$
$$\text{Pt } 16\ 30/40 = 1 \text{ medjidié.}$$
$$\text{Medjidié } 1 = 22,75 \text{ pt.}$$
$$\text{Pt } 1 = 40 \text{ paras fixe.}$$
$$\text{Paras } 206 = 1 \text{ franc à 3 mois.}$$

d'où $x = $ . . . . fr. 5,2746

Fret 1/4 °/₀.	1,32		
Assurance 1 °/₀₀.	0,52		
1/4 °/₀ commission et 1 °/₀₀ courtage.	1,86	ci . . .	fr. 0,0370
La France à 3 mois. . . . . =		net . .	fr. 5,2376

Envoi de Napoléons à Beyrouth contre achat de Londres à P. T. 129 25/40.

$$x \text{ P. T.} = 1 \text{ £ à Alexandrie.}$$
$$\text{£ } 1 = 129\ 25/40 \text{ P. T. à Beyrouth.}$$
$$\text{Beyrouth P. T. } 104,5 = 1 \text{ Napoléon.}$$
$$\text{Napoléon } 1 = 77,15 \text{ P. T. à Alexandrie.}$$

d'où $x = $ Pt 95,69.

Le Londres 3 mois.		=	pt 95,69
Fret 1/4 °/₀.	0,24		
Assurance 1 °/₀₀	0,10		
Courtage 1 °/₀₀ et commission 1/4 °/₀.	0,35	ci . . .	pt 0,69
Le Londres 3 mois reviendrait à.			pt 96,38

Achat à Alexandrie de 5.000 Napoléons pour Trieste
à 1/4 % prime.

Les Napoléons ont été remis à Trieste à fl. 9,31 avec 1/2 %₀ de courtage, contre achat à Trieste de fr. 100.000 de papier sur France à 3 mois à fl. 46,35 franco courtage :

$$x \text{ fr. à 3 mois} = 20 \text{ P. T.}$$
$$(77 \text{ 6,40} + 1/4 \text{ % prime}) \text{ Pt } 77,342 = 1 \text{ Napoléon.}$$
$$\text{Napoléon } 1 = 9,31 \text{ fl.}$$
$$\text{Fl. } 46,35 = 100 \text{ fr. à 3 mois.}$$
$$\text{d'où } x = \text{fr. } 5,1941$$

A déduire :

1/2 %₀ timbre	0,026	
1/2 %₀ courtage sur Napoléons.	0,026	
1/8 % commission	0,065 ci. . . . fr. 0,0117

$$\text{Net. . fr. } 5,1824 \text{ à 3 mois.}$$

Envois de Napoléons d'Alexandrie à Trieste :

Recherche de la marge, étant donnés :

Le Napoléon à Trieste, fl. 9,18.
Le Londres 3 mois, à Trieste, fl. 115.25.
Londres 3 mois, à Alexandrie, pt. 96.
Frais 3/4 %, courtage non compris.

$$x \text{ P. t.} = 100 \text{ p. t.}$$
$$\text{P. t. fixe } 77,15 = 9,18 \text{ fl. (cours).}$$
$$(\text{Cours}) \text{ fl. } 115,25 = 10 \text{ £.}$$
$$\text{£ } 1 = 96 \text{ p. t. (cours).}$$
$$\text{D'où } x = \text{p. t. } 99,141$$
$$\text{Contre } 99,25 \quad (100 - 3/4 \text{ % frais).}$$

Marge nette p. t. 0,136 ou 1 3/8 %₀

PARITÉS

$$x \text{ P. t.} = 1 \text{ £.}$$
$$\text{£ } 10 = 115,25 \text{ fl. (cours).}$$
$$\text{Fl. } 9,18 = 1 \text{ Napoléon.}$$
$$\text{Napoléon } 1 = 77,15 \text{ p. t.}$$
$$\text{D'où } x = \text{p. t. } 96,857$$
$$\text{Contre } 96,72 \quad (96 + 3/4 \text{ % frais).}$$

Marge nette 0,133 ou 1 3/8 %₀

Achat de florins 10,000 argent, à Trieste, pour faire frapper à la Monnaie des talaris de la Reine, couvert par remise de Londres long :

        10.000 fl. argent à 100,60 . . . . fl. 10.060
        Commission 1/8 °/₀   12,60
        Courtage 1/2 °/₀₀   5
        Perte d'intérêts (15 jours à 5 °/₀)   20,95
                                                    ─────────────
                                                    fl. 10.098,55

Ces florins ont produit à la Monnaie, net de tous frais, 4,702 talaris de la Reine :

    Frais d'expédition de Trieste à Alexandrie. . .   fl.   20
    Fret 1/4 °/₀   —   —   . . .   »   25,25
    Assurance 1 °/₀₀   —   —   . . .   »   10,10
                                                    ─────────────
                                                    fl. 10.153,90

Achat de Nantes à 3 mois à fr. 5,32 contre vente de Londres à pt. 96 1/2 dont on est débité à fr. 25.45.

$$x \text{ fr.} = 100 \text{ fr.}$$
$$(\text{Fr. } 5.32 - 90 \text{ j. à } 6 °/₀) \text{ fr. } 5,24 = 20 \text{ p. t.}$$
$$(\text{Cours}) \text{ p. t. } 96 \; 1/2 = 1 \text{ £.}$$
$$£ \; 1 = 25,45 \text{ fr.}$$
$$\text{d'où } x = 100,66 \text{ fr. à vue.}$$

On trouve sur cette place beaucoup de piastres argent d'Espagne, de Napoléons et de Souverains.

La Bourse a lieu de midi à 1 h. 1/2, et le soir de 6 heures à 7 h. 1/2.

L'heure d'Alexandrie avance sur Paris de 1 h. 50.

En Égypte, la date de surannation pour les coupons est de 5 années et pour les titres de 15 années.

ÉQUATEUR

L'étalon d'or a été établi le 4 novembre 1900.
Le condor (8 gr. 136 au titre de 900 °/₀₀) vaut 10 sucres.
Le sucre est divisé en 100 cents.
Il n'est pas obligatoire de recevoir en un seul paiement plus de
          10 sucres en pièces entières argent ;
          1 sucre en monnaie divisionnaire argent ;
          5 cents en cuivre ou nickel.

Changes

Cote de Guayaquil au 31 janvier 1901 :

Londres à 90 jours de vue.	96 °/₀	(100 + 96 sucres = £	20).
Paris — —	95 °/₀	(100 + 95 sucres = fr.	500).
Hambourg — —	91 °/₀	(100 + 91 sucres = mk.	400).
New-York — —	104 °/₀	(100 + 104 sucres = $	100).

ESPAGNE

MADRID

Frais de transport

Les frais d'expédition pour l'or sont, valeur déclarée au chemin de fer :

De Paris à Bordeaux.	fr. 1,603	°/₀₀
De Bordeaux à Irun (frontière).	» 0,654	»
D'Irun à Madrid — 1° de 500.000 à 750.000 fr. . . .	» 2,60	»
2° de 750.000 à 1.000.000 fr. .	» 2,25	»
3° de 1.000.000 à 2.000.000 fr.	» 1,75	»

Les frais de transport ne peuvent être acquittés que jusqu'à la frontière, les prix du tarif espagnol étant payables aux cours fixés par les Compagnies de chemins de fer suivant les fluctuations du change.

De Paris à Madrid :

Frais d'envoi de 35 lingots d'argent, valeur 503.000 fr. (livraison en gare) :

Transport, chemin de fer Orléans, 1,615 °/oo. 812,35
 —   —   Midi,   0,64 °/oo. 321,95
 —   —   espagnol, 3,15 °/oo. 1.584,45
Timbres, douane, importation, enregistrement, transport. 85,55

Fr. 2.804,30

Le factage pour livraison à domicile est de 0,40 °/oo.

De Barcelone à Paris :

Envoi d'or au-dessus de 100.000 fr. :
Menus frais. . . . . fr. 0,16 °/oo
Transport, chemin de fer. . . . . fr. 3,64 °/oo

Total. . . . . fr. 3,80 °/oo

Au-dessous de 100.000 fr., 0,48 °/oo en plus pour transport par chemin de fer, soit 4 fr. 12 au lieu de 3,64 °/oo.

De Valencia à Paris, par Cerbère :

Envoi d'or au-dessus de 100.000 fr. :
Jusqu'à la frontière. . . . . fr. 4,63 °/oo
De la frontière à Paris. . . . . fr. 2,79 °/oo

Total. . . . . fr. 7,42 °/oo

De Malaga à Marseille :

Fret, par la Cⁱᵉ générale transatlantique (pour envois
d'espèces). . . . . 1/4 °/o
Change maritime sur fret 2 °/o, soit. . . . . 0,005 °/o
Assurance. . . . . 0,08 °/o

De Malaga à Cuba :

Fret. . . . . 1 °/o
Assurance . . . . 3/8 °/o
Courtage s/assurance 0,10 °/o.

De Malaga au Havre :

Fret pour envoi d'espèces. . $\begin{cases} \text{de } 1 \text{ à } 10 \text{ kilos. . . } & \text{fr. } 10 \text{ »} \\ \text{de } 11 \text{ à } 20 \text{ — . . . } & \text{fr. } 12 \text{ 50} \\ \text{de } 21 \text{ à } 30 \text{ — . . . } & \text{fr. } 15 \text{ »} \\ \text{de } 31 \text{ à } 50 \text{ — . . . } & \text{fr. } 20 \text{ »} \end{cases}$

Au-dessus de 50 kilos : 4 fr. par fraction de 10 kilos, plus 1/4 % sur la valeur déclarée.

De Santander et Vigo à Paris :

Par Messageries maritimes. . . . . 3/8 %

DOUANE ET DROITS D'EXPORTATION

Douane : Il n'y a pas de droit d'entrée sur l'argent (barres ou monnaies).

Droits d'exportation : Argent en barres, pesetas 0,30 par hectogr.
Argent monnayé, 0,50 —

NOTA. — L'exportation d'argent est actuellement prohibée (1898).

Poids anciens dont on se sert encore dans certaines Républiques américaines :

Livre de Castille. . . . . = gr. 460,142
Marc de Castille . . . . . = gr. 230,07114
Castellanos. . . . . = gr. 4,6014

Cote des changes

1° Madrid :

Paris vue. . 30   pesetas + 100 pesetas = 100 francs.
Londres vue. 32,75 pesetas pour 1 £.
Prime sur or. 29   pesetas + 100 pesetas papier = 100 pesetas or.

2° Barcelone :

Paris, à 8 j. de vue. . . 30,15 + 100 pesetas = 100 francs.
— à vue . . . . . . 30,25 + 100 pesetas = 100 francs.
Londres, à vue. 32,80   pesetas = 1 £.
— à 90 j. de vue. 32 1/2   pesetas = 1 £.
Allemagne, à 8 j. de vue. 160,35   pesetas = 100 marks.

Calcul des intérêts : année 360 jours, mois pour leur nombre exact de jours.

PARITÉS (à vue)

Paris (à vue) :

<table>
<tr><td>

x fr. = 500 pesetas.
Pesetas 130 = 100 fr.
———————————
x = 384,61

</td><td>

x pesetas = 100 fr.
Fr. 384,61 = 500 pesetas.
———————————
x = 130

</td></tr>
</table>

Londres (à vue) :

<table>
<tr><td>

x fr. = 1 £
£ 1 = 32,75 pesetas.
Pesetas 130 = 100 fr.
———————————
x = 25,192

</td><td>

x pesetas = 1 £
£ 1 = 25,192 fr.
Fr. 384,61 = 500 pesetas.
———————————
x = 32,75

</td></tr>
</table>

Allemagne (à 8 jours de vue), intérêts au taux Banque allemand :

<table>
<tr><td>

x fr. = 100 Mk
Mk 100 = 160,17 pesetas (160,35 :
Pesetas 130 = 100 fr.   8 j. à 5 %)
———————————
x = 123,207

</td><td>

x pesetas = 100 Mk.
Mk 100 = 123,207 fr.
Fr. 384,61 = 500 pesetas.
———————————
x = 160,17

</td></tr>
</table>

Lingots et Monnaies.

Généralement, on ne fait venir des barres d'or ou d'argent de Paris et Londres que pour les présenter à la Monnaie. Mais comme cet établissement n'en remet la contre-valeur qu'à une époque indéterminée, attendu qu'il frappe seulement 300,000 francs d'or par jour, on traite avec la Banque d'Espagne qui, moyennant une commission de 1/8, 1/4, 3/8 %, verse de suite le montant des lingots en monnaie.

Les monnaies étrangères sont rares sauf les Souverains.

Lorsque les opérations sont faites avec d'autres établissements que le Trésor et la Banque d'Espagne, il faut payer un courtage de 1 %₀₀.

La Commission à payer pour achat d'onces en province est de 1/4 %.

Si l'on passe par l'intermédiaire de Madrid, il faut compter, outre la commission de 1/4 % payée en province :

    1/8 % commission à Madrid,

    1/10 % courtage ;

plus les intérêts depuis le jour de l'opération jusqu'à la remise. Pour éviter ces intérêts, il faut autant que possible donner ses ordres d'achat à peu près au moment du départ du paquebot de Vigo, Santander, etc. (deux fois par mois à l'aller et au retour).

Si l'on donnait des ordres à l'intérieur, la perte d'intérêts et les risques seraient trop considérables.

La Monnaie achète les Barres d'or; Isabellines; Onces; Livres sterling; Napoléons, à fr. 3.444,44 le kilogramme fin; l'argent à fr. 206, s'il est indigène et présenté seul.

S'il est déposé avec de l'or étranger, dans la proportion de 1 à 15 1/2, elle paie 208 fr.

L'argent étranger est également payé à ce prix, mais il n'est reçu, qu'autant qu'il est accompagné d'or étranger, dans la proportion de 1 à 15 1/2.

La Monnaie n'est pas toujours acheteur.

La Monnaie de Paris et la Banque de France n'acceptent les Isabelles et les Alphonses antérieurs à 1880 qu'en lingots titrés, à cause des pièces fausses que l'on rencontre.

Il n'y a d'exception que pour les Alphonsines portant les millésimes 1880 et 1881 qui peuvent être livrées à l'état monnayé.

ONCES OU QUADRUPLES D'ESPAGNE

La tolérance de poids pour ces pièces est, en Espagne, de :
4 granos ou 2 décigrammes par once ;

| 4 | — | 2 | — | 1/2 once ; |
| 2 | — | 1 | — | 1/4 once. |

En France, cette tolérance est de :
2 décigrammes maximum par pièce ;

| 1 | — | 1/2 pièce ; |
| 1/2 | — | 1/4 pièce. |

Lorsque Madrid vend les Quadruples à Paris, et que leur poids est inférieur à la tolérance française, sans qu'il en soit de même en Espagne, on est obligé de les faire fondre, attendu qu'ils ne sont commerciables qu'au poids minimum de grammes : 26,800 par oz et en proportion pour les fractions.

Les achats ne peuvent comprendre plus du 1/4 du montant en quarts d'onces, sauf entente.

Ainsi, pour 1,000 onces achetées, il peut y avoir :

750 oz en quadruples et 1/2 quadruples et 250 oz maximum en 1/4 quadruples.

Compte simulé d'un achat d'Onces de Madrid et couverture achetée à Paris.

$$x \text{ fr.} = 1 \text{ oz.}$$
$$\text{Oz } 1 = 16 \text{ S fixe.}$$
$$\text{S } 1 = 390 \text{ fr. cours du Madrid à vue à Paris.}$$
$$\text{Fr. or à Madrid } 100 = 100 \text{ fr.} + 10\ 3/4 \text{ °/o (prime variable).}$$

d'où $x = 80,183$ fr.

Frais d'envoi 1/2 °/o   0,400
4 jours voyage à 4 °/o   0,034

1 oz coûtera............. 80,617 fr. non compris la commission de compte et le courtage.

Monnaies

Un grand nombre de S argent à l'effigie de Napoléon Ier ont été frappées avec des écus de 6 livres et sont au titre de 910ᵐ/.

Celles de Charles III à colonnes, sont au titre de 904ᵐ/ et 1/2°/oₒ d'or.

—	Charles IV	—	904ᵐ/ —
—	Ferdinand VII à collerette, titre	904ᵐ/ —
—	à colonnes et Constitution, titre	904ᵐ/ et 1 à 5°/oₒ d'or
—	de la province de Barcelone, titre	802ᵐ/

Les pesetas argent à l'effigie d'Alphonse XII avec l'indication au dos, « 20 cs, de Pᵒ », ont cours seulement dans les colonies espagnoles.

FAUSSE MONNAIE ARGENT EN ESPAGNE

Indépendamment des pièces fabriquées en zinc, plomb, etc., il existe en Espagne une grande quantité de fausses pièces en argent qu'on ne peut reconnaître que très difficilement.

Leurs titres et poids sont les suivants :

Millésime de 1888   24,482 gr., titre 897 millimes   au lieu
    — 1890   24,710 —   — 799   —   de 25 gr.
Millésime de 1892 { les unes 24,614 —   — 893   —   et de
                   { les autres 24,805 —   — 891   —   900 mill.

La Bourse officielle est ouverte de 2 à 3 heures 1/2.

La Bourse non officielle est ouverte de 10 à 12 heures du matin et 9 à 11 heures du soir.

L'heure de Madrid retarde de 24 minutes sur Paris.

Prescription : Les titres et coupons provenant de la dette de l'État ne sont jamais périmés.

Pour les autres valeurs tout dépend des conditions qui les régissent.

ÉTATS-UNIS

NEW-YORK

Frais de transport

Les frais de transport sont, pour l'or, de :

Paris à New-York :

Par la Compagnie hambourgeoise-américaine. . . .	3/16 %
— — (par les paquebots supplémentaires du mardi).	1/8 %
Par la Compagnie générale transatlantique (envoi d'or et d'argent) :	
Au-dessous de 50.000 francs.	7/16 %
De 50.000 à 200.000 —	5/16 %
De 200.000 à 500.000 —	3/16 %
De 500.000 et au-dessus.	5/32 %
Assurance.	6/10 %oo

Londres à New-York :

Fret. . . . . de 3/32 à	5/32 %
Emballage.	1/8 %oo
Assurance.	6/10 %oo
Menus frais.	1/8 %oo

Amsterdam à New-York :

Fret.	1/8 %
Assurance.	1 3/8 %oo
Emballage.	0,01 %oo

New-York à Paris :

Fret à partir de $ 100.000 à 249.999.	11/64 %
— — 250.000 à 499.999.	5/32 %
— — $ 500.000 et plus.	1/8 %
—	6/10 %oo

New-York à Brême :

Fret jusqu'à 500.000 Mk. . . . . 5/32 %
— au-dessus de 500.000 Mk. . . . . 15/16 %₀₀. 1/8 %

New-York à Wien :

Fret New-York-Brême, plus frais Brême-Wien par
   poste . . . . 1/3 %₀₀
ou New-York-Hambourg, plus frais Hambourg-Wien
   par poste. . . . . 1/3 %₀₂

New-York pour Amérique centrale (Colombie,
   Équateur, Pérou, Chili, Centre-Amérique,
   Mexique et San-Francisco).

Pour des espèces monnayées argent :

Columbian line { Fret 1 1/2 % sur la valeur, moins
          1/2 %, net. . . . . 1 %
          Assurance . . . . 9/32 %

Wells Fargo et Cᵒ. — Fret et assurance. . . . . . . 2 %
Atlantic Mutual Insurance Cᵒ. — Assurance. . . . 1/2 %

   Frais d'une expédition de *New-York à Port-
   au-Prince* de $ 20.000 :

Fret. . . . . 1/2 %
Assurance. . . . . 3/16 %
Camionnage et divers. . . . . 1/2 %₀₀
Commission . . . . 1/8 %

Cote des changes.

Paris câble-transfert . . 516 1/2   francs par 100 $.
— chèque. . . . . . . 517 1/2 — 1/16 %   —
— 60 j. de vue. . . 520   —
Londres câble-transfert. 487 3/4   dollars par £ 10.
— chèque 487   —
— 60 j. de vue. . 483 1/2   —
Allemagne chèque . . . 95   dollars par 400 marks.
— 60 j. de vue. 94 3/8   —
Amsterdam chèque. . . 40 1/4   dollars par 100 florins.
— 60 j. de vue.   —

Calcul des intérêts : année, 365 jours ; mois, nombre exact de jours.

Paris : 517 1/2 — 1/16 °/₀,.

1/16 °/₀ représente la bonification faite par le vendeur, c'est-à-dire que pour acheter un chèque sur Paris de fr. 517,50, on devra payer $ 99 15/16 ($ 100 — 1/16 °/₀).

D'où $ 100 $= \dfrac{517,50 \times 100}{99\ 15/16} =$ 517,82, ou approximativement 517,50 $+$ 1/16 °/₀.

Londres câble-transfert :

Parfois le Londres est traité moins ou plus une fraction. Le cours du Londres étant donné en dollars par £, la fraction doit être ajoutée au cours, ou diminuée, suivant le signe $+$ ou $-$ indiqué.

PARITÉS

x fr. $= 1$ £	x $ $= 1$ £	x pence $= 1$ $
£ 1 $= 4,87$ 3/4 $	£ 1 $= 25,192$ fr.	$ 4,87 3/4 $= 210$ d.
$ 100 $= 516$ 1/2 fr.	Fr. 516 1/2 $= 100$ $	
$x = 25,192$	$x = 487$ 3/4	$x = 49,2055$

x fr. $= 100$ $	x pence $= 1$ $
$ 4,87 3/4 $= 1$ £	$ 100 $= 517$ 15/16 fr.
£ 1 $= 25,21$ fr. (cours à Paris).	Fr. 25,21 $= 240$ pence.
$x = 516,86$	$x = 49,307$

Amsterdam (cours à vue) :

x fr. $= 100$ fl.	x $ $= 100$ fl.
Fl. 100 $= 40$ 1/4 $	Fl. 100 $= 207,79$ fr.
$ 100 $= 516$ 1/4 fr.	Fr. 516 1/4 $= 100$ $
$x = 95.,..$ [illegible]	$x = 40$ 1/4

Allemagne (cours à vue) :

x fr. $= 100$ Mk	x $ $= 100$ Mk
Mk 100 $= 95$ $	Mk 100 $= 122,609$ fr.
$ 100 $= 516$ 1/4 fr.	Fr. 516 1/4 $= 100$ $
$x = 122,609$	$x = 95$

Timbre.

Les effets de commerce étrangers sont assujettis, à partir du 1er juillet 1898, à un timbre de $ 0,04 par $ 100 à supporter par le tiré.

Depuis le 31/12/1899 les câbles transferts supportent le même timbre.

Lingots.

La Monnaie a le droit de frapper des pièces ayant jusqu'à 1/2 % de tolérance sur le poids, ce qui explique la prime qui existe quelquefois sur les lingots d'or.

Tous les lingots expédiés de l'étranger sont réessayés par la Monnaie. Sur les lingots de provenance française on doit tenir compte d'une différence :

d'environ 1/2 %₀ en moins sur le titre ;

d'environ 1/4 %₀ en moins sur le poids.

Les lingots, dont le titre trouvé par l'Assay Office est de 900, ne supportent pas de frais. Par suite de la différence de titre mentionnée ci-dessus, il est préférable d'expédier de France des barres titrant 900⁵ à 901. Dans le cas où le titre trouvé par l'Assay Office serait inférieur à 900, les barres auraient à supporter les frais mentionnés ci-après.

POIDS

Les poids usités pour les métaux précieux sont les mêmes qu'en Angleterre.

COTE DES MÉTAUX PRÉCIEUX

L'argent en barres se cote en cents or par once fin.

L'or en barres se cote en tant pour mille de prime sur le prix de la Monnaie ($ 20,67183 par once fin).

FRAIS SUR LINGOTS OR

Sur les lingots titrant de 900 à 901, on ne paie que $ 0,001 par once, soit $ 1 par 1000 onces.

Au-dessus de 901 on paie $ 0,02 par once de cuivre nécessaire pour ramener le titre des barres à 900.

A 899 et au-dessous, on paie 4 à 5 cents par once sur le montant nécessaire pour ramener le titre à 900.

Frais prélevés pour les barres or et argent
par les monnaies et Assays Offices des Etats-Unis.

FRAIS DE FONTE — MELTING CHARGE

$ 1 par barre, sauf dans le cas où elles proviennent de la fonte de monnaies démonétisées des États-Unis, ou de barres de métal fin provenant de la Monnaie.

AFFINAGE — PARTING ET REFINING BULLION

Barres contenant moins de 300 °/₀₀ d'or. $ 0,00 3/4 par once poids
   —   de 300 à 500 °/₀₀ —   0,02   —
   —   plus de 500 °/₀₀ —   0,04   —

Lorsque les barres contiennent 10 millièmes ou moins d'argent, celui-ci n'est pas bonifié ; dans ce cas les lingots ne paient pas les « parting charge », les seuls frais à payer sont de 1/4 cent par once (Bar charge for unparted bullion).

Pour les barres argent contenant moins de 0,3 or, celui-ci n'est pas compté au déposant.

Pour les barres de basse teneur contenant moins de 300 °/₀₀ d'or, il sera compté, selon la composition des lingots, 2 ou 3 cents par once brute. Ces barres peuvent être refusées par la Monnaie. Si l'alliage est composé de bon cuivre ne contenant qu'un métal précieux, les frais seront de 1/2 cent par once.

AFFINAGE DE L'ARGENT — SILVER REFINING

Argent titrant 998 à 998 1/2, sans or, 3/10 cent par once.
   —   980 à 997 1/2   —   4/10   —
   —   au-dessous de 980, sans or, 3/4 cent par once.

FRAIS DE MONNAYAGE — TOUGHENING CHARGE

Lingots or   1/4 à 2 cents par once brute.
   — argent 1/4 à 1/2 cent   —

Ces frais sont comptés sur les lingots cassants ou contenant diverses matières telles que l'iridium, etc., qui doivent être traités pour les rendre propres au monnayage. Ils ne sont pas comptés sur les barres de composition homogène dont la valeur peut être déterminée par un simple essai.

ALLIAGE DE CUIVRE — COPPER ALLOY

Il est demandé 2 cents par once de cuivre.

FRAIS SUR BARRE — BARS CHARGE

Ces frais sont à payer sur les masses de métal pour lesquelles la refonte ou l'affinage ne sont pas demandés, ainsi que pour les barres au titre légal, ou homogènes :

Barres or fin, par $ 100.................... $0,04
—   argent fin, par once 0,00 1/8
—   or au titre légal, par $ 100........... 0,10
—   argent   —   par once........... 0,00 1/2
—   métal homogène, par once......... 0,00 1/4
Or petits lingots au-dessous de $ 5,000...... 0,05 par 100 $.
Argent   —   —   de 125 onces.... 0,00 1/4 par once.

Lingots d'argent.

x fr. $= 1000$ gr. fin.	Parité. x fr. $= 1 $ $
Gr. fin 31,1035 $= 1$ oz fin	(Vue) $ 0,64 $= 1$ oz fin !
Oz fin 1 $= 0,64$ $ (cours	Oz fin 1 $= 31,1035$ gr. fin
$ 1 $= 5,25$ fr. (vue à Paris)	Gr. fin 1.000 $= 107$ fr. (Vue à Paris)

A New-York les producteurs d'argent ne vendent que sur offres fermes ; et les options les plus longues qu'on puisse obtenir sont de 1 heure (généralement de 10 à 11 heures du matin).

Les principaux détenteurs d'argent des mines des États-Unis et du Mexique sont :

1° The Balbach Smelting et Refining C°, Newark.

2° The Consolidated Kansas City Smelting et Refining C°, New-York.

3° M. Guggenheim's Sons, New-York.

Monnaies.

Le poids légal, aux États-Unis, des pièces de 20 $ est de 516 grains (gram. 33.43626). Le poids extrême auquel le Trésor accepte ces pièces est de 513 grains 42 (33 gram. 269). Les autres pièces en proportion.

Les monnaies étrangères sont cotées en cents d'or par pièce.

Exemple :

Quadruples espagnols .... Cents 1.620 — 1.640
Napoléons. ....   —   386 —   388
Argent anglais (pour 1 £) ....   —   480 —   482

Sur une fonte de 75.000 pièces en 1/2 Impériales Russes anciennes, l'Assay office a accepté les lingots provenant de cette fonte à 915 3/4.

La Banque de France a récemment modifié le titre auquel elle acceptait les $ or monnayé, en l'abaissant de 900 à 899 ⁴ millièmes.

Avances de la Banque de France sur envois de New-York :

Elle consent parfois, contre nantissement de Papier Bancable, l'avance du voyage, c'est-à-dire qu'elle paie le jour où l'avis d'embarquement lui est communiqué (directement) par les Compagnies Transatlantiques.

Envois de New-York à Paris

DOLLARS MONNAYÉS.

Recherche du prix auquel New-York doit disposer sur Paris pour qu'il y ait parité :

Dollars vendus à Paris à 3.437 francs le kilo, sur le titre de 899⁴.

$$x \text{ fr.} = 100 \text{ \$}$$
$$\text{\$ } 1 = 1 \text{ gr. } 671813 \text{ (à 899}^4)$$
$$\text{Grammes (à 899}^4) 1.000 = 899^4 \text{ gr. fin}$$
$$\underline{\text{Grammes fin } 1.000 = 3.437 \text{ francs}}$$
$$x = 516,79 \text{ fr.}$$

Moins frais d'envoi 3°/ₒₒ (non compris la perte d'intérêts).   1.55
$$\underline{}$$
Francs. . . . . 515,24 par 100 $

New-York devra donc vendre sa disposition sur Paris 515 fr. 24 les 100 $ pour qu'il y ait parité.

Recherche du prix auquel New-York doit disposer sur Londres pour qu'il y ait parité (le chèque sur Londres valant à Paris 25,20 la £g).

$$\text{\$ } x = 1 \text{ £}$$
$$\text{£ } 1 = 25,20 \text{ fr. (cours du chèque)}$$
$$\text{Francs } 3.437 = 1.000 \text{ gr. fin}$$
$$\text{Gr. fin } 899^4 = 1.000 \text{ gr. (à 899}^4)$$
$$\underline{\text{Gr. (à 899}^4) 1,671813 = 1 \text{ \$}}$$
$$x = \text{\$ } 4,8701$$

Plus frais d'envoi 3 °/ₒₒ (intérêts non compris)   0,0116
$$\underline{}$$
$$\text{\$ } 4,8907 \text{ par £}$$

Compte simulé d'un envoi de Dollars monnayés de New-York à Paris.

Contre disposition sur Londres.

Débit		Crédit	
13 mars. — Chèque		1er mars. — Remise avisée par câble	
£ 100.000 à 25 fr 19. .	2.519.000	le 1er mars, payable à Paris le	
Fret, assurance et me-		jour de la réception de l'avis	
nus frais	5.000	télégraphique :	
		$ 488.150 à 1.67 gr. (1)	
Fr . . . 2.524.000		le $ . . . . . = Kos 815.2105 »	
		A 899ᵏ ou 3091 fr. 2378	
		le kilo. . . = Fr. 2.520.009 50	
		Bonification 12 jours	
		intérêts 2 º/₀. = Fr. 1.679 15	
		Perte 2.311 35	
		Fr . . . . . . .2.524.000 »	

Contre disposition sur Paris

Câble 515

1er mars. —		1er mars. — Remise $ 488.150	
$ 488.150 à 515 = Fr. 2.513.972 50		avisée par câble et payable à	
Frais . . . . . Fr. 5.000 »		Paris le jour de réception de	
Bénéfice. . . Fr. 1.037 »		l'avis :	
Fr . . .2.520.009 50		Soit Kos 815.2105 à	
		3.091 fr. 2378 = Fr. 2.520.009 50	
		Fr 2.520.009 50	

(1) La différence entre 1 gr. 6718125 poids légal et 1 gr. 67 poids moyen représente : 1.08733 º/co.

COMPTE SIMULÉ

Envoi d'or de New-York à Paris contre disposition sur Paris à 519 1/2 chèque ;
Or déposé à la Banque de France, contre avance de 95 %.
Retour de l'or à New-York, contre couverture à 528 à 60 jours de vue.

DOIT   519 1/2 chèque   **PARIS**   528 couverture à 60 jours.   AVOIR

	DOIT				AVOIR	
19 juin	Notre paiement chèque du 9 juin..................... Fr. 1.039.000 »			9 juin	Envoi du 9 juin de New-York $ 200.000 déposés le 19 juin représentant à 1 gr. 67 par $: Kilos 333,02716 à 3091 fr. 30 = Fr. 1.032.936 88 Sur lesquels la Banque de France avance 95 % le jour de la réception de l'avis télégraphique d'expédition, soit le 9 juin, ci........ . Fr. 981.290 »	
5 septembre	Remboursement de l'avance à la Banque de France...... — 981.290 »					
5 septembre	Notre envoi de $ 200.000 = Fr. 1.032.936 88.			5 septembre	Couverture reçue à 528............ — 1.055.000 »	
	2 1/4 %o fret et assurance de New-York à Paris.. Fr. 2.340 »				10 jours intérêts à 2 % (taux privé) sur fr. 981.290 du 9 juin, jour de l'encaissement de l'avance, au 19 juin, jour de paiement du chèque de fr. 1.039.000, soit............ — 545 »	
	2 7/8 %o fret et assurance de Paris à New-York.. — 2.900 »					
	1/32 % Courtage sur vente du chèque à New-York — 325 »					
	1/2 %o Timbre des traites pour la couverture..... — 528 »					
	78 jours intérêts à 1 %, remboursement de son avance à la Banque de France sur fr. 981 290. — 2.146 »					
	78 jours intérêts à 3 % sur fr. 57.710 », différence entre fr. 1.032.936 88 et l'avance de la Banque de France................ — 375 »					
	10 jours intérêts à 3 %, voyage pour le retour de l'or. — 820 »					
	60 jours intérêts 3 % sur couverture... Fr. 5.280 » ⎫ 6.160 »					
	10 jours intérêts 3 %, voyage de la couverture 880 » ⎭					
	Frais de dépêches, aléa, etc............... . — 276 »					
	Total des frais............... — 16.000 »	16.000 »			
			2.036.290 »			
	Bénéfice.........	1.545 »			
	Total égal....................	2.037.835 »		Total égal..... Fr. 2.037.835 »	

NEW-YORK

9 juin	Envoi d'or........... .... $ 200.000	9 juin	Disposition.. .... $ 200.000
15 septembre	Remise à 528................ ..... $ 200.000	15 septembre	Remise d'or...................... $ 200.000

Monnaies

Exportation d'or de Paris à New-York.

Napoléons :

A la fonte, leur titre ressort à 899 1/3 en moyenne.

Les frais de fonte se montent à 1/4 °/oo.

Les lingots provenant de cette fonte sont achetés à $ 20,67183 par once fin.

Recherche du produit en dollars, par pièce, de Napoléons fondus (poids 6,45, titre 899 1/3-1/4 °/oo perte de fonte).

$$x\ \$ = 1\ \text{Napoléon.}$$
$$\text{Napoléon } 1 = 6,4483\ 7/8\ \text{gr. } (6,45 - 1/4\ °/oo.)$$
$$\text{Gr. brut } 1000 = 899\ 1/3\ \text{gr. fin.}$$
$$\text{Gr. fin } 31,1035 = 20,67183\ \$.$$
$$x = 3,8542\ \$.$$

Recherche de la parité en francs par $ *des Napoléons* (poids 6 gr. 45, titre 899 1/3) :

	ou :
x fr. $= 1$ S.	x fr. $= 1$ S.
$ 20,67183 $= 1$ oz fin.	$ 664,6142 $= 1000$ gr. fin.
Oz fin 1 $= 31,1035$ gr. fin.	Gr. fin 899 1/3 $= 1000$ gr. Nap.
Gr. fin 899 1/3 $= 1000$ gr. (Nap. à 899 1/3)	Gr. 6.45 $= 20$ fr.
Gr. br. 6,45 $= 20$ fr.	
$x = 518.80$	$x = 518.80$

Le Gold point (frais non compris) :

Pour les Napoléons. 518,80

Pour les barres d'or de. . . 517,14 (comme il est dit plus loin).

Envoi de Napoléons de Paris à New-York (parité et détail des frais) :

Pièces pesant 6 gr. 45 sur le titre 899 1/3,
    vendues à $ 20,67183 par once fin. . . . .   PARITÉ Fr. 518.8

Frais (non compris perte d'intérêts) :

Fret.	1,56 °/oo	
Assurance.	0,60	
Emballage.	0,05	
Perte à la fonte.	0,25	3,31 °/oo 1.72
Douane à New-York.	0,05	
Essai —	0,05	
Timbre sur tirage.	0,50	
Dépêches et divers.	0,25	Fr. 520.52

Pour pièces pesant gr. 6,440 le cours ressort à 521,32 les 100 $.

  —   —   6,430   —   —   522,13   —

Recherche de la prime obtenue en expédiant des Napoléons pesant 6,45 gr. (titre 899 1/3).

$$x \text{ fr.} = 1000 \text{ fr.}$$
Fr. 20 = 6,45 gr. brut.
Gr. brut 1000 = 899 1/3 gr. fin.
Gr. fin 31,1035 = 1 oz.
Oz 1 = 20,67183 S.
S 100 = 518,80 (cours).
____
$$x = 1000$$
(Frais non compris.)

ou :

$$x \text{ fr.} = 1000 \text{ fr.}$$
Fr. 20 = 6,45 gr. brut.
Gr. brut 1000 = 899 1/3 fin.
Gr. fin 1000 = 664,6142 S.
S 100 = 518,80 fr.

Recherche du prix obtenu par Napoléon en expédiant des pièces pesant 6 gr. 45 (titre 899 1/3).

Contre couverture en chèque sur Londres à 481.
Le chèque sur Londres valant à Paris 25 fr. 23 :

$$x \text{ fr.} = 20 \text{ fr.}$$
Fr. 20 = 6,45 gr.
Gr. 1000 = 899 1/3 gr. fin.
Gr. fin 1000 = 664,6142 S.
S 481 = 100 £.
£ 1 = 25,23 fr.
____
$$x = 20,221 \text{ fr.}$$
(Frais non compris.)

Décompte fourni par New-York pour un envoi de Napoléons :

TITRE APRÈS FONTE	NAPOLÉONS	PRODUIT EN DOLLARS
899 1/2	50.000	S 192.747
899	75.000	288.810
899 1/2	50.000	192.800
899 3/8	81.000	323.740
899 1/2	23.000	96.100
	284.000	S 1.094.497

Recherche du titre moyen des pièces décomptées ci-dessus :

$$125.000 \text{ à } 899\ 1/2$$
$$75.000 \text{ à } 899$$
$$84.000 \text{ à } 899\ 3/8$$
$$\text{Titre moyen} = \frac{(125 \times 899\ 1/2) + (75 \times 899) + (84 \times 899\ 3/8)}{284}$$

Soit 899,31

Recherche du poids après fonte des Napoléons ci-dessus :

<table>
<tr><td></td><td>ou :</td></tr>
<tr><td>x gr. = 1 Napoléon.</td><td>x gr. = 1 Napoléon.</td></tr>
<tr><td>Nap. 284.000 = 1.094.497 S.</td><td>Nap. 284,000 = 1.094.497 S.</td></tr>
<tr><td>S 20,67183 = 1 oz fin.</td><td>S 664,6142 = 1.000 gr. fin.</td></tr>
<tr><td>Oz fin 899,31 = 1.000 oz (à 899.31).</td><td>Gr. fin 899,31 = 1.000 gr.</td></tr>
<tr><td>Oz (à 899,31) 1 = 31,1035 gr.</td><td>6 gr. 447</td></tr>
</table>

Recherche du poids moyen des Napoléons avec le poids en onces

$$50,000 \text{ Napoléons pesant } 10,350,04 \text{ oz :}$$
$$x \text{ gr.} = 1 \text{ pièce}$$
$$\text{Pièces } 50,000 = 10,350,04 \text{ oz}$$
$$\text{Oz } 1 = 31,1035 \text{ gr.}$$
$$x = 6 \text{ gr. } 4.384$$

Recherche du prix par once de Napoléons

$$50,000 \text{ Napoléons pesant } 10,350,04 \text{ onces (titre 899)}$$
$$x \text{ S} = 1 \text{ oz brut}$$
$$\text{Oz brut } 1000 = 899 \text{ oz fin}$$
$$\text{Oz fin } 1 = 20,67183 \text{ S}$$
$$= \text{S } 18,58397 \text{ par once brut}$$

Prix en dollars par once brut pour toutes pièces au litre de :

899	= S 18,583828				
899 1/8 =	18,586414				
899 1/4 =	18,588995	1/8 dif. de titre =	0	S 0025839	par once
899 3/8 =	18,591580	1/10 —	= 0	0020671	—
899 1/2 =	18,594164	1/61 —	= 0	0012919	—
899 5/8 =	18,596747	1 millième	= 0	02067183	—
899 3/4 =	18,599331				
899 7/8 =	18,601915				
900 =	18,604500				

MONNAIES ÉTRANGÈRES

Recherche du rendement en francs par $ de pièces monnayées achetées au poids

Cours : 3,112 fr. le kilog. à Paris
Titre   899 1/4

$$x \text{ fr.} = 1 \, \$$$
$$\$\ 20,67183 = 31,1035 \text{ gr. fin}$$
$$(\text{Titre}) \text{ gr. fin } 899\ 1/4 = 3,112 \text{ fr. prix du kilog. brut}$$

$$x = 520,706$$

ou, en nous reportant au tableau précédent (1 oz à 899 1/4 = 18,588995)

$$x \text{ fr.} = 1 \, \$$$
$$\$\ 18,588995 = 31,1035 \text{ gr.}$$
$$\text{Gr. } 1000 = 3,112 \text{ fr.}$$

$$\text{Fr. } 520,706$$

Prix en dollars par once brut pour pièces au titre de [1]

916	=	$ 18,935100			
916 1/8	=	18,937981	1/8 dif. de titre		0,0025839
916 1/4	=	18,940568	1/10	—	0,0020671
916 3/8	=	18,943152	1/16	—	0,0012919
916 1/2	=	18,945736			
916 5/8	=	18,948319			
916 3/4	=	18,950903			
916 7/8	=	18,953487			
917	=	18,956071			

(1) Pour les pièces au titre de 900 voir le tableau à la suite des envois de Napoléons.

Paris à New-York, exportation et importation de lingots or.

Prix d'achat de la Monnaie $ 20,67183 par oz fin (soit $ 664,6142 par kilo fin).

Recherche du prix en francs par kilo fin.	Recherche de la prime par 1000 fr. (sur le pair 3,437 fr.).
x fr. $=$ 1 kilo fin. Kilo fin 1 $=$ 664,6142 $. $ 1 $=$ 5,25 fr. (cours à vue sur Paris). ——— $x = 3.489,22$ fr. ou x fr. $=$ 1,000 gr. fin. Gr. fin 1,000 $=$ 32,150725 oz fin. Oz fin 1 $=$ 20,67183 $. $ 1 $=$ 5,25 fr. ——— $x = 3.489,22$ fr. ou x fr. $=$ 1,000 gr. fin. Fin gr. 31,1035 $=$ 1 oz fin. Fin oz 1 $=$ 20,67183 $. $ 1 $=$ 5,25 fr. ——— $x = 3.489,22$ fr.	x fr. $=$ 1,000 fr. Fr. 3,437 $=$ 1,000 gr. fin. Gr. fin 1,000 $=$ 664,6142 $. $ 1 $=$ 5,25 fr. ——— $x = 1.015,14$ fr. Soit 15 fr. 14 °/₀₀ de prime.
Recherche de la Parité en fr. par $ 100 avec le prix du kilo fin.	Recherche de la Parité en fr. par $ 100 des lingots or achetés 3437 fr.
x fr. $=$ 100 $. $ 20,67183 $=$ 1 oz fin. Oz fin 1 $=$ 31,1035 gr. fin. Gr. fin 1,000 $=$ 3.489,22 fr. (cours à Paris). ——— $x = 525$ fr. ou x fr. $=$ 100 $. $ 664,6142 $=$ 1,000 gr. fin. Gr. fin 1,000 $=$ 3,489 fr. 22. ——— $x = 525$ fr.	x fr. $=$ 100 $. $ 664,6142 $=$ 1,000 gr. fin. Gr. fin 1,000 $=$ 3,437 fr. (pair à Paris). ——— $x = 517,14$ fr. Donc : Paris peut exporter à New-York lorsque le change est 517,14 + frais envoi. Paris peut importer de New-York lorsque le change est 517,14 — frais envoi.

Décompte simulé d'un envoi de lingots or de New-York à Paris d'environ $ 500.000.

Or acheté à $ 664,6142 le kilog.
    vendu à fr. 3,437 le kilog.   soit le $ fr.   517,14

    Frais à New-York :

Timbre de guerre
  s/câble transfert 0,10 °/₀₀
Perte 1 j. intérêts
  avant embarq. . 0,0693   2,4043 °/₀₀
Fret. 1,25
Emballage et ca-
  mionnage. . . . 0,085
Assurance. . . . 0,60   2,695 °/₀₀ ou   1,3937

    Frais à Paris :

Essai et contre-
  essai . . . . . 0,25 °/₀₀   0,2908 °/₀₀
Camionnage. . . 0,0408

    Soit rendu Paris fr. 515,7463
    Intérêts de voyage non compris.

Envois de lingots or de New-York à Paris, contre disposition
par câble s/Londres

Recherche du cours du câble transfert.
Cours : Or à Paris 3,437   francs.
    Londres à Paris 25,19 francs.
$$x \text{ S} = 100 \text{ £}$$
$$\text{£ } 1 = 25,19 \text{ fr. (cours)}$$
$$\text{Fr. } 3,437 = 1,000 \text{ gr.}$$
$$\text{Gr. } 31,1035 = 1 \text{ oz}$$
$$\text{Oz } 1 = 20,67183 \text{ S}$$

Expression qui revient après réduction à 19,337214 $\times$ 25,19 (cours)
plus prime s/or s'il y a lieu.
    ou :
$$x \text{ S} = 100 \text{ £}$$
$$\text{£ } 1 = 25,19 \text{ cours}$$
$$\text{Fr. } 517,14 \text{ (1)} = 100$$
$$487,10$$

(1) Le cours fixe 517 fr. 14 par $ 100 a été obtenu suivant explication page n° 112.

Décompte de New-York pour un envoi de barres or

Titres fixés par L'Assay-Office	POIDS EN OZ	POIDS EN GRAMMES	DOLLARS
9921/2	4.803,¹	149.393	98.530
9941/4	3.005,⁴	93.183	61.776
996	4.805,⁴	149.465	98.000
			S 259.206

Mode de vérification du décompte :

$$x \ S = 149,465 \ \text{kil (à 996)}$$
$$\text{Kil. (à 996) } 1.000 = 996 \ \text{kil. fin}$$
$$\text{Kil. fin } 1 = 664,6142 \ S$$

ou :

$$x \ S = 4,805,4 \ \text{onces (à 996)}$$
$$\text{Onces (à 996) } 1.000 = 996 \ \text{onces fin}$$
$$\text{Once fin } 1 = 20,67183 \ S$$

Mode de vérification du poids trouvé à New-York :

$$\text{Oz } x = 149,465 \ \text{gram.} \qquad \text{ou} \qquad \text{Oz } x = 149,465 \ \text{gr.}$$
$$\text{Gr. } 31.1035 = 1 \ \text{once} \qquad\qquad \text{Gram. } 1.000 = 32.150725 \ \text{oz}$$

Exportations d'or : de New-York à Londres

Lingots

Recherche du prix de revient, rendu Londres, de l'once standard de lingots achetés à New-York.

Le cours du Câble Londres étant à New-York 486 3/4 :

$$\text{Pence } x = 1 \ \text{oz standard}$$
$$\text{Oz standard } 12 = 11 \ \text{oz fin}$$
$$\text{Oz fin } 1 = 20,67183 \ S$$
$$S \ 4,86 \ 3/4 = 1 \ £$$
$$£ \ 1 = 240 \ \text{pence}$$

Soit pence 934,32 ou 77/10 : 32/100
Plus frais 4,95 0/00 (intérêts non compris) 0 : 1 : 86/100

Soit 78/0 : 48/100 par oz standard

Recherche du prix auquel on doit vendre à New-York la couverture d'un envoi de lingots or expédiés de New-York à Londres.

L'oz étant coté à Londres 77/9 :

$$x\ \$ = 1\ \pounds$$
$$\pounds\ 1 = 240\ \text{pence}$$
$$\text{Pence (cours) } 933 = 1\ \text{oz standard}$$
$$\text{Oz standard } 12 = 11\ \text{oz fin}$$
$$\text{Oz fin } 1 = 20{,}67183\ \$$$

Soit . . . . $ 4,87438 par £

Plus frais 1,95 °/₀₀ (intérêts non compris) 0,0095

Soit $ 4,88388 par £

Expression qui devient après réduction 4547,7853 : cours en pence à Londres.

Recherche du prix auquel on doit acheter à Londres la couverture de l'envoi.

L'oz étant coté à Londres 77/9 :

$$x\ \text{pence} = 1\ \$$$
$$\$\ 20{,}67183 = 1\ \text{oz fin}$$
$$\text{Oz fin } 11 = 12\ \text{oz standard}$$
$$\text{Oz standard } 1 = 933\ \text{pence (77/9 cours)}$$

Soit pence. . . . . 49,2369 par $

Moins frais d'envoi 1,95 °/₀₀ (intérêts non compris)   0,0960

Soit pence   49,1409 par $

Or monnayé

Recherche du prix de revient, rendu Londres, de l'oz brut de dollars or expédiés de New-York.

Cours du câble 4,86 3/4 (dollar pesant 258/10 grains) = (poids légal 1 gr. 6718).

$$x\ \text{pence} = 1\ \text{oz}$$
$$\text{Oz } 1 = 480\ \text{grains}$$
$$\text{(poids) grains } 258 = 10\ \$$$
$$\$\ 4{,}86\ 3/4 = 1\ \pounds$$
$$\pounds\ 1 = 240\ \text{pence}$$

Pence 917 1/3 soit 76/5 1/3

Plus frais d'envoi 1,95 °/₀₀ (intérêts non compris) 0 : 1 : 78/100

Net 76/7 1/8

14

Envoi d'or monnayé à Londres. Recherche du prix de vente à New-York du tirage en couverture.

Les dollars or étant cotés à Londres 76 sh/5 :

$$x \ S = 1 \ £$$
$$£ \ 1 = 240 \ \text{pence}$$
$$(76 \ Sh/5) \ \text{pence} \ 917 = 1 \ oz$$
$$Oz \ 1 = 480 \ \text{grains}$$
$$\text{Grains} \ 258 = 10 \ S$$

$$x = S \quad 4,8692 \ \text{par} \ £$$

Plus frais d'envoi 1,93 °/₀₀ (intérêts non compris) 0,0094

$$S \quad 4,8786 \ \text{par} \ £$$

Envoi d'or monnayé de New-York à Londres. Recherche du prix d'achat à Londres de la couverture.

Les dollars étant cotés à Londres 76/5.

$$x \ \text{pence} = 1 \ S.$$
$$S \ 10 = 258 \ \text{grains (poids)} \ (1 \ gr. \ 6748).$$
$$\text{Grains} \ 480 = 1 \ oz.$$
$$Oz \ 1 = 917 \ \text{pence} \ (76/5).$$

$$x = \text{Pence} \dots\dots \quad 49,288$$

moins frais d'envoi 1,93 °/₀₀ (intérêts non compris). 0,0961

$$\text{Pence} \dots \quad 49,1919 \ \text{par} \ S.$$

Importations de Londres à New-York

Les conjointes établies au chapitre précédent servent également aux importations, toutefois on doit tenir compte des frais en sens contraire de celui indiqué.

Comptes simulés d'un envoi d'or monnayé de Londres à New-York.

DOIT	NEW-YORK	AVOIR
1er mars. Expédié	488,150 $	1er mars. Disposition sur Londres £ 100000 à 488,15 = S 488150.

LONDRES

13 mars. Chèque de £ 100,000		13 mars. Reçu $ 483,150 à 76/4 1/2
Fret et assurance 1,90 °/₀₀ £............	190	= £............... 100,196 12
Menus frais à New-York £............	5	
Perte de poids (sur le poids légal) Oz 28,112..	108 10	Perte £ 106 18
£ 100,303 10		£ 100,303 10

New-York retarde sur Paris de 5 heures 5 minutes.

TABLE DE PARITÉS
Expéditions New-York-Paris

COURS DU PARIS	LINGOTS Oz 1 = 20,67181 $ 3,437 fr. représentent 517,142		SOUVERAINS 916-5 Oz 1 = 18,94573 $ Kilog. 1 = 609,1189 $	NAPOLÉONS 899 1/3 Oz 1 = 18,59086 $ Kilog. 1 = 597,700 $	MARKS, FL. HOLLANDE KRONORS 899 1/2 Oz 1 = 18,59431 Kilog. 1 = 597,8206	ALPHONSES 896 Oz 1 = 18,52195 $ Kilog. 1 = 595,4945
	Prix en francs au kilog.	Prime ou perte s/3437				
1/2 centime différence =	3,82	0,96 °/₀₀	3,04	2,98	2,93	2,97
5,10	3.389,53	Perte 13,81 °/₀₀	3.106,53	3.048,31	3.048,88	3.037,02
5,11	3.396,17	» 11,88	3.112,62	3.054,24	3.054,86	3.042,97
5,12	3.402,82	» 9,95	3.118,71	3.060,27	3.060,84	3.048,93
5,13	3.409,47	» 8,02	3.124,80	3.066,25	3.066,81	3.054,88
5,13 1/2	3.412,79	» 7,05	3.127,84	3.069,23	3.069,80	3.057,86
5,14	3.416,11	» 6,09	3.130,89	3.072,23	3.072,79	3.060,84
5,14 1/2	3.419,44	» 5,12	3.133,93	3.075,22	3.075,78	3 063,81
5,15	3.422,76	» 4,16	3.136,96	3.078,21	3.078,77	3.066,79
5,15 1/2	3.426,08	» 3,19	3.140,02	3.081,20	3.081,76	3,069,77
5,16	3.429,40	» 2,23	3.143,06	3.084,18	3 084,76	3.072,75
5,17	3.436,01	» 0,29	3.149,15	3.090,16	3.090,71	3.078,70
5,18	3.442,70	Prime 1,65 °/₀₀	3.155,24	3.096,14	3.096,70	3.084,65
5,18 1/2	3.446,02	» 2,61	3.158,29	3 099,13	3.099,68	3.087,63
5,19	3.449,34	» 3,58	3.161,33	3.102,11	3.102,68	3.090,61
5,19 1/2	3.452,66	» 4,54	3.164,37	3.105,10	3.105,67	3.093,58
5,20	3.455 99	» 5,51	3.167,42	3.108,09	3.108,66	3.096,56
5,20 1/2	3.459,31	» 6,47	3.170,46	3.111,08	3.111,65	3.099,54
5,21	3.462,64	» 7,44	3.173,51	3.114,07	3.114,64	3.102,52
5,21 1/2	3.465,96	» 8,40	3.176,55	3.117,05	3.117,63	3.105,49
5,22	3.469,28	» 9,37	3.179,59	3.120,04	3.120,62	3.108,47
5,23	3.475,93	» 11,30	3,185,68	3.126,02	3.126,60	3.114,42
5,24	3.482,58	» 13,23	3.191,77	3.132,00	2.132,57	3.120,38
5,25	3.489,22	» 15,16	3.197,87	3.137,97	3.138,55	3.126,34

Or en barres. Expéditions entre New-York, Londres et Paris.

COURS DE L'OZ A LONDRES	COURS DU LONDRES A NEW-YORK	COURS DU LONDRES A PARIS
77/9	487,44	25,207
77/9 1/4	487,31	25,201
77/9 1/2	487,17	25,194
77/9 3/4	487,04	25,187
77/10	486,91	25,18
77/10 1/4	486,78	25,173
77/10 1/2	486,67	25,167
77/10 3/4	486,54	25,16
77/11	486,40	25,153
77/11 1/4	486,26	25,146
77/11 1/2	486,13	25,14
77/11 3/4	486	25,133
78	485,87	25,126
78/0 1/4	485,74	25,12
78/0 1/2	485,61	25,113
78/0 3/4	485,48	25,106
78/1	485,35	25,10
78/1 1/4	485,22	25,093
78/1 1/2	485,09	25,086
78/1 3/4	484,96	25,079
78/2	484,83	25,073
différence 1/8	0,06	0,003

Est indiqué :

1re colonne. Le prix de l'or à Londres par once standard.

2e — Le montant de dollars par £ 100, c'est-à-dire : le prix de l'or à Londres étant, par exemple, 77/9 par once standard, $ 487,46 représentent £ 100.

Le profit ou la perte est constitué par l'écart entre les cours mentionnés au tableau et les cours réels, — frais non compris.

Exemple :

1° Envoi d'or de New-York à Londres :

Cours : Or à Londres 77/10 ; Londres à New-York 489.

Cours réel......... $ 489   (On reçoit $ 489 en vendant £ 100).

Tableau 2e colonne.   486 91 (On expédie $ 486,91 pour obtenir £ 100).

Profit....... $ 2,09 ou 4,26 °/₀₀ (frais à déduire).

2° Envoi de New-York à Paris, contre disposition Londres.

Si Paris couvre Londres de la disposition faite par New-York, la marge de 4,26 °/₀₀ reste inchangée, étant donné que la couverture est faite au cours de 25,18 (3ᵉ colonne).

Si le cours du Londres à Paris était 25,14 le profit s'augmenterait de 1,60 °/₀₀, — différence de 4 centimes par £ (25,18 — 25,14).

En pratique :

New-York exporte à Paris si le cours du Londres à Paris est *inférieur* à celui indiqué dans la 3ᵉ colonne.

New-York exporte à Londres si le cours du Londres à Paris est *supérieur* à celui indiqué dans la 3ᵉ colonne.

New-York importe de Paris si le cours du Londres à Paris est *supérieur* à celui indiqué dans la 3ᵉ colonne.

New-York importe de Londres si le cours du Londres à Paris est *inférieur* à celui indiqué dans la 3ᵉ colonne.

Dollars monnayés (sur le poids de 1 gr. 67 par $)

COURS DE L'OZ A LONDRES	COURS DU LONDRES A NEW-YORK	COURS DU LONDRES A PARIS
76/2 1/2	488,78	27,232
3/4	488,65	25,226
76/3	488,52	25,219
1/4	488,38	25,212
1/2	488,25	25,205
3/4	488,12	25,198
76/4	487,98	25,191
1/4	487,85	25,185
1/2	487,72	25,177
3/4	487,58	25,17
76/5	487,45	25,164
1/4	487,32	25,157
1/2	487,19	25,15
3/4	487,05	25,143
76/6	486,92	25,136
1/4	486,79	25,13
1/2	486,65	25,123
3/4	486,52	25,116
76/7	486,39	25,109
1/4	486,26	27,102
1/2	486,12	25,093
3/4	485,99	25,089
76/8	485,86	25,082
1/4	485,73	25,075
1/2	485,60	25,068
3/4	485,46	25,061
76/9	485,33	25,054
1/4	485,20	25,047
1/2	485,07	25,04
Différence 1/8	0,005	0.003

Ce tableau est de même usage que le précédent.

La première colonne indique le prix par once des dollars à Londres.

La deuxième colonne indique le montant en dollars par £ 100.

Les cours indiqués dans la troisième colonne sont établis sur 899¹, titre de réalisation à Paris; le kilo fin étant compté 3.437 fr.

Paris vendant les dollars monnayés sur le titre de 900 °/₀₀, en cas d'envoi à New-York, on doit tenir compte de la différence entre 900 et 899,4 soit 2/3 °/₀₀ perte.

FRANCE

PARIS

Frais de transport

Les frais d'envoi d'espèces ou finances à l'intérieur de la France s'élèvent à fr. 0,00252 par fraction indivisible de 1.000 francs et par kilomètre; plus frais d'enregistrement et timbre, minimum 0 fr. 85 par envoi.

Colis postaux (de Paris aux divers pays).

Conditions du transport des valeurs :

PAYS	VOIES	TAXE	OBSERVATIONS
Allemagne	Directe...................	1 »	
Cameroun...	Belgique-Allemagne....... ..	3 »	
*Angleterre.........	Directe { jusqu'à 1 k. 360......	1.50	* Sur les feuilles de douane, la déclaration exacte de la valeur du contenu est exigée sous peine de confisration.
	Directe { de 1 k. 360 à 3 kilos..	2 »	
	Directe { de 3 à 5 kilos...... .	2.50	
Autriche-Hongrie...	Allemagne-Italie-Suisse	1.50	id.
Belgique...... ...	Directe { jusqu'à 5 kilos.... ..	1 »	id.
	Directe { de 5 à 10 kilos......	1 4	
Chine { Amoy, Canton, Fou-Tchéou, Hong-Kong, Hoison, Ningpo, Sivaton.	Directe...........	5 »	
Macao...........	via Calais- { jusqu'à 1 k. 360......	2.25	
	via Calais- { de 1 k. 360 à 3 kilos..	3.50	
	Londres { de 3 à 5 kilos	4.75	
Danemark.... . ..	Allemagne-Belgique....... ..	1.50	
Antilles danoises....	Bordeaux-Marseille	3 »	
Egypte	Marseille-Messine ou Brindisi..	2.25	Refuse les colis contenant plus de 500 fr. d'espèces monnayées.

PAYS	VOIES	TAXE	OBSERVATIONS
Finlande............	Allemagne-Belgique.........	3.25	Refuse la Monnaie arg. et cuivre.
Italie.............	Modane ou Vintimille........	1.25	
Assab-Massouah ...	Italie-Egypte...............	2.75	
Libéria............	Allemagne	2.75	Sont prohibés les métaux précieux, les espèces monétaires payables au porteur.
Luxembourg.......	Directe { de 0 à 5 kilos	0.75	
	{ de 5 à 10 kilos	1.20	
Monténégro........	Allemagne	2.50	
Norwège..........	Allemagne-Belgique........	2.25	
Pays-Bas.........	Belgique-Allemagne........	1.30	
Portugal..........	France-Espagne............	2 ,	
Roumanie........	Allemagne-Suisse-Italie.......	2.25	
Russie (Europe)....	Allemagne	2.25	
Serbie............	Allemagne-Suisse-Italie......	2 ,	
Suède...........	Allemagne-Danemark-Belgique.	2.50	
Tripoli de Barbarie..	{ Marseille................	2 ,	
	{ Italie................	1.50	
Turquie...........	{ Via Messine ou Brindisi......	1.75	
	{ Via Trieste et des paq. autrichiens	2.25	
	{ Via Allemagne et Roumanie...	2 75	
Zanzibar.........	Calais- { jusqu'à 1 k. 360......	2 ,	
	Londres { de 1 k. 360 à 3 kilos..	3.25	
	{ de 3 à 5 kilos.......	4.50	
Laboan			
Bornéo du Nord	Calais- { jusqu'à 1 k. 360.....	3.25	L'envoi de la monnaie est prohibée.
Victoria..........	Londres { de 1 k. 360 à 3 kilos..	5.75	
Nouvelle-Zélande...	{ de 3 à 5 kilos.......	8.25	
Australie méridionale			
Indes britanniques..	Marseille................	4.50	
, ,	Calais- { jusqu'à 1 k. 360......	3.75	
	Londres { de 1 k. 360 à 5 kilos..	5.15	
	{ de 3 à 5 kilos.......	7.05	
Terre-Neuve.......			
Bahamas.........			
Bermudes.........			Pour l'Ascension et Sainte-Hélène, les métaux précieux non fabriqués et l'or brut sont prohibés, aucun colis ne doit avoir une valeur supérieure à 1,250 fr.
Guyane anglaise....			
Ascension, Ste-Hélène	Calais- { jusqu'à 1 k. 360......	2 ,	
Iles Falkland	Londres { de 1 k. 360 à 3 kilos..	3.25	
Côte occid. d'Afrique.	{ de 3 à 5 kilos.......	4.50	
Protectorat du Niger.			
Sarawa			
Gibraltar..........			
Ceylan	Directe................	3.75	
Etablissem. du détroit	Directe................	4.75	
Hong-Kong	Directe................	4.50	

Nota. — Pour les pays où la mention de poids n'est pas indiquée, le maximum est de 5 kilos.

Le maximum de déclaration de valeur est de 500 fr. pour tous pays (l'Angleterre exige que les colis-espèces ou lingots ne contiennent pas plus de £ 5).

La taxe est, suivant les pays, jusque 300 fr. de 0,10 à 0,45 cent.

de 300 à 500 fr. de 0,20 à 0,90 cent.

Pour plus amples renseignements, consulter le *Tarif pour le transport des Colis postaux.*

Droits de douane

Les droits de douane pour l'importation en France de :
1° L'argent monnayé et en barres, sont de :

Par 100 kilos. . . . . . .   Fr. 1 » de provenance européenne.

— . . . . . .   Fr. 4,60 de provenance hors Europe.

2° L'or, par 100 kilos. . . . .   Fr. 10 »

(Pour l'or de provenance colombienne, les droits sont de 13.60 par 100 kilos.)

Changes

NON INDIQUÉ sur les cotes — Quantité fixe cotée	Escompte à l'étranger	CHANGES	PAPIER COURT	PAPIER LONG
		Valeurs se négociant à 3 mois :		
100 fl.	3 °/o	Hollande	205 1/2 à 206	205 7/8 à 206 3/8 et 4 °/o
100 mk.	4 °/o	Allemagne	121 5/8 à 121 7/8	121 3/4 à 122 et 4 °/o
500 pesetas	5 °/o	Espagne	. . . . . à	. . . . . à . . et 4 °/o
		— (versement)	348 1/2 à 353 1/2	
100 milreis	6 °/o	Portugal	390 1/2 à 400 1/2	390 1/2 à 400 1/2 et 4 °/o
100 cour.	4 °/o	Vienne	103 1/2 à 103 3/4	103 1/2 à 103 3/4 et 4 °/o
100 R.	5 1/2 °/o	Pétersbourg	261 à 263	261 à 263 et 4 °/o
		— (versement)	264 7/8 à 266 7/8	
		Valeurs se négociant à vue :		
1 £.	4 °/o	Londres	25.11 à 25.14	25.13 1/2 à 25.16 1/2 mois 4 °/o
		— (chèque)	25.13 1/2 à 25.16 1/2	. . . . à . . . .
100 f. belge	3 °/o	Belgique	1/4 p^{te} à 1/8 p^{to}	1/8 p^{te} à pair moins 3 °/o
100 f. suisse	3 1/2 °/o	Suisse	7/16 p^{te} à 5/16 p^{te}	5/16 p^{te} à 3/16 p^{te} — 3 1/2 °/o
100 lire.	5 °/o	Italie (lire)	3 1/8 à 2 5/8 p^{te}	3 p^{te} à 2 1/2 p^{to} — 5 °/o
100 S.	4 °/o	New-York (en or)	513 à 516	512 p^{te} à 515 — 4 °/o

La différence entre les cours de chaque devise ne constitue pas l'écart entre les prix « demandés et offerts » ; il est d'usage de coter chaque jour deux cours avec un écart constant.

Paris cote « l'incertain », c'est-à-dire la quantité de monnaie française équivalant à un montant fixe en monnaie étrangère.

(Voir la cote donnée plus haut.) La dernière colonne indique les taux auxquels les intérêts sont calculés. Pour les valeurs se négociant à vue, les intérêts se calculent au taux officiel d'escompte du pays du tiré.

Pour toutes les devises, le timbre étranger est à la charge du vendeur, sauf pour le papier sur Londres. Les cours indiqués sous la rubrique « valeurs se négociant à 3 mois » s'entendent pour papier à 3 mois d'échéance. La valeur à vue correspond au prix coté, plus les intérêts à 4 %.

Soit : Allemagne coté 121 3/4 à 3 mois (sur trimestre de 92 jours) :

Cours à vue : 121 3/4 + 92 j. à 4 % = 122,99

La différence de cours, entre le papier long et le papier court, est constituée par l'écart entre le taux privé à l'étranger et 4 % pratiqué à Paris.

L'aval de la vente d'un chèque est encaissé le lendemain de la livraison dudit chèque.

La vente d'un versement sur l'étranger est réglée le jour où ledit versement est effectué.

Quelquefois, cependant, la vente de chèques est réglée comme celles de versement, suivant entente préalable.

Le taux privé n'est pas coté officiellement, il n'est mentionné que sur les cotes particulières des banquiers.

Lingots

Les frais de poinçonnage coûtent à la Monnaie :

0 fr. 80 par barre d'argent.
3 fr. » par barre d'or.

Lingots or. Les frais de fonte sont de :

1 fr. par kilo, minimum 3 fr.

Les frais d'essai 1 fr. 50 par barre).
— de pesage 0 fr. 15 par barre.
— d'affinage 6 fr. par kilo.

Lingots argent. Les frais de fonte sont de :

0 fr. 20 par 100 francs.

Les frais d'essai 1 fr. 15 par barre et 1 fr. 65 pour l'argent doré (pesage compris).

Les frais de pesage 0 fr. 15 par barre.

   — d'affinage 6 fr. par 1.000 fr. (sur le prix de 218 fr. 89 par kilo fin).

Lingots argent doré contenant plus de 9/10 de millième d'or

L'usage est de déduire 1 millième sur l'or, et de bonifier 9 %₀ sur l'argent contenu, soit 1 fr. 97 par kilo fin.

Exemple : Pour un lingot titrant 875 millièmes d'argent et 37 millièmes d'or : le cours de l'argent étant de 105 fr. le kilo, le vendeur paierait 36 millièmes d'or et décompterait l'argent à 106 fr. 97 par kilo fin.

Lingots argent doré contenant moins de 9/10 de millième d'or

L'or contenu n'est pas payé, mais on bonifie sur l'argent :

	Sur 218 fr. 89	Sur le prix du kilo fin	Le prix de l'argent ôn étant 105 fr. le kilo on décompterait à
Pour 9/10 de millième d'or	7,25 %₀	1,57	106,57
8/10 —	5,50	1,20	106,20
7/10 —	3,75	0,82	105,82
6/10 —	2 »	0,43	105,43
5/10 —	0,25	0,05	105,05
On déduit pour 4/10 —	1,50	0,328	104,672
3/10 —	3 »	0,65	104,35

Monnaies

Titres auxquels les Banques d'État prennent les pièces suivantes :

DÉNOMINATION DES PIÈCES	France	Allemagne	Angleterre[2]	Autriche	Hollande	Russie	Turquie Constantinople	Danemark Copenhague
Aigles	899^4	900	899 3/4	899^9	899^5	899 3/4		899^5
Alphonses, après 1880. [1]	896^3	897^9		896^2		898		
Souverains	916^4	916^5		916^4	916^5	916^4	916^5	916^5
Livres Turques . . . [4]	915			914^9		915		
Impériales anciennes .	915	916	915^3	916^4	916	916	916^5	916
— nouvelles . [3]		899^8	898 3/4	899^7	899^5			899^5
20 marks	899^4		899 1/4	899^7	899^5	899 3/4	900	899^5
Quadruples Espagnols.	867						870	
Napoléons		899^3	899^5	899^4	899^5	899 3/4	900	899^5
Guillaume Hollande. .	899^4	899^9		899^8		899 3/4		899^5
Kronors.	899	899^5		899^4	899^5			
Ducats Hollande. . .		978		»			979	
» Autriche. . .	985	985		986			983	
Cour. et florins Autriche						899 3/4		
Yen japonais	899^4			899^8		899 3/4		
Argentinos				899^4		899 3/4		
Livres Egypte. . . .				873^{59}			873	

(1) Millésime 1880 et 1881 seulement.
(2) Prix d'achat variables.
(3) La Banque de France accepte les pièces de 5 et 10 R° à 899^4.
(4) La Banque compte à ce titre pour les avances.

BANQUE DE FRANCE

BANQUE DE FRANCE

La Banque de France (à Paris seulement) achète et vend les monnaies d'or étrangères et lingots.

Pour de fortes parties, il faut en faire la demande avant midi, si l'on désire que la réponse soit donnée le jour même.

Les monnaies étrangères sont acceptées en sacs de 1.000 pièces, sur présentation d'un bulletin de poids délivré par un des deux essayeurs de la Banque :

Messieurs Morin frères ;

Boé et fils.

Les petites coupures ne sont pas admises. Les lingots d'or doivent être de 6 kilos minimum et de 996 °/₀₀ minimum, sauf entente au préalable, et accompagnés d'un bulletin d'essai et de poids délivré :

1° Par l'un des deux essayeurs de la Banque, qui reste garant auprès de cet établissement. Le coût d'un essai de cette nature est de 0,15 °/₀₀.

2° Un autre essayeur doit fournir un bulletin de contre-essai. Coût : 1 franc par barre.

En 1896, la Banque (ayant constaté que certaines barres d'origine anglaise contenaient du platine ou de l'iridium, ce qui les rendait impropres à la fabrication des monnaies) a modifié comme suit les conditions auxquelles elle accepte les lingots d'or :

Le bulletin d'essai doit mentionner s'il y a ou non du platine ou de l'iridium, et, dans l'affirmative, ils sont toujours refusés et doivent être affinés.

Les lingots acceptés par la Banque doivent être doux, non aigres ou cassants, et ne pas contenir de matières les rendant impropres à l'industrie et au monnayage, comme par exemple : du sélénium, de l'antimoine, de l'arsenic, etc.

AVANCES

La Banque de France avance 95 °/₀ sur les dépôts de pièces d'or au titre indiqué dans le tableau précédent.

Le paiement a lieu le jour même du dépôt, sous déduction des premiers 36 jours d'intérêts, qui lui restent toujours acquis.

Après 36 jours, les intérêts sont perçus sur le nombre exact de jours de dépôt.

Actuellement le taux de ses avances est de 1 °/₀ l'an, pour les lingots et monnaies d'or.

Les retraits peuvent être effectués le jour même de la demande, pourvu que celle-ci soit faite le matin, à la première heure.

Rapport de l'or à l'argent dans le monnayage.

PAYS	UNITÉ	OR FIN contenu dans l'unité	ARGENT FIN contenu dans l'unité	RAPPORT de l'or à l'argent	COURS AUQUEL L'ARGENT PEUT ÊTRE FONDU :		
					à Londres (1)	en fr. par kilog fin (2)	Perte ou prime sur 218.89 (3)
		Grammes :	Grammes :	1 à :			
Autriche	1 krone.	0,304875	4,175	13,691	64,86	251,52	Prime 149 °/oo
Allemagne	1 Mk.	0,358425	4,9995	13,94	67,63	247,09	129
Portugal	1 milreis.	1,6257 1/8	22,916 2/3	14,09	66,94	244,15	116,8
Angleterre	1 £.	7,330 2/3	104,6175	14,271	66	242,75	109
France	1 franc.	0,290322	4,175	14,38	65,60	239,53	93,8
Belgique, Suisse, Roumanie, Grèce, Serbie, Espagne, Italie.	5 francs,	1,45161	22,500	15 1/2	60,88	222,22	15
Argentine	1 peso.	1,45161	22,500	15 1/2	60,83	222,22	15
Turquie	1 Liq.	6,614 2/3	99,828 1/3	15,01	62,83	229,17	48,30
Finlande	1 markaa.	0,29033	4,497076	15,18	60,91	222,50	16,50
Hollande	1 fl.	0,6048	9,450	15 3/8	60,35	220,11	7,10
Etats-Unis	1 S.	1,50462	24,0507	15,99	59	215,34	Perte 13,16
Scandinavie	1 kron.	0,4032	6,75	16,74	56 1/3	205,76	60,50
Egypte	1 £.	7,4375	166 2/3	22,41	42,08	153,70	297,90
Russie	1 R.	0,774192	18	23,256	40,35	143,10	323,50
Chili	1 peso.	0,549177	16,70	30,40	31,02	113,20	482,42
Pérou	1 £ = 10 pesos	7,330 2/3	22,50	30,69	30,72	112,23	487,42
Japon	1 yen.	0,74999 1/4	21,26076	32,84	29,13	106,50	513,61

(1) Cours en pence par once standard (change calculé à 25,221 par £).
(2) Cours en francs correspondant à 3444 fr. 44 pour l'or ou 77 sh./10 1/2 à 25,221.

Parité théorique de la valeur intrinsèque et comparative des monnaies :

Pour l'obtenir, il faut comparer la quantité de métal fin contenue dans deux pièces de pays différents en prenant pour bases leurs poids et titres légaux :

Exemple pour Souverains anglais comparés au Napoléon :

Souverain	Napoléon
Poids légal . . . . . 7.988 gr.	Poids légal 6.4516
Titre légal 916 2/3	Titre légal. 900
Or fin contenu : 7.988 × 916 2|3	Or fin contenu : 6.4516 × 900
= 7.3222	= 5.80644

La proportion s'établit comme suit :

$$5.80644 : 20 :: 7.322 : x$$

ou encore :

$$x \text{ fr.} = 1 \text{ £.}$$
$$£ 1 = 7.3222 \text{ gr. fin.}$$
$$\underline{\text{Gr. fin } 5.80644 = 20 \text{ fr.}}$$
$$x = 25,22 \text{ fr.}$$

RENDEMENT DES NAPOLÉONS EN MARKS OU AUTRES MONNAIES OR

1° *Recherche d'un nombre de Napoléons contenu dans un poids d'or déterminé à 900 millièmes par exemple 500 grammes.*

$$x \text{ pièces pour 500 gr. à 900/1000}$$
$$\underline{\text{Gr. 6.438} = 1 \text{ pièce.}}$$
$$\text{D'où } x = 77.663877 \text{ Napoléons.}$$

2° Ce chiffre connu, nous aurons :

$$x \text{ Mk.} = 1 \text{ Napoléon.}$$
$$\underline{\text{Napoléons } 77.663877 = 1252.10 \text{ Mk.}} \quad \text{Prix payé par la B}^\text{e} \text{ d'Allemagne pour}$$
$$1 \text{ liv. de Napoléons.}$$
$$\text{D'où } x = 16.122 \text{ Mk. Napoléon.}$$

ou

$$x \text{ Mk.} = 20 \text{ fr.}$$
$$\text{Fr. 20} = 6.438 \text{ gr.}$$
$$\text{Gr. 500} = 1252.10 \text{ Mk.}$$

Cette méthode peut s'appliquer à calculer le rendement de toutes autres monnaies d'or étrangères.

EXEMPLE D'UNE VENTE A FORFAIT

Isabellines.

Kil. 26.509 brut d'Isabellines, au titre réel de 898 1/4
Donnent ou équivalent à kil. fin 23.811709
En les vendant à forfait à 897 5/000, elles donnent kil. fin. 23.791827

Après fonte, elles ont produit brut :
Kil. 13.2365 à 898^3 }
— 13.2112 à 898^3 } ensemble kil. fin. 23.783593

(Les morceaux de prise d'essai des lingots ont été gardés par l'essayeur).
Différence fin. 0.008234

La vente à la Banque des deux lingots a produit :
Kil. 13,2365 à 898^2 ou à 3087 fr. 11 le kilo . . . . . . Fr. 40.862 51
— 13,2112 à 898^3 ou à 3087 fr. 45 — . . . . . . » 40.881 51
Bonifié par l'essayeur, différence sur le poids fin des
lingots et le poids fin du forfait :
Kil. 0,008234 à 3.437 fr. . . . . » 28 25
Ensemble. . . . . . . Fr. 81.772 30

Le titre moyen des lingots provenant de la fonte des Isabellines est . . . . 898^{11} fin
tandis qu'elles n'ont été vendues à forfait que. . . . . . 897^5 fin
d'où une différence de 0 75/1000

Mais, par contre, l'essayeur garantit :
1° le poids ;
2° le titre ;
et 3° ne prend aucun frais d'essai, de pesage, de
fonte, etc. Si, comme d'usage, on avait fait fondre
ces pièces au lieu de traiter à forfait, le résultat de
l'opération eût été le suivant :
Kil. 26.509 brut = 23 k. 783593 fin vendus à fr. 3.437 Fr. 81.711 05

à déduire :
Frais de fonte. . . . . Fr. 26 50 }
Essai : 2 lingots. . . . . » 3 » } » 29 80
Pesage . . . . » 0 30 }
Fr. 81.814 25
Plus : Morceaux d'essai gardés par l'essayeur.
gr. 17,96 à 3087,11 . . . . » 55 45
Fr. 81.769 70

Ce qui donne une différence de 2 fr. 60 en faveur de la première
opération.

Recherche du prix auquel on doit vendre le kilogr. d'or monnayé étant donnée la prime que l'on veut se réserver

Exemple pour les Napoléons.

Le poids de la pièce étant 6 gr. 450, pour obtenir un profit de 2 0/00 par exemple, il faut ajouter au capital la prime proportionnelle et diviser cette somme par 6,450.

Ainsi, si l'on vend 20.000 francs, en Napoléons à 2°/₀₀ prime, le kilogr. ressortira à :

$$20.000 + 2\ 0/00 = \text{fr. } 20.040$$

$$\frac{20.040}{6.450} = \text{fr. } 3.106,98 \text{ le kil.}$$

Recherche de la perte sur l'argent, connaissant le prix net de revient du kilogr. fin : fr. 188,89 [*]

Le kilogr. d'argent fin valant nominalement . . . . . . Fr.	218 89
Si on opère à. . . . . »	188 89
Il en résulte nominalement, par kilogr., une perte de. . »	30 »

Si sur 218,89 fr. on perd fr. 30, sur 1000 fr. on

perdra $\dfrac{30 \times 1000}{218\ 89} =$ . . . . fr. 137 05 0/00

VENTE DE PIÈCES PÉROU ET CHILI ARGENT

1° A Paris au poids . . . . 10.000 pièces.
2° A Londres à la pièce . . . . Poids 24 gr. 90.
3° A Londres au poids. . . . . Chèq. Londres 25 fr. 10.

1° *Paris.* Vente de 249 kil. 000 au titre 898 °/₀₀ fin 243 kil. 603 à 27 5/8 et 6 °/₀₀ affinage payés soit le kil. 218 fr. 89 — 517 30 °/₀₀ ou 99,09 par kil. fin . . . fr. 22.157,05

2° *Londres.* 10.000 pièces pesant 8,005 oz 53, à 26 1/2 l'once = £ 883 : 10 : 10, à 25,10. . . . . fr. 22.176,80

3° *Londres.* 10.000 pièces pesan¹ . . . . 8,005 oz 53
Soit sur 900 °/₀₀ oz stand. 7,789,16
A 27 5/8 l'oz stand. . . . . £896 : 11 : 3

Affinage, 3/8ᵈ par oz	£ 12 : 3 : 9		
Fonte, 12/6 par 1.000 oz . .	R.		£ 19 : 10 : 9
Essai, 0 : 1 : 6 par barre . .	0 : 12		
(8 barres)			
2 °/₀₀ perte sur titre 900 °/₀₀.	1 : 15		

£877 : 0 : 6

Soit à 25,10 . . . . fr. 22.157,05

---

* Avant 1901 l'argent fin était coté à Paris en tant pour mille de perte sur le prix de 218 fr. 89 par kilogr. fin.

Monnaies or (1)

PAYS	NOMS	TITRE d'achat à Paris	PRIX au kilo au titre d'achat	POIDS MOYENS	Prix de la pièce d'après le poids moyen
Allemagne	20 marks.	899⁵	3.091,58	7,95	24,50
—	1 krone.	899⁵	3.091,58	11,07	34,223
Angleterre	Souverain.	916	3.148,24	',96	25,060
Argentine (République)	5 S.	899⁵	3.091,58	8,06	24,918
Autriche	Ducat.	986	3.388,88	3,468	11,752
—	20 kronors.	899⁵	3.091,58	6,75	20,868
Brésil	20 milreis.	914	3.141,41	17,90	56,231
Chili	10 S condor Chili.	898	3.086,42	15,23	47
—	5 S écu.	916	3.148,29	2,991	9,116
Colombie	20 et 10 S Bogota Medellin	899	3.089,86	32,25	99,617
—	(Popayan).	887⁵	3.051,36	32,25	98,40
—	20 S après 1854.	899	3.089,86	32,75	101,192
Costa-Rica	Demi-Once.	853	2.931,76	13,478	39,514
—	10 S.	853	2.931,76	14,733	43,193
—	20 Colones.	899	3.089,86	15,60	48,20
Egypte	Livre (1855-1885).	874	3.003,93	8,501	25,515
—	1885 et après.	874	3.003,93	8,15	25,383
Equateur	Condor 10 sucres.	899	3.089,86	8,10	25,027
Espagne	1/4 d'Ot.	870	2.990,19	6,73	20,123
—	20 pesetas (Alp. XIII)	899⁵	3.091,58	6,44	19,909
—	25 — (Alp. XII)	896	3.079,55	8,06	24,820
—	Isabelle.	898	3.086,42	8,368	25,82?
—	Onces : Espagne, Mexique et États du Sud-Amérique.	870	2.990,19	26,95	86,585
États-Unis	20 dollars.	899⁴	3.091,23	33,40	103,218
Finlande	20 markaa.	899	3.089,86	6,445	19,914
Indes anglaises	Mohur (15 roupies).	916	3.148,29	11,6327	36,623
Japon	20 Yen.	899⁴	3.091,23	33,274	102,857
Mexique	20 S.	870	2.990,19	33,829	101,128
Nouvelle-Grenade	10 S 1855.	899	3.089,86	16,35	50,519
—	10 S 1860.	899	3.089,86	16,10	49,746
—	Onces.	897	3.082,99	26,95	83,086
Pays-Bas	Ducat.	978	3.361,38	3,468	11,657
—	10 florins.	899⁵	3.091,58	6,712	20,750
Pérou (Guatémala, Chili, Bolivie, Vénézuéla)	20 S.	899	3.089,86	32,25	99,618
—	Livre (10 S).	916	3.148,21	7,96	25,060
Perse	2 tomans 1870.	899⁵	3.091,58	5,75	17,776
Portugal	10 milreis.	914	3.141,41	17,65	55,115
Russie	Demi-Impériale (ancienne).	916	3.148,29	6,538	20,583
—	Demi-Impériale (nouvelle).	899⁵	3.031,58	6,11	19,969
Suède et Norwège	Ducat.	897	3.082,98	4,47	13,780
—	20 kronors.	899	3.089,86	8,95	27,655
Tunisie	100 S ancienne.	892	3.065,80	19,42	59,537
Turquie	Livre.	915	3.141,85	7,207	22,664
Vénézuéla	20 bolivars.	899	3.089,86	6,11	19,898
—	100 bolivars (1888).	899	3.089,86	32,25	99,617

(1) Les prix indiqués ci-dessus sont chiffrés sur 3.137 fr. par kilog. d'or fin.

Monnaies argent

PAYS	PIÈCES	TITRE D'ACHAT à Paris	POIDS MOYEN	VALEUR PAR PIÈCES calculée à 100 francs le kilog. fin
Allemagne	1 thaler	898	18,45	1,636
—	1 mark	898	5,50	0,191
Angleterre	1 schilling	920	5,3116	0,191
Argentine (République)	1 S	898	24,96	2,211
Autriche	1 florin	898	12,301	1,104
—	1 talari	832	28,10	2,338
—	5 couronnes	898	23,98	2,153
—	1 krone	832	4,08	0,414
Bolivie.	1/2 S avec arbre	665	12,45	0,828
Brésil	2000 reis avant 1867	914	25,16	2,327
—	2000 reis après 1867	894	24,93	2,232
—	2000 reis 1889-90	914	24,93	2,280
—	500 et 200 reis	832	2,30	1,913
Chili.	$ Pérou-Bolivie-Guatem États Amérique du Sud	898	24,93	2,240
Colombie.	1/2 S et fractions	830	12,15	1,033
Égypte.	20 S et au-dessous	830	27,85	2,311
Espagne	5 pesetas Alphonse	896	24,90	2,235
—	5 pesetas Isabelline	898	24,90	2,236
—	5 pesetas Ferdinand VII 1762-74	900	26,93	2,125
États-Unis	1 S	898	26,65	2,393
Éthiopie	1 talari	832	28,10	2,338
Finlande	1 markkaa	865	5,15	0,145
Indes anglaises . . .	1 roupie	916	11,632	1,065
Indo-Chine	1 S	898	27,15	2,138
Japon	1 yen	900	26,85	2,416
—	1/2 yen	800	12,15	0,996
Mexique	1 S	898	27 .	2,421
Pays-Bas.	1 florin	940	9,92	0,932
Portugal	500 reis après 1851	914	12,45	1,137
Russie	1 rouble ancien	868	20,50	1,779
—	1 rouble nouveau	898	19,96	1,792
Sicile	1 écu	840	27,39	2,273
Suède	1 kronor	798	7,40	0,590
Turquie	1 medjidie	828	24,027	1,989

Pièces fausses.

L'ordonnance royale de 1818 limite aux Comptables publics seuls le cisaillement des pièces de monnaie de fausse fabrique.

On ne peut donc cisailler une pièce jugée fausse surtout une pièce étrangère, *qu'avec le consentement de celui* qui l'a présentée.

Si ce consentement était refusé et que l'on soupçonne le porteur de vouloir faire de sa pièce un mauvais usage, rien ne s'oppose, au contraire, à ce qu'on signale le fait à l'autorité judiciaire.

Coût de frappe à la Monnaie de Paris.

La Monnaie à Paris perçoit, par kilogramme, pour la frappe des monnaies françaises et étrangères :

Fr. 6,70 pour l'or, pièces de 20, 10 et 5 francs.
    4,50 pour l'argent pièces de 5 francs.
    4,75   —   — de 2   —
    2,20   —   — de 1   —
    2,85   —   — de 0,50 centimes.
    4,20   —   — de 0,20   —
    0,92 pour le billon — de 0,10   —
    4,32   —   — de 0,05   —
    2,24   —   — de 0,02   —
    3,00   —   — de 0,01   —

Exportations de Paris

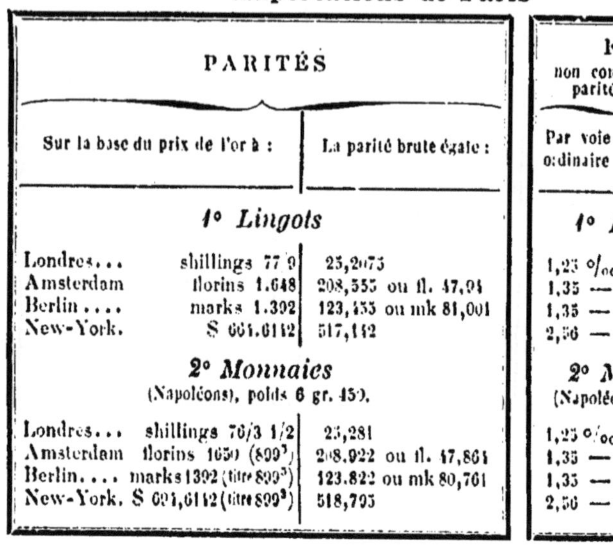

| PARITÉS | | FRAIS
non compris dans les parités ci-contre : | |
Sur la base du prix de l'or à :	La parité brute égale :	Par voie ordinaire	Par colis postal
1° Lingots		**1° Lingots.**	
Londres... shillings 77 9	25,2075	1,25 %₀	•
Amsterdam florins 1.648	208,555 ou fl. 47,04	1,35 —	0,28 2/3 %₀
Berlin.... marks 1.392	123,455 ou mk 81,001	1,35 —	0,23 1/3 %₀
New-York. $ 001.6142	517,142	2,56 —	•
2° Monnaies (Napoléons), poids 6 gr. 450.		**2° Monnaies** (Napoléons). 6 gr. 450	
Londres... shillings 76/3 1/2	25,281	1,25 %₀	•
Amsterdam florins 1650 (899³)	208.922 ou fl. 47,864	1,35 —	0,28 2/3 %₀
Berlin.... marks 1392 (titre 899³)	123.822 ou mk 80,761	1,35 —	0,23 1/3 %₀
New-York. $ 001,6142 (titre 899³)	518,793	2,56 —	•

Importations à Paris

PARITÉS			FRAIS non compris dans les parités ci-contre :	
Pour les monnaies suivantes, sur les poids et titres indiqués :		La parité brute égale :	Par voie ordinaire	Par colis postal
Angleterre, Souverains	7,988	916	25,1185	1,25 °/oo	⸱
Hollande, florins....	6,72	899³	207,757 ou fl. 48,13	1,35 —	0,28 2/3
Allemagne, marks..	7,905	899³	123.122 ou mk 81,22	1,35 —	0,23 1/3
États-Unis, aigles...	1,67	899³	516.291	2,56 —	⸱

Nota. — Dans les calculs ci-dessus il n'est pas tenu compte de la perte d'intérêts.

SOLUTION POUR ESSAIS AU TOUCHEAU

Pour obtenir la liqueur nécessaire à essayer l'or avec le toucheau, il faut prendre pour le :

900 millièmes.

Gr.   88,15   d'acide azotique à 40 degrés $\Big\rangle$
—   1,80   — chlorhydrique . . . $\Big\}$ Méthode américaine.
—   10.05   d'eau distillée. . . . . . . $\Big\rangle$
$\overline{100}$

900 millièmes.

Acide azotique à 40°.   800
— chlorhydrique.   100
Eau distillée   300

750 millièmes.

Acide azotique à 40°.   800
— chlorhydrique.   10
Eau distillée   300

500 millièmes.

Acide azotique à 40°   800
— chlorhydrique.   10
Eau distillée.   400

SOLUTION POUR ESSAI D'ARGENT A TOUS LES TITRES

Pour obtenir la liqueur nécessaire, il faut prendre :

Gr.　4.66 nitrate d'argent.
—　　2.39 acide nitrique à 40 degrés.
—　92.95 eau distillée.

Gr. 100　»

Plus la teinte deviendra foncée moins l'argent sera pur.

ORFÈVRERIE OR (FRANCE)

Tolérance : 3 millièmes.
A 750 millièmes (titre) : par kilog au pair, fr. 2577.75.

		Valeur approximative.	
Boîtiers de montres.	environ fr.	2.50	le gramme.
— de tabatières.	—	—	—
Vieux Paris.	—	2.80	—
Or plein.	—	2.43	—
— creux.	—	2.35	—
Jaseron.	—	2.32	—

ORFÈVRERIE ARGENT (FRANCE)

Tolérance : 5 millièmes.
Premier titre. . . . . 950 millièmes.
Deuxième —. . . . . 800　—
Pour les menus objets, la tolérance atteint jusque 20 %₀.

BIJOUTERIE ET ORFÉVRERIE (FRANCE)

Titres or.

1er titre, marqué 1, titre 920 millièmes
2e — — 2, — 840 — 　} tolérance : 3 millièmes.
3e — — 3, — 750 —

Médailles, jetons à pans et à virole, pièces de
mariage. . . . . 919 millièmes.
Ouvrages au 1er titre, depuis la loi du 10 brumaire an IV. . . . . 917　—

Vaisselle d'or marquée de 3 anciens poinçons de
   Paris.. . . . . 906 —
Ouvrages d'or au 2ᵉ titre, marqués depuis la loi
   du 19 brumaire an VI. . . . . 837 —
Bijoux marqués de 3 poinçons anciens de Paris
   avant la loi du 19 brumaire an VI. . . . . 750 —
Ouvrages d'or au 3ᵉ titre, loi du 19 brumaire an VI. 747 —

Titres argent.

1ᵉʳ titre, marqué 1,   titre 950 millièmes)
1ᵉʳ —   — 1, au coq 916   —   } tolérance : 5 millièmes.
2ᵉ —   — 2, titre 800   —)
Jetons de France. . . . . 953 millièmes.
Argenterie poinçons de Paris, plate, non soudée,
   marquée avant la loi du 19 brumaire an VI. 950 —
Pièces de mariage. . . . . 947 —
Médailles et jetons frappés à Paris, à viroles,
   marqués sur tranche d'une lampe antique ou
   d'une main indicatrice. . . . . 947 —
Vaisselle plate, non soudée, marquée depuis la loi
   du 19 brumaire an VI. . . . . 947 —
Vaisselle montée et soudée, marquée des poinçons
   de Paris avant cette loi. . . . . 941 —
Vaisselle montée de Paris, marquée depuis cette loi. 937 —
Vaisselle plate des départements, non soudée,
   marquée avant la loi du 19 brumaire an VI. . 937 —
Vaisselle plate, soudée et montée, des départements, marquée avant la susdite loi. . . . . 930 —
Argenterie, depuis la loi du 19 brumaire an VI,
   2ᵉ titre. . . . . 797 —
Argenterie, marquée d'un aigle, de la lettre A
   surmontée d'une croix. . . . . 789 —

Le *contrôle* coûte pour les bijoux d'or. . . fr. 0,375 par gramme.
   —   pour les bijoux d'argent. fr. 0,02   —

La *Monnaie de Paris* achète au titre indiqué les pièces et
objets désignés dans la nomenclature ci-dessus.

De plus elle est acheteur, à des prix variables, des monnaies
argent :

France. . . .   0 fr. 20, 0 fr. 25 et 0 fr. 50 antérieures à 1864.
— . . . .   1 fr. et 2 fr. antérieures à 1866.
Pièces divisionnaires pontificales, effigie Pie IX :
De 1846 à 1850.
De 1851 à 1864.
De 1865 à 1870.

ANGLETERRE

Marques des ouvrages d'or contrôlés par :
Le Bureau des Orfèvres : une tête de léopard.
Les Essayeurs de Dublin : une harpe.
—   d'Édimbourg : un chardon.
—   de Newcastle : trois châteaux.
—   de Sheffield : une couronne.
—   de Birmingham : une ancre.
Tous les ouvrages sont soumis à certains droits, ils portent la tête du souverain lorsque ces droits sont acquittés.

Titres.

	Titres réels.
Ouvrages d'or marqués d'une couronne et du n° 18 (18 carats).	748 millièmes.
Vaisselle d'or au 1er titre.	915 —
Vaisselle d'argent.	923 —

ALLEMAGNE — ITALIE
Argent.

Argenterie d'Allemagne, marquée d'une scie. .	762 millièmes.
Couverts de Rome, poinçon et clef en sautoir. .	826 —

PRODUIT DES ESSAIS DE BIJOUTERIE OR

Broutilles :
Or.   692,7
Argent.   132
Morceaux entiers, grandes pièces, chaînes, bracelets, etc. :
Or.   717,5
Argent.   104
Boîtiers, alliances :
Or.   725,5
Argent.   123

Diamants.

Le carat se divise en 4 grains.

Le grain — moitiés, quarts, etc.

Le poids du carat est :

En Arabie.	décigrammes	2,546
A Venise..	—	2,070
A Wien.	—	2,061
En Allemagne.		2,055
A Amsterdam	—	2,051
En Russie.	—	2,051
En Espagne.	—	1,999
En Italie..	—	1,965
Au Brésil.	—	1,922
En France.	—	2,059

Les diamants bruts sont estimés environ 48 francs le carat. Pour trouver la valeur d'un diamant brut, on multiplie le prix du carat par le carré du poids.

Ainsi un diamant brut pesant 5 carats aura une valeur de :

$$48 \times 5^2 = 1.200 \text{ francs.}$$

Les diamants taillés sont censés avoir perdu la moitié de leur poids, leur valeur égale donc le carré du double de leur poids multiplié par le prix du carat.

Exemple, pour un diamant de 2 1/2 carats du prix de 48 francs :

$$(2\ 1/2 \times 2)^2 \times 48 = 1.200 \text{ francs.}$$

Heures des principaux points du Réseau télégraphique du Globe quand il est midi à Paris.

EN EUROPE					
Athènes . . .	1 h. 26 s.	Constantinople	1 47 s.	Stockholm . .	1 03 s.
Belgrade. . .	1 13 s.	Gibraltar. . .	11 29 m.	Stuttgart. . .	12 27 m.
Berlin . . .	12 44 m.	La Haye. . .	12 08 m.	Vienne. . . .	12 56 m.
Berne	12 20 m.	Lisbonne. . .	11 14 m.		
Bruxelles. .	12 08 m.	Londres . .	11 51 m.	EN ASIE	
Bucarest . . .	1 35 s.	Madrid. . . .	11 36 m.	Aden	2 51 s.
Christiania . .	12 34 m.	Munich . . .	12 37 m.	Bagdad. . . .	2 48 s.
Copenhague. .	12 41 m.	Rome	12 40 m.	Bombay . . .	4 42 s.
		St-Pétersbourg	1 52 s.	Calcutta . . .	5 44 s.

EN ASIE (suite)

Canton. . . .	7 h.	22 s.
Hong-Kong . .	7	27 s.
Madras. . . .	3	12 s.
Manille. . . .	7	52 s.
Nangasaki . .	8	30 s.
Pondichéry . .	5	10 s.
Pékin	7	33 s.
Saïgon	6	57 s.
Shanghaï . . .	7	57 s.
Singapore. . .	6	45 s.
Téhéran . . .	3	16 s.
Vladiwostoc. .	8	35 s.
Yedo.	9	10 s.

EN AFRIQUE

Aden	2 h.	47 s.
Alexandrie . .	1	50 s.
Alger	12	23 m.
Le Caire . . .	1	56 s.
Mozambique . .	2	30 s.
Prétoria . . .	1 h.	7 s.
Suez.	2	01 s.
Tananarive . .	3	» s.
Tripoli	12	40 m.
Tunis	12	31 m.

EN AMÉRIQUE

Ascension. . .	8 h.	02 m.
Bahia	9	17 m.
Baltimore. . .	6	44 m.
Bogota	6	52 m.
Boston	7	06 m.
Buenos-Ayres .	7	57 m.
Caracas . . .	7	24 m.
Galveston . .	5	30 m.
Guatemala . .	5	48 m.
La Havane . .	6	20 m.
Lima	6	45 m.
Managua. . .	6	10 m.
Mexico. . . .	5	15 m.
Montevidéo . .	8	06 m.
Montréal . . .	6 h.	53 m.
New-Orléans .	5	50 m.
New-York . .	6	55 m.
Panama . . .	6	36 m.
Pernambuco. .	9	31 m.
Porto Rico . .	7	26 m.
Quito	6	39 m.
Rio de Janeiro.	8	58 m.
San-Francisco.	3	44 m.
Santiago (Argentine). . .	7	10 m.
Valparaiso . .	7	5 m.
Washington. .	6	43 m.

EN OCÉANIE

Auckland. . .	11 h.	30 s.
Batavia. . . .	6	53 s.
Melbourne . .	9	31 s.
Padang . . .	6	32 s.
Sydney . . .	9	56 s.

FINLANDE

L'expédition en Finlande de la monnaie en mauvais état est interdite, par contre celle en bon état peut être importée ; mais comme les tarifs de douane n'indiquent pas la monnaie comme marchandise libre en douane, il est à craindre qu'un envoi de monnaies soit taxé comme or ou argent ouvragé, matières qui payent des droits de douane élevés.

GIBRALTAR

La monnaie espagnole, qui avait seule cours légal dans la colonie, est remplacée, depuis le 1er octobre 1898, par la monnaie anglaise.

GRÈCE

Frais de transport

Pour or de *Trieste à Athènes :*

Par le Lloyd hongrois	2 °/₀₀
(avec réduction pour des sommes importantes)	
Assurance	1 °/₀₀

De *Marseille au Pirée :*

Par la Compagnie Fraissinet	1/4 °/₀
Par les Messageries Maritimes, jusqu'à 25.000 fr.	1/2 °/₀
— — de 25.000 à 150.000 fr..	1/4 °/₀
— — au-dessus de 150.000 fr..	1/5 °/₀

De *Marseille à La Canée*, envoi de 20.000 fr. en or.

Fret	1/2 °/₀
Assurance	3/4 °/₀₀

Changes

A Corfou, les affaires de change se traitent, pour:
Le Londres, à 3 mois et à vue.
Le Paris, à vue.

Athènes : Cote des Changes

Paris.	vue	100 francs	=	163	Drachmes.
—	3 mois	—	=	164	—
Londres . . .	vue	1 £	=	41,10	—
—	3 mois	—	=	40,95	—
Hambourg . .	vue	100 marks	=	201	—
— . .	3 mois	—	=	199	—
Amsterdam . .	3 mois	100 florins	=	335	—
Autriche . . .	vue	100 couronnes	=	169	—
— . . .	3 mois	—	=	168	—

PARITÉS

Paris (cours à vue) :

x fr. $=$ 100 drach.	x drach. $=$ 100 fr.
Drach. 163 $=$ 100 fr.	Fr. 61.349 $=$ 100 drach.
$x = 61.349.$	$x = 163.$

Londres (cours à vue) :

x fr. $=$ 1 £.	x drach. $=$ 1 £.
£ 1 $=$ 41.10 drach.	£ 1 $=$ 25.214 fr.
Drach. 163 $=$ 100 fr.	Fr. 100 $=$ 163 drach.
$x = 25.214.$	$x = 41.10.$

Hambourg (cours à vue) :

x fr. $=$ 100 Mk.	x drach. $=$ 100 Mk.
Mk. 100 $=$ 201 drach.	Mk. 100 $=$ 123.31 fr.
Drach. 163 $=$ 100 fr.	Fr. 100 $=$ 163 drach.
$x = 123.31.$	$x = 201.$

Amsterdam (cours à 3 mois) intérêts au taux hollandais :

x fr. $=$ 100 fl.	x drach. $=$ 100 fl.
Fl. 100 $=$ 338.35 drach. (335 $+$ 90 j.	Fl. 100 $=$ 207.576 fr.
Drach. 163 $=$ 100 fr. à 4 %)	Fr. 100 $=$ 163 drach.
$x = 207.576.$	$x = 338.35.$

Autriche (cours à vue) :

x fr. $=$ 100 cour.	x drach. $=$ 100 cour.
Cour. 100 $=$ 169 drach.	Cour. 100 $=$ fr. 103.68
Drach. 163 $=$ 100 fr.	Fr. 100 $=$ 163 drach.
$x = 103.680.$	$x = 169.$

Calcul des intérêts : mois de 30 jours.
année 360 jours.

Le délai de prescription, pour les coupons et les titres, est de 5 années à partir de l'échéance ou du tirage.

GUATEMALA

L'unité monétaire est le peso, pièce d'argent du poids de 25 grammes au titre de 900 °/oo.

Actuellement, le papier a cours forcé et l'argent n'est plus considéré que comme une marchandise.

Cote des changes (novembre 1901)

Hambourg	90 jours de vue	552 pesos	=	Mk. 400
Londres	90 jours de vue	570 —	=	£ 20
Paris.	Vue	573 —	=	fr. 500
—	90 jours de vue	565 —	=	fr. 500
New-York et San Francisco	Vue	593 —	=	dollars 100
—	60 jours de vue	586 —	=	dollars 100
Madrid	»	378 —	=	pesetas 500
Gênes, Naples.	»	558 —	=	lire 500
		Pesos papier :		
Soles	163-66	100 + 163	=	soles arg. 100

Dans diverses cotes, les cours sont exprimés en tant pour cent de prime sur les bases fixes suivantes :

£.	1	=	5 pesos.
Fr.	5	=	1 —
Mk.	4	=	1 —
Pesetas	5	=	1 —
$	1	=	1 —

HAÏTI (RÉPUBLIQUE)

Les changes se cotent en tant pour cent de prime sur les bases suivantes :

100 gourdes pour.	Dollars 100
48 —	. . . . . .	£ 10
3 —	. . . . .	Fr. 16
3 —	. . . . .	Mk 12.60

Moyenne des changes sur France pendant les années :

1896.	39 % de prime.
1897.	73 3/4 % —
1898.	144 1/2 % —
1899.	180 % —
1900.	93 % —
1901.	105 %

Durant l'année 1899 la difficulté de se procurer des traites et la hausse du change ont amené une forte exportation d'argent et d'or américain, diminuant la circulation monétaire qui était évaluée à fin 1899 à :

Or américain.	1.000.000 gourdes.
Gourdes argent.	2.500.000 —

Changes contre or en décembre 1900 :

France, 90 jours de vue.	1 % de perte.
Chèque Paris.	2 1/2 à 3 % prime.
New-York	1/2 % d'escompte.

Système monétaire

Par décret du 21 décembre 1897, le papier-monnaie émis en vertu de la loi du 19 septembre 1892, les pièces métalliques d'une gourde (1881-1895) et de cinquante centimes seront, au moyen du produit d'un emprunt, remboursés en or à 50 % de prime.

En conséquence, il sera compté : soixante-six centièmes 2/3 (0.66 2/3) de $ or pour chaque gourde à échanger.

L'échange des billets de banque et de la monnaie métallique devra être terminé dans le délai d'une année au plus tard, à partir de la réalisation de l'emprunt.

Les pièces nationales d'argent d'une gourde et de 50 centimes seront converties en de nouvelles pièces nationales de 50, 25 et 10 centimes.

Ces monnaies seront frappées au titre de 835 millièmes d'argent fin, avec les mêmes poids, tolérance et diamètre que les pièces métalliques de même valeur des États-Unis d'Amérique.

Ensuite on procédera au retrait, à 50 % de prime, des pièces métalliques de 20 et 10 centimes actuellement en circulation.

Dès que le retrait du papier-monnaie et de la monnaie nationale d'argent sera opéré, la monnaie d'or des États-Unis d'Amérique aura cours *légal* dans la République et tous les droits de douane et autres revenus de l'État seront perçus en cette monnaie.

Les nouvelles pièces métalliques de 50, 25 et 10 centimes seront reçues comme monnaie d'appoint, jusqu'à concurrence de 5 gourdes par paiement et la monnaie de bronze jusqu'à 50 centimes.

Il est cependant fait obligation au Gouvernement d'accepter le paiement de 10 % des droits d'importation en monnaie divisionnaire de 50, 25 et 10 centimes.

Décompte simulé d'un envoi de $ 6,000 or de Paris à Port-au-Prince :

$ 6,000 or à 517 1/2	=	fr. 31.050
Fret 1 % sur fr. 31.000	=	310
Prime sur fret 10 %.	=	31
Commission de transit 1 %₀.	=	31,05
Connaissement, statistique et menus frais. . . .	=	5
Emballage et transport à la Compagnie.	=	6
Assurance 2 %₀ sur fr. 31.700.	=	63.40
		fr. 31.496,45

HAWAÏ

Il n'a pas été frappé de monnaies or par le Gouvernement hawaïen ; celles des États-Unis ont cours légal.

Les pièces d'argent locales sont de $ 0,10, 0,25, 0,50 et 1, de mêmes poids et titre que celles des États-Unis, qui ont également ment cours.

La prime sur l'or est de 1/2 à 3/4 %.

HOLLANDE

AMSTERDAM

Frais de transport et d'assurance

Transport de l'or et de l'argent de Paris à Amsterdam. 0,95 %%

D'Amsterdam à Paris : transport, emballage, assurance,
menus frais compris . . . . 1,01 %%

Transport *d'Amsterdam à Brême.* . . . . 0,20 %%

—   —   *à Londres* (via Rotterdam). 1/8 %

—   —   *en Allemagne.* . . . . 8/10 %%

—   —   *à New-York.* . . . . 1/8 %

Soit par million de francs. . . . . . . fret 1.250

Emballage. . . . . — 50

1/20 % commission. . . . . — 500

1/20 % courtage de la couverture. . . — 500 ou 2,30 %%

L'assurance d'Amsterdam à New-York, faite à Paris,
est de. . . . . 1 3/8 %%

L'assurance d'Amsterdam à Brême est de. . . . . . . 1/5 %%

Par colis postaux, *de Paris à Amsterdam.* . . . . . . 3/10 %%

Les départs pour New-York ont lieu d'Amsterdam et de
Rotterdam. Pour le cas où l'envoi devrait prendre le bateau de
Rotterdam, la Compagnie de navigation Néerlandaise-Américaine
prendrait à sa charge le fret d'Amsterdam à Rotterdam ; celui-ci
se trouverait donc compris dans le fret de 1/8 % d'Amsterdam à
New-York.

Les envois d'or entre Brême et Amsterdam ne se font généralement que par chemin de fer.

La manière la plus avantageuse d'expédier est par les messageries « Von gend Loas sons », déclaration de 5 % de la valeur
effective, en assurant la valeur totale.

Les expéditions pour Paris doivent être remises aux Messageries à 1 heure pour partir à 2 heures.

———————

TRANSPORT DES VALEURS ACCOMPAGNÉES

Envois d'or de Paris-Nord à Amsterdam :

Réseau français.	7,37	par 10 kilos.
— belge et hollandais. .	4.83	—
Total. . . .	12,20	—

Au-dessous de 700 kilos le transport s'effectue dans un compar-timent de 2ᵉ classe et il faut acquitter le prix d'une place.

Au-dessus de 700 kilos le transport se fait dans un fourgon et le tarif au poids seul est appliqué.

Prévenir, autant que possible, la veille ou l'avant-veille de l'expédition.

Changes

Paris. . . .	fr. 100	Fl. holl. 48, »	Fl. holl.	47,35	2 mois.	
France. . .	— 100	— 47,75	—	47,35	2	—
Belgique. .	— 100	— 47,70	—	47,15	3	—
Suisse . . .	— 100	— 47,70	—	47,15	3	—
Espagne. . .	pesetas 500	— —	—	185 »	3 mois seules.	
Portugal . .	milreis 100	— —	—	180 »	3 mois.	
Italie. . . .	lire 100	— · —	—	44 »	3	—
Pétersbourg	R. 100	— —	—	124 »	3	—
Vienne. . . couronnes 200	— —	—	98,75	3	—	
Autriche. .	— 200	— —	—	98,25	3	—
Allemagne .	Mk. 100	— 59,25	—	58,45	3	—
Hambourg..	— 100	— 59,25	—	58,45	3	—
Londres. . .	£ 1	— 12,09 1/2	—	12 »	2	—

Pour le calcul des intérêts on compte l'année à 360 jours, les mois pour leur nombre exact de jours.

TABLE DE PARITÉS

Paris à Amsterdam

COURS A VUE	PARITÉ	COURS A VUE	PARITÉ
47,50	210,52	47,83 3/4	209,04
51 1/4	210,46	85	208,98
52 1/2	210,41	86 1/4	208,93
53 3/4	210,36	87 1/2	208,87
55	210,30	88 3/4	208,82
56 1/4	210,24	47,90	208,76
57 1/2	210,19	91 1/4	208,71
58 3/4	210,13	92 1/2	208,65
47,60	210,08	93 3/4	208,60
61 1/4	210,02	95	208,55
62 1/2	209,97	96 1/4	208,49
63 3/4	209,91	97 1/2	208,44
65	209,86	98 3/4	208,38
66 1/4	209,80	48	208,1/3
67 1/2	209,75	01 1/4	208,27
68 3/4	209,69	02 1/2	208,22
47,70	209,64	03 3/4	208,16
71 1/4	209,58	05	208,11
72 1/2	209,53	06 1/4	208,05
73 3/4	209,47	07 1/2	208,00
75	209,42	08 3/4	207,95
76 1/4	209,36	48,10	207,90
77 1/2	209,31	11 1/4	207,84
78 3/4	209,26	12 1/2	207,79
47,80	209,20	13 3/4	207,73
81 1/4	209,15	15	207,68
82 1/2	209,09	16 1/4	207,63
		17 1/2	207,57
		18 3/4	207,52
		48,20	207,46

PARITÉS (ramenées à vue) :

Paris (cours à vue) (Voir ci-dessus) :

x fr. = 100 fl.
Fl. 48 = 100 fr.

$$x = 208\ 1/3.$$

x fl. = 100 fr.
fr. 208 1/3 = 100 fl.

$$x = 48.$$

Belgique (cours à vue) et *Suisse* (cours à vue) :
Conjointes comme Paris.

Espagne (cours à 3 mois, intérêts au taux Banque Espagnol) :

x fr. = 500 pesetas.	x fl. = 500 p^{as}.
P^{as} 500 = 187.775 fl. (185 + 3 mois	P^{as} 500 = 391.19 fr.
Fl. 48 = 100 fr. (à 6 %)	Fr. 100 = 48 fl.
x = 391.19.	x = 187.775.

Portugal (cours à 3 mois, intérêts au taux Banque Portugais) :

x fr. = 100 milreis.	x fl. = 100 milreis.
Milreis 100 = 182.70 fl. (180 + 3	Milreis 100 = 380 5/8 fr.
Fl. 48 = 100 fr. [mois à 6 %.)	Fr. 100 = 48 fl.
x = 380 5/8.	x = 182.70.

Italie (cours à 3 mois, intérêts au taux Banque Italien) :

x fr. = 100 lire.	x fl. = 100 lire.
Lire 100 = 44.55 fl. (44 + 3 mois à	Lire 100 = 92.81 1/4 fr.
Fl. 48 = 100 fr. [5 %.)	Fr. 100 = 48 fl.
x = 92.81 1/4.	x = 44.55.

Vienne (cours à 3 mois, intérêts au taux Banque Autrichien) :

x fr. = 100 cour.	x fl. = 200 cour.
Cour. 200 = 100.23 1/8 fl. (98,75 +	Cour. 100 = 104.407 fr.
Fl. 48 = 100 fr. [3 mois à 6 %.)	Fr. 100 = 48 fl.
x = 104.407.	x = 100.23.

Allemagne (cours à vue) :

x fr. = 100 marks.	x fl. = 100 marks.
Mk. 100 = 59.25 fl.	Mk. 100 = 123.43 3/4 fr.
Fl. 48 = 100 fr.	Fr. 100 = 48 fl.
x = 123.43 3/4.	x = 59.25.

Londres :

x fr. = 1 £.	x fl. = 1 £.
£ 1 = 12.095 fl.	£ 1 = 25.197 fr.
Fl. 48 = 100 fr.	Fr. 100 = 48 fl.
x = 25.197.	x = 12.095.

La Banque Néerlandaise à Amsterdam délivre des accréditifs sur les places suivantes :

Alkmaar.	La Haye.	Maestricht.	Utrecht.
Almelo.	Groningen.	Meppel.	Zwolle.
Arnhem.	Bois-le-Duc.	Middelburg.	
Dordrecht.	Leuwarden.	Nijmegen.	
Enschede.	Leiden.	Tilburg.	

On paie à la Banque fl. 0.35 par accréditif plus frais de port et recommandation, soit fl. 0.50.

Lingots

Les lingots de provenance étrangère doivent être refondus, sauf ceux portant l'estampille des maisons suivantes qui sont seulement réessayés :

Paris : MM. Morin frères.
— T. Boé et fils.
Londres : N. M. Rothschild et Sons.
— Johnson Matthey et C°.
Bruxelles : J. Allard.
Hambourg : Norddeutsche affinerie.
New-York : United states Government Assay office.

Le titre, pour les lingots d'or vendus à la Banque Néerlandaise, ne peut être inférieur à 900 millièmes.

Les frais de pesage sont de fl. 0,05 par kilogramme ;

Les frais d'essai sont de fl. 2 par barre au-dessous de 6 kilos 1/2 et fl. 4 par barre au-dessus de 6 kilos 1/2 ;

Les frais d'affinage sont de fl. 0,60 par kilo.

Les frais de refonte sont de fl. 0,70 par kilo.

Les lingots et monnaies sont achetés presque exclusivement à la Banque Néerlandaise.

Les intermédiaires prennent un courtage pour l'achat ou la vente.

Les lingots provenant d'Amsterdam donnent un titre généralement supérieur au titre français, l'inverse se produit en conséquence pour ceux de provenance française vendus à Amsterdam.

Le poids des lingots acceptés par la Banque Néerlandaise ne doit pas être inférieur à 6 kilos, ni supérieur à 7 kilos ; au-dessus et au-dessous de cette limite, les lingots doivent être refondus.

Exceptionnellement, la Banque Néerlandaise a déjà accepté des barres de 4 1/2 kilos et des barres américaines pesant jusque 13 kilos.

OR EN BARRES

x fr. $=$ 1 kilo fin.	x fr. $=$ 100 fl.
Kilo fin 1 $=$ 1.618 fl. (cours).	Fl. 1.618 $=$ 1 kilo fin.
Fl. 100 $=$ 210 fr. à vue.	Kilo fin 1 $=$ 3.437 fr. à Paris (au pair)

Envoi de lingots or d'Amsterdam à New-York, d'ordre de Paris :

Cours des dollars à vue à Paris.	fr.	523,65
Cours des florins à vue à Paris.		208,25
Prix du kilog. d'or fin à Amsterdam.	fl.	1.658

Recherche du résultat en francs de la vente à New-York :

x fr.	$=$	1.000 gr. fin.
Gr. fin 31,1035	$=$	1 oz fin.
Oz fin 9	$=$	10 oz à 900.
Oz à 900 43	$=$	900 $ fixe.
$ 100	$=$	523,65 fr.

$x = 3.480,25$ 3.480,25

Frais :

Fret 1/8 °/o.	1,25	
Assurance 1/8 °/o.	1,25	
Commission 1/16 °/o	0,625	
Emballage	0,05	
Différence approximative sur le titre	0,50	
Perte d'intérêts :		
20 jours, soit à 3 1/2 °/o . . .	1,95	
Menus frais, dépêches, etc .	0,125	
5,75 °/oo.		20, »

Soit, rendu. . . fr. 3.460,25

Coût à Amsterdam : fl. 1.653 par kilog., soit à 208,25 . . . 3.452,78

Bénéfice net par kilog : fr. 7,47

Représentant 2.18 °/oo.

Envoi de lingots d'or d'Amsterdam à Londres, d'ordre de Paris:
Frais non compris.

x fl. = 1,000 gr. fin	*x* fr. = 20 sh.	*x* fr. = 100 fl.
Gr.fin 31,103⁵ = 1 oz fin	Sh. (cours) 77 = 1 oz st.	Fl.(cours) 1646 = 1.000 gr. fin
Oz fin 11 = 12 oz st.	St. oz 12 = 11 oz fin	Gr.fin 31,103⁵ = 1 oz fin
Oz st. 1 = 77 sh. (cours)	Oz fin 1 = 31,103⁵ gr. fin	Oz fin 11 = 12 oz st.
Sh. 20 = 1 £ fixe	Gr. fin 1,000 = 1,646 fl.(cours)	Oz st. 1 = 77 sh. (cours)
£ fixe 1 = 25,25 fr. (cours)	Fl. 100 = 210 fr.	Sh. 20 = 25,25 fr.
(cours) fr. 210 = 100 fl. fixe		
D'où *x* = 1.617,34 fl.	D'où *x* = 25,59 fr.	D'où *x* = 207,14 fr.

ARGENT EN BARRES coté en florins par kilo fin.

x fr. = 1 kilo fin	*x* fr. = 100 fl.
Kilo fin 1 = 53 fl.	Fl. 53 = 1 kilo fin
Fl. 100 = 208 fr.	Kilo fin 1 = 107 fr. 50 à Paris

Monnaies

Conditions de la Banque Néerlandaise

ACHATS:

Elle accepte les Napoléons de tous les États faisant partie de
l'Union latine, Grèce excepté . . . . .au titre de 899 1/2
    Pièces de 20 marks. . . . . — 899 1/2
    Aigles d'Amérique . . . . — 899 1/2
    Kronors de Suède et Norwège. . . . — 899 1/2
    Impériales nouvelles . . . . — 899 1/2
    Impériales anciennes. . . . . — 916
    Souverains Anglais. . . . . — 916 1/2

VENTES:

La Banque Néerlandaise délivre des « Guillaumes » lorsqu'elle
n'a pas de monnaies étrangères et jusqu'à 100.000 florins
maximum. D'après la loi, la Banque Néerlandaise se réserve un
délai de 24 heures pour accepter ou refuser les demandes qui lui
sont présentées.

Toutefois, si ces demandes lui étaient soumises à 9 heures du matin la remise de l'or pourrait être effectuée le même jour, mais seulement après la décision des Directeurs.

On a la faculté de payer et de retirer l'or de la Banque le jour de l'expédition.

NOTA : Il y a peu d'or monnayé en circulation.

Recherche du prix des monnaies vendues à la pièce.

Exemple pour Napoléons :

x fr. = 1 Napoléon x fr. = 100 fl.
Napoléon 1 = 9,45 fl. (cours)   Fl. 9,45 = 1 Napoléon
Fl. 100 = 210 fr. (cours)   Napoléon 1 = 20 fr.

Recherche du prix des monnaies vendues au poids.

Exemple pour 1/2 Impériales :

x fr. = 1 pièce x fr. = 100 fl.
Pièce 1 = 6,538 gr. brut   (Cours) fl. 1,640 = 1,000 gr. fin
Gr. brut 1,000 = 916 gr. fin (titre)   Gr. fin (titre) 916 = 1,000 gr. brut
Gr. fin 1,000 = 1,640 fl. (cours)   Gr. brut 6,538 = 20,538 fr.
Fl. 100 = 210 fr. (cours)

Envoi de pièces de 10 fl. de Hollande d'Amsterdam à New-York, d'ordre de Paris :

x fr. = 6,714 gr. (poids moyen)
Gr. brut 1,000 = 899 1/3 fin
Gr. fin 31,103⁵ = 1 oz fin
Oz fin 9 = 10 oz brut (à 900)
Oz brut 43 = 800 $
$ 1 = 5,2365 fr. à Paris à vue
____
D'où x = 21,02 fr. par pièce de fl. 10.
à déduire frais d'expédition, soit 7 ⁰/₀₀ 0,147 —
____
Net. . . 20,873 fr. ou 208,73 fr. les 100 fl.

Envoi de demi-Impériales russes d'Amsterdam à New-York d'ordre de Paris :

Prix du kilog. fin à Amsterdam. . . . fl. 1,653
Cours de la Hollande à vue à Paris. . fr. 208,1/4
— du $ à Paris à vue. . . . . . . — 523,65

x fr. = 1 pièce (1/2 Impériale)
Pièce 1 = 6,538 gr. brut
Gr. brut 1.000 = 916 gr. fin
Gr. fin 31,103^b = 1 oz fin
Oz fin 9 = 10 oz brut (à 900)
Oz brut 43 = 800 $
$ 1 = 5,2365 à vue à Paris

D'où x = 20,8125 fr.
Frais à déduire 7 %₀₀ =   0,14589

20,69661 fr.

1/2 Impériales du poids de 6 gr. 538
titre 916, achetées à Amsterdam
fl. 1653 le kilog. fin, soit à 208 fr. 25 = 20,61570 —

Bénéfice par pièce. . .   0,08091 fr.

(Cette conjointe, sauf variations du poids et du titre, peut s'appliquer à toute autre pièce.)

Envoi de pièces de fl. 10 de Hollande d'Amsterdam à Londres d'ordre de Paris. — Recherche de la prime obtenue par fl. 10 pour pièces fondues à Londres :

Poids des pièces. . . . . Gr.   6,715
Cours de Londres à Paris . . . . Fr.   25,30 à vue
  — de la Hollande à Paris . . — 207,50 —
  — de l'oz à Londres. 77/9 1/2

x fl. = 10 fl.
Fl. 10 = 6,715 gr. b.
Gr. b. 1000 = 899 1/2 fin
Gr. fin 31,1035 = 1 oz fin
Oz. fin 11 = 12 oz. stand.
Oz st. 1 = 933 1/2 pence (77/9 1/2 cours)
Pence 240 = 25,30 fr. à vue (cours)
Fr. 207,50 = 100 fl.

D'où x = 10,01695 fl. soit 1,69 %₀₀

LINGOTS

x fr. = 1000 grammes.
1000 gr. = 1648 fl. (prix achat de la B^e).
100 florins = 207.68 (cours à vue).

TABLE DE PARITÉS

OR A AMSTERDAM

MONNAIES A LA PIÈCE

x fr. = 1 Napoléon.
1 Napoléon = 6,45 grammes.
1000 grammes = 899,5 gr. fin.
1000 grammes = 4650 florins.
100 florins = 207.68 (cours du Paris à vue).

COURS DES FLORINS	LINGOTS 1648 KILOG. (francs)	NAPOLÉONS (899 1/2) 1650 KILOG. (francs)	NAPOLÉONS 6 gr. 45 à la pièce	SOUVERAINS (916 1/2) 1650 KILOG. (francs)	SOUVERAINS 7 gr. 98 à la pièce
Différence de 2 centimes 1/2	1,77	1,60	0,0103	1,63	0,013
18,15 = 207,684	3.122,63	3.082,39	19,8814	3.140,64	25,062
18,125 = 207,702	3.124,41	3.083,99	19,8917	3.142,28	25,075
18,10 = 207,90	3.126,19	3.085,60	19,9021	3.143,91	25,088
18,075 = 208,008	3.127,97	3.087,20	19,9124	3.145,54	25,101
18,05 = 208,116	3.129,75	3.088,80	19,9227	3.147,18	25,114
18,025 = 208,221	3.131,53	3.090,40	19,9330	3.148,81	25,127
18, = 208, 1/3	3.133,31	3.092,02	19,9435	3.150,45	25,140
17,975 = 208,411	3.135,09	3.093,63	19,9537	3.152,09	25,153
17,95 = 208,55	3.136,87	3.095,21	19,9642	3.153,72	25,166
17,925 = 208,659	3.138,65	3.096,86	19,9747	3.155,36	25,179
17,90 = 208,780	3.140,43	3.098,49	19,9852	3.157,05	25,192
17,875 = 208,877	3.142,21	3.100,10	19,9956	3.158,47	25,206
17,85 = 208,980	3.143,99	3.101,72	20,0060	3.160,33	25,219
17,825 = 209,095	3.145,77	3.103,32	20,0164	3.161,98	25,232
17,80 = 209,205	3.147,78	3.104,97	20,0270	3.163,62	25,245
17,775 = 209,311	3.149,53	3.106,56	20,0374	3.165,21	25,258
17,75 = 209,421	3.151,30	3.108,22	20,0480	3.166,96	25,271
17,725 = 209,533	3.153,08	3.109,83	20,0584	3.168,60	25,284
17,70 = 209,643	3.154,86	3.111,16	20,0689	3.170,26	25,297
17,675 = 209,753	3.156,72	3.113,10	20,0794	3.171,92	25,310
17,65 = 209,863	3.158,42	3.114,73	20,0900	3.173,56	25,323
17,625 = 209,973	3.160,20	3.116,36	20,1005	3.175,22	25,337
17,60 = 210,084	3.161,98	3.118,01	20,1111	3.176,93	25,350
17,575 = 210,19	3.163,76	3.119,59	20,1213	3.178,67	25,363
17,55 = 210,302	3.165,51	3.121,23	20,1320	3.180,33	25,376

COURS DES FLORINS	EAGLES (899 1/2) 1650 KILOG. (francs)	EAGLES 1 gr. 67 à la pièce	IMPÉRIALES (899 1/2) 1650 KILOG. (francs)	IMPÉRIALES 6 gr. 45 à la pièce	MARKS (899 1/2) 1650 KILOG. (francs)	MARKS 7 gr. 96 à la pièce	KRONORS (899 1/2) 1648 KILOG. (francs)	KRONORS 4 gr. 475 à la pièce
Différence de 2 centimes 1/2	1,60	0,27	1,60	0,0103	1,60	0,96	1,60	0,07
18,15 = 207,684	3.082,39	314,76	3.082,39	19,8814	3.082,39	122,68	3.078,66	137,77
18,125 = 207,702	3.083,99	315,03	3.083,99	19,8917	3.083,99	122,74	3.080,26	137,84
18,10 = 207,90	3.085,60	315,29	3.085,60	19,9031	3.085,60	122,80	3.081,86	137,91
18,075 = 208,008	3.087,20	315,56	3.087,20	19,9124	3.087,20	122,87	3.083,47	137,98
18,05 = 208,116	3.088,80	315,83	3.088,80	19,9227	3.088,80	122,93	3.085,07	138,05
18,025 = 208,221	3.090,40	316,10	3.090,40	19,9330	3.090,40	122,99	3.086,68	138,12
18, = 208, 1/3	3.092,02	316,36	3.092,02	19,9433	3.092,02	123,06	3.088,28	138,19
17,975 = 208,411	3.093,63	316,63	3.093,63	19,9539	3.093,63	123,12	3.089,88	138,27
17,95 = 208,55	3.095,21	316,90	3.095,21	19,9642	3.095,21	123,18	3.091,40	138,34
17,925 = 208,659	3.096,81	317,17	3.096,86	19,9747	3.096,86	123,25	3.093,09	138,41
17,90 = 208,780	3.098,40	317,44	3.098,49	19,9852	3.098,49	123,31	3.094,69	138,48
17,875 = 208,877	3.100,10	317,71	3.100,10	19,9956	3.100,10	123,38	3.096,29	138,55
17,85 = 208,980	3.101,72	317,98	3.101,72	20,0060	3.101,72	123,44	3.097,89	138,63
17,825 = 209,095	3.103,32	318,25	3.103,32	20,0164	3.103,32	123,51	3.101,50	138,70
17,80 = 209,205	3.104,97	318,53	3.104,97	20,0270	3.104,97	123,57	3.103,10	138,77
17,775 = 209,311	3.106,53	318,80	3.106,58	20,0374	3.106,54	123,64	3.104,70	138,84
17,75 = 209,421	3.108,22	319,07	3.108,22	20,0480	3.108,22	123,70	3.106,30	138,91
17,725 = 209,533	3.109,83	319,34	3.109,83	20,0584	3.109,83	123,77	3.107,90	138,98
17,70 = 209,643	3.111,16	319,61	3.111,16	20,0689	3.111,16	123,83	3.109,50	139,06
17,675 = 209,753	3.113,10	319,89	3.113,10	20,0794	3.113,10	123,90	3.111,11	139,13
17,65 = 209,863	3.114,73	320,16	3.114,73	20,0900	3.114,73	123,96	3.112,71	139,21
17,625 = 209,973	3.116,36	320,43	3.116,36	20,1005	3.116,36	124,03	3.114,31	139,27
17,60 = 210,084	3.118,01	320,70	3.118,01	20,1111	3.118,01	124,09	3.115,01	139,33
17,575 = 210,19	3.119,59	320,97	3.119,59	20,1213	3.119,59	124,16	3.117,51	139,41
17,55 = 210,302	3.121,23	321,23	3.121,23	20,1320	3.121,23	124,22	3.119,12	139,48

Coupons « Siber Rente ».

(Les coupons sont cotés en fl. pour 21 florins d'Autriche).

x fr. = 100 florins d'Autriche
Florins Autriche 21 = 20 fl. (cours)
Fl. 100 = 209 fr.

Coupons « Douane Russe ».

(Les coupons sont cotés pour 100 roubles or).

x fr. = 1 £ fixe
£ 1 = 6,30 r. or fixe (Nicolas 4 °/₀ 67)
R. or 1 = 1,9125 fl. (cours)
Fl. 100 = 209 fr.

d'où x = fr. 25,18188

La Bourse est ouverte de 1 h. 1/2 à 2 h. 45'.
Amsterdam avance de 10 minutes sur Paris.
Le délai de prescription pour les coupons est fixé à 5 ans. Pour les titres remboursables, Emprunts de fonds d'État hollandais, il est de 10 ans et pour les autres titres de 30 ans.

ITALIE

Frais de transport

De Paris à Milan, envois d'or . . . . 3,02 °/₀₀
De Paris à Turin, — . . . . 2,504 °/₀₀

Envois de billon par grande vitesse, franco domicile à Turin :

De 1 à 5 kilos . . . . Fr. 2,95
— 5 à 10 — . . . . — 4,10
— 10 à 20 — . . . . — 6,55
— 20 à 30 — . . . . — 9,20

Par petite vitesse, les frais sont de :

Fr. 120 par 1,000 kilos plus 2 fr. par envoi.
Les expéditions au-dessous de 50 kilos comptant comme 50 kilos.

Cote des changes

Autriche . . .	par 100 couronnes	= Lire	111,30
Belgique . . .	par 100 fr. Belge	—	106,80
États-Unis . .	par dollar	—	5,565
France	par 100 fr.	—	107
Suisse	par 100 fr. Suisse	—	106,40
Espagne . . .	par 500 pesetas	—	406,60
Allemagne . .	par 100 marks	—	132,03 3/4
Londres . . .	par 1 £	—	26,965
Hollande . . .	par 100 fl.	—	222,95

Suivant les places, les cours sont cotés à vue ou à 3 mois ; la manière de coter n'est pas uniforme sur chaque place, et varie suivant les établissements. Calcul des intérêts : année de 360 jours, mois pour leur nombre de jours.

PARITÉS

Paris :

x fr. = 100 lire	x lire = 100 fr.
Lire 107 = 100 fr.	Fr. 93,45 = 100 lire
x = 93,45	x = 107

Autriche :

x fr. = 100 cour.	x lire = 100 cour.
Cour. 100 = 111,30 lire	Cour. 100 = 104,018 fr.
Lire 107 = 100 fr.	Fr. 100 = 107 lire
x = 104,018	x = 111,30

Belgique :

x fr. = 100 Belge	x lire = 100 Belge
Belge 100 = 106,80 lire	Belge 100 = 99,813 fr.
Lire 107 = 100 fr.	Fr. 100 = 107 lire
x = 99,813	x = 106,80

ou 107 — 106,80 = 0,20 lire perte par 100 fr., soit 0,186 %.

Dollars :

x fr. $=$ 100 S		x lire $=$ 1 S	
S 100 $=$ 556,50 lire		S 100 $=$ 520,09 fr.	
Lire 107 $=$ 100 fr.		Fr. 100 $=$ 107 lire	
$x =$ 520,09		$x =$ 556,50	

Suisse :

Conjointes comme Belgique.

Espagne :

x fr. $=$ 500 p^{as}	x lire $=$ 500 p^{as}
P^{as} 500 $=$ 406.60 lire	P^{as} 500 $=$ 380 fr.
Lire 107 $=$ 100 fr.	Fr. 100 $=$ 107 lire
$x =$ 380	$x =$ 406,60

Allemagne :

x fr. $=$ 100 marks	x lire $=$ 100 marks
Marks 100 $=$ 132,03 3/4 lire	Marks 100 $=$ 123,399 fr.
Lire 107 $=$ 100 fr.	Fr. 100 $=$ 107 lire
$x =$ 123,399	$x =$ 132,037

Londres :

x fr. $=$ 1 £	x lire $=$ 1 £
£ 1 $=$ 26,965 lire	£ 1 $=$ 25,20 fr.
Lire 107 $=$ 100 fr.	Fr. 100 $=$ 107 lire
$x =$ 25,20	$x =$ 26,965

Hollande :

x fr. $=$ 100 fl.	x lire $=$ 100 fr.
Fl. 100 $=$ 222,05 lire	Fl. 100 $=$ 208,364 fr.
Lire 107 $=$ 100 fr.	Fr. 100 $=$ 107 lire
$x =$ 208,364	$x =$ 222,05

Le délai de prescription pour les coupons et titres est de 5 années après l'échéance ou le remboursement, excepté pour les emprunts 5 % 1851 émis par Hambro et Sons à Londres et Romain 1857 qui se prescrivent 2 ans après l'échéance.

JAMAÏQUE

Les monnaies or et argent anglaises, ainsi que les pièces d'or des États-Unis ont cours légal.

JAPON

Frais de transport pour des envois d'argent de *Paris à Yokohama* :

de Paris à Marseille 23 fr. les 100 kilos, ...	1,30 °/oo.
Fret de Marseille à destination, jusque 100.000 fr.	3/4 °/o.
— 200.000 fr. et au-dessus	1/2 °/o.
— de 5 à 600.000 fr. . . .	1/2 °/o.
— au-dessus de 1 million . . .	1 °/oo.

Cote des changes

Paris	en francs pour 1 yen (vue 30-60 et 90 j. de vue).
Londres . . .	en pence par 1 yen (vue —).
Hambourg . .	en marks par 1 yen (vue —).
Shanghaï. . .	en taëls par 1 yen (vue —).
Hong-Kong. .	à vue, à prime ou perte en tant pour cent sur la base fixe de 1 yen = 1 dollar Hong-Kong.

RÉPUBLIQUE DE LIBÉRIA

Dans les centres européens, on rencontre un peu d'or anglais, et, en quantités plus faibles, de l'or allemand, de l'or français et de l'or hollandais. C'est la monnaie d'or anglaise qui est préférée des Libériens, parce qu'ils ne connaissent pas, en général, la valeur en dollars des pièces d'or des autres pays.

Les monnaies d'argent qu'on trouve sur le marché libérien sont très variées, sinon très nombreuses. Celles qu'on voit le plus souvent sont les pièces libériennes, américaines et anglaises. On rencontre aussi un certain nombre de pièces françaises de cinq francs, surtout parmi les indigènes, qui les aiment à cause de leur grande dimension et en font, en les perçant simplement d'un trou, de superbes bijoux pour leurs femmes. Il s'en importe de la Guinée française par le Kissi. Les pièces d'argent divisionnaires françaises sont rares et ne sont généralement pas acceptées. Il est à noter qu'une grande quantité du numéraire d'argent importé au Libéria est consommée par les indigènes, qui fondent les pièces pour en faire des bijoux.

La monnaie de billon est surtout de la monnaie libérienne et de la monnaie américaine. C'est la plus répandue, et il n'est pas rare de voir de fortes sommes payées entièrement en billon.

L'unité monétaire des Libériens est le *dollar*, comme aux États-Unis; le dollar se subdivise en cent *cents*. Il existe des pièces libériennes en argent de 50 cents (demi-dollar), de 25 cents et de 10 cents, et des pièces de billon de 2 cents et de 1 cent. La création des monnaies d'argent est relativement récente au Libéria; autrefois, il n'existait que des pièces de billon, d'ailleurs fort belles, représentant sur la face une superbe tête de femme (de femme blanche) coiffée du bonnet phrygien et sur le revers les armes de la République : un vaisseau abordant près d'un palmier avec une colombe qui lui apporte le rameau d'olivier. Les nouvelles pièces (argent et billon) portent aussi une tête de femme; elles sont de facture plus moderne, mais ont moins de cachet artistique.

La livre anglaise est acceptée pour 4 dollars 80 cents, le shilling pour 24 cents, le penny pour 2 cents. Le louis français est pris pour 3 dollars 80 cents et la pièce de 5 francs pour 95 cents, ce qui fait que le dollar libérien représente 5 fr. 26 de notre monnaie.

Si l'or est rare et l'argent peu abondant, on trouve en revanche au Libéria une quantité invraisemblable de *currency*, c'est-à-dire de papier-monnaie, sous forme de billets de banque émis par le Gouvernement libérien, de chèques tirés sur le Trésor ou sur des maisons de commerce, de billets divers émanant des Superintendants des comtés ou des Directeurs de Missions protestantes, etc., etc. En règle générale, ces papiers chiffonnés et crasseux, couverts de signatures et de ratures, n'ont aucune valeur et ne peuvent servir qu'à enrichir les collections des amateurs de curiosités.

(Extrait de l'Économiste Européen du 4 janvier 1900.)

MAROC

La monnaie d'or ancienne est le :

Rial, année 1190-1770, poids 28,4695, titre 853 °/₀₀.

Doublon = 10 $ Espagne.

Bataca = 2 $ Espagne.

Depuis 1885 on a frappé des pièces d'or du même poids et au même titre que les pièces françaises.

La monnaie d'argent est le :

1/2 Bendoki = 1 $ Espagne.

En 1892, il a été frappé des pièces d'argent de :

10	onces. . .	poids légal 29 gr. 116,	titre légal 900 millièmes.
5	—	— 14 gr. 558	— 835 —
2 1/2	—	— 7 gr. 279	— 835 —
1	—	— 2 gr. 911	— 835 —
1/2	—	— 1 gr. 455	— 835 —

MEXIQUE

Frais de transport

De Vera-Cruz à Paris, envois d'argent de 20.000 fr.
et au-dessus. . . . . 4 °/₀₀

Assurance. . . . . 2 1/2 °/₀₀

De Vera-Cruz à Londres, envois d'argent de 20.000 fr.
et au-dessus . . . . 4 °/₀₀

Assurance. . . . . 2 1/2 °/₀₀

Les départs de Vera-Cruz ont lieu le 12 de chaque mois par vapeur français.

Cote des changes

Paris	à vue	pour 1 piastre	2,56 francs.
	60 j. de vue	—	»
Londres	à vue	—	24 3/8 pence.
	60 j. de vue	—	»
Allemagne . . .	à vue	—	2,07 1/2 marks
	60 j. de vue	—	»
New-York . . .	vue	100 dol. = 100 piast. + 101 1/2 °/₀	
Espagne	vue	500 pes. = 100 piast. + 48 1/2 °/₀	

PARITÉS

Londres :

x fr. $=$ 1 £	x pence $=$ 1 piastre
£ 1 $=$ 240 pence	Piastre 1 $=$ 2,56 fr.
Pence 24 3/8 $=$ 1 piastre	Fr. 25,206 $=$ 1 £
Piastre 1 $=$ 2,56 fr.	£ 1 $=$ 240 pence
$x = 25,206$	$x = 24,37$

Allemagne :

x fr. $=$ 100 Mk.	x Mk $=$ 1 piastre
Mk 2,07 1/2 $=$ 1 piastre	Piastre 1 $=$ 2,56 fr.
Piastre 1 $=$ 2,56 fr.	Fr. 123,228 $=$ 100 mk.
$x = 123,228$	$x = 2,07$ 1/2

New-York :

x fr. $=$ 100 $	x piastre $=$ 100 $
$ 100 $=$ 201 1/2 piast. (100 $+$	$ 100 $=$ 515,84 fr.
Piastre 1 $=$ 2,56 fr. [101 1/2]	Fr. 2,56 $=$ 1 piastre
$x = 515,84$	$x = 201,50$

Espagne :

x fr. $=$ 500 pesetas	x piastre $=$ 500 pesetas
Pesetas 500 $=$ 148 1/2 piast. (100 $+$	Pesetas 500 $=$ 380,16 fr.
Piastre 1 $=$ 2,56 fr. [48 1/2]	Fr. 2,56 $=$ 1 piastre
$x = 380,16$	$x = 148$ 1/2

COMPTES SIMULÉS

Recherche du prix des piastres mexicaines achetées au Mexique et rendues franco Londres.

Comparaison avec le cours des traites à Mexico.

Cours des $ argent à Londres 42ᵈ à 42 1/8 par oz brut.
Cours des traites sur Londres à Mexico, environ 34ᵈ à 36 1/16 à vue par $.

$ 1000	$=$	868 Oz	à 42ᵈ	$=$	36.156ᵈ	à 42 1/8 $=$	36.564ᵈ
Fret, assurance, menus frais, et frais à Londres, 1 1/2°/₀ .					547	—	548
Net					35.909ᵈ		36.016ᵈ
Contre disposition à 36ᵈ . . .					36.000ᵈ	à 36 1/16	36.062ᵈ 1/2

Recherche du prix de 1 $ argent rendue franco Paris contre disposition de Mexico sur Londres, étant donné :

Change sur Londres à Paris. . 25,10.
Prime de l'or à Mexico . . . . 52 %.

x fr. = 1 $ argent
$ (cours) 152 = 100 $ or
$ or 1 = 48 pence fixe
Pence 210 = 25,10 fr. à vue à Paris

D'où $x =$ . . . . fr.   3.30

Frais	Disposition sur Londres, 90 jours à	3 % . .	0,0215
	Fret, assurance, etc.	1 1/2 % . .	0,0495
	Commission à Mexico	1/4 %* . .	0,0085
	Commission à Paris pour vente des $	1/4 %* . .	0,0085
	Commission à Londres sur disposition	1/8 % . .	0,0010

Net. . . . . fr.   3,395

* Réduite suivant entente.

Les droits d'importation pour l'argent en barres équivalent aux frais de monnayage : 4,41 %.

Depuis le 1er juillet 1898, l'or et l'argent sont soumis au paiement des taxes suivantes :

1º Droit de timbre intérieur de 3 % sur la valeur de l'or et de l'argent.

2º Droit de frappe de 2 % sur la valeur des mêmes métaux.

3º Frais d'essai $ 2,50 par barre.

NICARAGUA

Frais de transport

De Paris à Corinto par la Compagnie Générale Trans-atlantique :

Fret, du Havre ou de Saint-Nazaire. . . 2 %
Commission. . . . . 1/4 %₀₀
Assurance . . . . 3 %₀₀

Coto dos changos (Mai 1901).

New-York. . . ⎫
San-Francisco. ⎰ vue 300°/₀ prime (100 $ nic. + 300 = 100 $ U. S. A.)
Londres. . . . vue 293°/₀ — (100 — + 293 = 20 £)
Paris. . . . . vue 289°/₀ — (100 — + 289 = 500 francs)
Hambourg. . . vue 285°/₀ — (100 — + 285 = 400 marks)

Décompte simulé de la vente fr. 10.000 sur Paris.

Fr. 10.000 sur Paris . . . . $ 2.000
Prime 289 °/₀ 5.780
S Nicaragua. . . 7.780

La circulation se compose des soles péruviennes et chiliennes et des monnaies nicaraguaises.

PÉROU

Depuis juin 1897, le Gouvernement a suspendu la frappe des soles argent.

Le Gouvernement, afin d'aider au maintien du taux désiré de 24 pence, a fait adopter par la Chambre un projet de loi pour la perception des droits de douane en or, ou en argent, avec une surprime équivalente à la différence entre 24 pence et la valeur de la sole au cours du jour ; cette surprime était intégralement destinée à faire face aux frais que devait demander la vente des soles en Europe et l'introduction d'une somme équivalente en livres sterling.

Par décret du Gouvernement Péruvien, toutes les taxes douanières doivent être payées en or anglais ou en £ péruviennes. 10 soles péruviennes argent seront reçues pour une livre sterling. Les paiements en argent ne seront acceptés par les douanes qu'au prix éventuel coté par le marché.

Les piastres précédemment exportées ne pourront être réimportées que pour être converties en lingots aux frais de l'importateur.

Cette clause est également applicable à l'importation de la monnaie étrangère.

Changes (5 Décembre 1900).

	3 j. vue	90 j. vue			
Angleterre. . .	24 3/8	24 5/8	pence. .	$=$	1 sole
France.	2,54	2,57	fr. . . .	$=$	—
Italie.	2,67	2,71	lire . . .	$=$	—
Espagne. . . .	2,83	2,87	p^{as} . . .	$=$	—
Allemagne. . . .	2,04	2,04	mk . . .	$=$	—
États-Unis. . .	2,04	2,03	soles . .	$=$	1 dollar

PARITÉS (Intérêts non compris, voyage environ 35 jours).

Londres :

$$x \text{ fr.} = 1 \text{ £}$$
$$\text{£ } 1 = 240 \text{ pence}$$
$$\text{Pence } 24 \text{ 3/8} = 1 \text{ sole}$$
$$\text{Sole } 1 = 2,54 \text{ fr.}$$
$$x = 25,009 \text{ fr.}$$

$$x \text{ pence} = 1 \text{ sole}$$
$$\text{Sole } 1 = 2,54 \text{ fr.}$$
$$\text{Fr. } 25,009 = 1 \text{ £}$$
$$\text{£ } 1 = 240 \text{ pence}$$
$$x = 24 \text{ 3/8 pence}$$

$$x \text{ fr.} = 1 \text{ sole}$$
$$\text{Sole } 1 = 24 \text{ 3/8 pence}$$
$$\text{Pence } 240 = 1 \text{ £}$$
$$\text{£ } 1 = 25,20 \text{ fr. (cours à Paris)}$$
$$x = 2,559$$

Espagne :

$$x \text{ fr.} = 500 \text{ p}^{as}$$
$$\text{P}^{as} 2,83 = 1 \text{ sole}$$
$$\text{Sole } 1 = 2,54$$
$$x = 448,76 \text{ fr.}$$

$$x \text{ p}^{as} = 1 \text{ sole}$$
$$\text{Sole } 1 = 2,54 \text{ fr.}$$
$$\text{Fr. } 448,76 = 500 \text{ p}^{as}$$
$$x = 2,83 \text{ p}^{as}$$

Allemagne :

$$x \text{ fr.} = 100 \text{ mk.}$$
$$\text{Mk } 2,04 = 1 \text{ sole}$$
$$\text{Sole } 1 = 2,54 \text{ fr.}$$
$$x = 124,50 \text{ fr.}$$

$$x \text{ mk} = 1 \text{ sole}$$
$$\text{Sole } 1 = 2,54 \text{ fr.}$$
$$\text{Fr. } 124,50 = 100 \text{ Mk.}$$
$$x = 2,04 \text{ Mk.}$$

Italie :

x fr. $=$ 100 lire	x lire $=$ 1 sole
Lire 2,67 $=$ 1 sole	Sole 1 $=$ 2 fr. 54
Sole 1 $=$ 2,54 fr.	Fr. 95,13 $=$ 100 lire
$x =$ 95,13 fr.	$x =$ 2,67 lire

États-Unis :

x fr. $=$ 100 S	x S $=$ 1 sole
S 100 $=$ 204 soles	Sole 1 $=$ 2,54 fr.
Sole 1 $=$ 2,54 fr.	Fr. 518,16 $=$ 100 S
$x =$ 518,16 fr.	$x =$ 0,4901 S

PERSE

L'unité monétaire persane est le kran argent.

Le kran est légalement au titre de 900 et son poids de 71 grains 06.

En 1874, 1 kran valait 1 franc, 25 krans valaient £ 1.

En avril 1,888   37 krans valaient £ 1.

En décembre 1888,   34 krans valaient £ 1.

En 1897,   50 krans valaient £ 1.

En 1900, 205 à 218 kr. $=$ 100 francs, 53 krans valaient £ 1.

La principale cause des variations du change semble être provoquée par la manie des habitants de thésauriser le numéraire et par le drainage de l'argent fait des pays voisins où le kran jouit d'une valeur fictive. Les Gouvernements russe et ottoman ont prohibé l'importation des pièces d'argent dans leurs territoires, mais la circulation abusive des krans semble avoir continué en Mésopotamie.

La force libératoire du kran étant supérieure à sa valeur intrinsèque (différence qui était, avant la prohibition russe, encore plus accentuée en Transcaspie), il s'en est suivi une importation continue d'argent pour la frappe.

Le drainage des monnaies d'argent par les pays voisins s'explique par le fait que la balance commerciale de la Perse est défavorable à ce pays. Les envois de numéraire comblent le déficit des importations sur les exportations.

La « Monnaie Persane » est affermée comme les douanes et les impôts de province, pour une somme assez élevée. Son directeur paie également les frais de frappe. Sous le contrôle arbitraire des gouverneurs, le monnayage fut trafiqué, c'est ce qui explique les divergences de poids et titres des krans frappés avant 1877 dans les divers hôtels des monnaies.

Les krans frappés à Hérat en 1857 pendant l'occupation persane ont la valeur la plus basse.

Table dressée en 1877 sur les frappes provinciales d'argent :

PROVINCES	ANNÉES :		POIDS EN GRAMMES	TITRE	VALEUR EN KRAN
Hamadan	1293	1877	4,93	760	0,836
Tauris	1290	1874	4,00	840	0,8926
Keshan	1282	1865	5,03	820	0,91658
Isfahan	1293	1877	5,02	840	0,937
Kermann	1292	1876	4,90	840	0,9116
Mazanderan . . .	1292	1876	4,97	840	0,9277
Meshed	1293	1877	4,90	840	0,91
Kermanshah	1282	1866	4,97	840	0,9719
Resht.	1280	1864	4,80	890	0,9493
Téhéran	1292	1876	5,02	900	1,004
Shiraz.	1291	1875	4,00	900	0,98
Yezd	1279	1862	4,97	900	0,994
Herat.	1277	1861	4,90	900	0,98

Les pièces d'argent frappées en 1879 sont au titre uniforme de 900.

Les pièces d'or sont considérées comme marchandise, aussi leur valeur en krans varie constamment. En 1900, on demandait au Bazar de Téhéran 18 krans argent pour un toman or, au lieu de 10 krans valeur légale.

L'or est recherché dans un but de thésaurisation par les hautes classes de la société persane. Il sert pour les cadeaux à faire au Schah et aux grands personnages.

Poids : Le Man-Shahi vaut 640 miscals.

La Monnaie de Téhéran, après expériences faites avec la Banque Impériale de Perse, a établi que 1000 miscals correspondent à 148 onces troy, ce qui fait par miscal :

71,04 grains troy ou 4,6033 grammes.

Change sur Londres

Le change sur Londres varie suivant les conditions locales, il n'est pas directement réglé sur la valeur intrinsèque du kran argent.

En décembre 1900 le change était à 52 krans par £ soit deniers 4,615 par kran.

Alors que la valeur intrinsèque du kran, au cours de l'argent à la même date (29 pence 1/2 par oz) ressortait à deniers 4,248.

Le kran d'argent est égal à 20 chahis ou 1000 dinars, mais le *dinar* n'existe que comme monnaie de compte.

PHILIPPINES

Cote des changes à Manille : (8 janvier 1901)

Londres	Banque câble transfert	2/0 7/16 shillings par peso	
	— 4 mois vue	2/0 13/16 —	—
	Documents 3 mois vue / Crédits 4 —	} 2/1 1/8 —	—
	— 6 —	2/1 1/4 —	—
	Documents 6 —	2/0 15/16 —	—
France.	Banque à vue	2,56 1/2 francs	—
Allemagne	—	2,10 marks	—
Madrid.	—	} 18 % prime	
Barcelone	—	(118 pesos = 500 pesetas)	
New-York	—	} 49 1/2 cents U. S. A. par peso	
San-Francisco	—		
Dol. Etats-Unis or.	—	2 pesos par dollar	
Hong-Kong.	Transfert télég. 3 % prime	(103 pesos = 100 piast. Hong-Kong)	
—	Privé 30 j. vue 1 % —	(101 pesos = 100 —)	
Japon.	Transfert télég. 1 % perte	(99 pesos = 100 yen)	
—	Privé 30 j. vue 2 % —	(98 pesos = 100 yen)	

Avant l'occupation américaine, les piastres mexicaines avaient cours dans les Philippines, ainsi que les « Escudos » frappés par l'Espagne à l'effigie d'Alphonse XII.

PORTO-RICO (MAYAGÜEZ)

Frais de transport

Frais pour envois d'or et d'argent du Havre à Porto-Rico :

Fret pour 100.000 francs.	1 %
Commission et transit.	1/10 %
Fret pour 100.000 francs et au-dessus . .	1/2 %
Commission et transit	1/40 %
Assurance de Paris à Porto-Rico	9/40 %

Cote des changes (1)

à vue

Londres.	8,35 pesos par £.
France	66 + 100 pesos = 500 francs.
Espagne.	26 + 100 pesos = 500 pesetas.

PARITÉS

France :

$$x \text{ fr.} = 100 \text{ pesos}$$
$$\text{Pesos } 166 = 500 \text{ francs}$$
$$\overline{\qquad\qquad\qquad}$$
$$x = 3,012$$

Londres :

$$x \text{ fr.} = 1 \pounds$$
$$\pounds 1 = 8,35 \text{ pesos}$$
$$\text{Pesos } 1 = 3,012 \text{ fr.}$$
$$\overline{\qquad\qquad}$$
$$x = 25,15$$

$$x \text{ pesos} = 1 \pounds$$
$$\pounds 1 = 25,15 \text{ fr.}$$
$$\text{Fr. } 3,012 = 1 \text{ peso}$$
$$\overline{\qquad\qquad}$$
$$x = 8,35$$

$$x \text{ fr.} = 1 \text{ peso}$$
$$\text{peso } 8,35 = 1 \pounds$$
$$\pounds 1 = 25,20 \text{ (cours à Paris)}$$
$$\overline{\qquad\qquad}$$
$$x = 3,017$$

Espagne :

$$x \text{ fr.} = 500 \text{ pesetas}$$
$$\text{Pesetas } 500 = 126 \text{ pesos}$$
$$\text{Pesos } 100 = 301,20 \text{ fr.}$$
$$\overline{\qquad\qquad}$$
$$x = 379,51$$

$$x \text{ pesos} = 500 \text{ pesetas}$$
$$\text{Pesetas } 500 = 379,51 \text{ fr.}$$
$$\text{Fr. } 3,012 = 1 \text{ peso}$$
$$\overline{\qquad\qquad}$$
$$x = 126$$

---

(1) Cote établie avant l'échange des pesos de l'île en monnaie américaine.

Coto des changes (1901)

Depuis la nouvelle tarification

Londres. 90 j. vue S 4,825 par £ sterling.
         60 j. vue S 4,8125   —
          3 j. vue S 4,895   —
Paris . . 3 j. vue S 2 1/2 % esc. 500 francs ═ (100 S — 2 1/2 %) ou 97 1/2 S
Espagne. 3 j. vue S 28 3/4 — 500 peset. ═ (100 S — 28 3/4) ou 71,25 S

Monnaies

En 1894, la *monnaie courante et légale* était le Soleil mexicain frappé avant 1885.

Les *Soleils mexicains* frappés après 1885 n'avaient plus cours, ils n'étaient acceptés que suivant le prix de l'argent aux États-Unis.

Ils valaient le 30 mars 1894 de 60 à 70 centavos, tandis que ceux de 1885 et avant, circulaient pour 100 centavos (pair).

De l'or ou de la monnaie espagnole argent on n'en voyait jamais.

A Mayagüez, les monnaies étrangères étaient cotées comme suit :

$$£ 1 = 5 \text{ S}$$
$$\text{Fr. } 5 = 1 \text{ S}$$
$$\text{S } 1 = 100 \text{ centavos}$$
$$\text{Peso Espagne } 1 = 100 \quad —$$

Les pesos mexicains n'ont plus cours à Porto-Rico depuis le 25/12 1895.

Ils ont été échangés en 1897, à raison de 95 c. (nouvelle monnaie) par S mexicaine.

Cette nouvelle monnaie était à l'effigie spéciale de Porto-Rico (Isla de Puerto-Rico), et était identique comme poids et titres à l'argent espagnol, mais la valeur était exprimée en pesos et centavos au lieu de pesetas et centesimos.

Après l'occupation américaine, en 1900, suivant le Bill Cooper, les pesos de l'île de Porto-Rico ont été échangés contre des dollars des États-Unis à raison de S 0,60 par peso.

Depuis cet échange, les monnaies américaines ont seules cours dans l'île.

PORTUGAL
LISBONNE

Frais de transport

De Paris à Lisbonne (par Messageries Maritimes) envoi de :
18,000 fr. en or en une caisse pesant 8 kilos,
    valeur entière déclarée. . . . . = 126,60 fr.
        (Le fret seul 1/2 0/0.)
Envoi d'une caisse argent pesant 8 kilos valeur
    750 francs. . . . . = 16,90 fr.
        (Le fret seul 1/2 0/0.)
Au-dessus de 100.000 fr., le fret est réduit à 3/8 0/0.

Cote des changes

Allemagne. . .	vue	par mark . . .	Reis . . .	319,75
— . . .	3 mois	— . . .	— . . .	314,50
Autriche. . . .	vue	par couronne	— . .	270,75
Belgique. . . .	vue	par 3 francs. .	— . . .	775,50
—	3 mois	— . .	— . . .	766
New-York. . .	vue	par dollar. . .	— . . .	1.340
France.	vue	par 3 francs.	— . . .	776,50
—	3 mois	— . .	— . . .	770
Espagne. . . .	vue	par 5 pesetas. .	— . . .	1.050
Angleterre. . .	vue	par 1,000 reis .	Pence . .	36 5/8
— . . .	3 mois	— .	— . .	37 1/8
Italie	vue	par 3 lire . . .	Reis . . .	717,50
Hollande. . . .	vue	par florin . . .	— . . .	539,75
Russie.	vue	par rouble. . .	— . . .	695,50
Scandinavie. .	vue	par couronne .	— . . .	357 1/2
Suisse.	vue	par 3 francs. .	— . . .	774,50
Rio-de-Janeiro .	vue	par 100 milreis Port.	Milreis Brésil	438,70

On cote aussi à Lisbonne la prime sur l'or.

PARITÉS (ramenées à vue)

Paris (et France) :

x fr. = 100 milreis	x reis = 3 fr.
Reis 776 1/2 = 3 fr.	Fr. 3,8634 = 1000 reis
x = 386,34	x = 776 1/2

Allemagne :

x fr. = 100 marks	x reis = 1 mark
Mk 1 = 319,75 reis	Mk 100 = 123,535 fr.
Reis 776 1/2 = 3 fr.	Fr. 3,8634 = 1000 reis
x = 123,535	x = 319,75

Autriche :

x fr. = 100 couronnes	x reis = 1 couronne
Couronne 1 = 270,75 reis	Couronnes 100 = 104,604 fr.
Reis 776 1/2 = 3 fr.	Fr. 3,8634 = 1000 reis
x = 104,604	x = 270,75

Belgique :

x fr. = 100 belge	x reis = 3 belge
Belge 3 = 775,50 reis	Belge 100 = 99,871 fr.
Reis 776 1/2 = 3 fr.	Fr. 3,8634 = 1000 reis
x = 99,871	x = 775,50

ou 776 1/2 — 775 1/2 = 1 reis perte par 3 fr.
ou 33 1/3 reis par 100 fr., soit à 386 = 0 fr. 128 %.

New-York :

x fr. = 100 S	x reis = 1 S
S 1 = 1340 reis	S 100 = 519 fr.
Reis 776 1/2 = 3 fr.	Fr. 3,8731 = 1000 reis
x = 519	x = 1340

Espagne :

x fr. = 500 p^as	x reis = 5 p^as
P^as 5 = 1030 reis	P^as 500 = 403,666 fr.
Reis 776 1/2 = 3 fr.	Fr. 3,8634 = 1000 reis
x = 403,666	x = 1030

Angleterre :

x fr. = 1 £	x pence = 1000 reis
£ 1 = 240 pence	Reis 1000 = 3,8634 fr.
Pence 36 5/8 = 1000 reis	Fr. 25,316 = 1 £
Reis 776 1/2 = 3 fr.	£ 1 = 240 pence
x = 25,316	x = 36,62

Italie et Suisse :

Conjointes comme Belgique.

Hollande :

x fr. = 100 fl.	x reis = 1 fl.
Fl. 1 = 539,75 reis	Fl. 100 = 208,531 fr.
Reis 776 1/2 = 3 fr.	Fr. 3,8634 = 1000 reis
x = 208,531	x = 539,75

Russie :

x fr. = 100 roubles	x reis = 1 rouble
Rouble 1 = 695,50 reis	Roubles 100 = 268,705 fr.
Reis 776 1/2 = 3 fr.	Fr. 3,8634 = 1000 reis
x = 268,705	x = 695,50

Scandinavie :

x fr. = 100 krone	x reis = 1 krone
Krone 1 = 357,50 reis	Krone 100 = 138,119 fr.
Reis 776 1/2 = 3 fr.	Fr. 3,8634 = 1000 reis
x = 138,119	x = 357,50

Rio-de-Janeiro :

x fr. = 1000 reis Brésil	x milreis Brésil = 100 milreis Port.
Reis Brésil 1387 = 1000 reis Port.	Reis Port. 1000 = 3,863 fr.
Reis Port. 776 1/2 = 3 fr.	Fr. 0,8806 = 1000 reis Brésil
x = 0,8806	x = 138,70

Calcul des intérêts : Année de 360 jours. Mois de 30 jours.

Monnaies

Les Souverains anglais au titre de 916 2/3 millièmes sont acceptés à Lisbonne par le « Banco de Portugal » pour reis 4.500 or, s'ils pèsent gr. 7,981, et les 1/2 £ or du poids de gr. 3,99 pour reis 2.250 or.

Essai de monnaies anciennes d'or

	Titre or	Titre argent
Sur 752 gr.	913	51

COLONIES PORTUGAISES

Les monnaies or et argent portugaises ont cours légal, dans toutes les colonies. Elles sont seules en cours :

Au Cap Vert, en Guinée, dans l'Angola, à Madère, à Saint-Paul-de-Loanda.

Outre les monnaies portugaises, les colonies suivantes acceptent les monnaies désignées ci-après :

Goa. — Suivant convention entre les Gouvernements anglais et portugais, les roupies anglo-indiennes ont cours pour 400 reis forts.

Indes. — Ont cours : 1° l'or anglais ; 2° les roupies, au change de 400 reis forts.

Macao. — Ont cours : 1° l'or anglais ; 2° la $ mexicaine équivalant à 640 Reis forts.

Timor. — Ont cours : 1° les florins hollandais argent équivalant à 320 reis forts ; 2° la $ mexicaine équivalant à 640 reis forts.

On entend par *patacca*, les pesos argent Espagne, Chili, Pérou, Bolivie, Mexique et Colombie, qui avaient autrefois cours dans les colonies portugaises.

Par *reis forts*, on entend les reis du continent. Les reis faibles ou fracos servent de monnaie de compte aux îles Açores, moyennant 125 reis fracos, par 100 reis forts.

PORTO

Parité des billets de banque brésiliens :

Etant donné : le cours du Londres à Rio. . . 8ᵈ 3/4 90 j. de vue

Cours du Londres à Lisbonne. 36ᵈ 5/8 vue

x reis Brésil = 1000 reis Portugal

Reis Portugal 1000 = 36,625 pence

(8 3/1 — 120 j. vue et voyage) pence 8.6625 = 1000 reis Brésil

-----

x = 1228 reis Brésil

Le délai de prescription pour les coupons et titres remboursables est fixé à 5 ans après échéance ou tirage.

ROUMANIE

Frais de transport

Paris à Bucarest, valeur déclarée entière. . . . .   2,08 °/oo
Paris à Brasso,   —   —   . . . . .   1,1/2 °/oo
de Paris à Braïla, par Messageries Maritimes :
    Paris-Marseille . . . .   1,1/2 °/oo
fret Marseille Braïla . . . .   2,1/2 °/oo soit 4 °/oo
Envoi de Paris à Galatz, valeur déclarée entière, de fr. 30.000 or.
de Paris à la frontière roumaine . . . . .   fr. 45,60
de la frontière à Galatz   60,55

                                        fr. 106,15, ou 3,53 °/oo

Cote des changes

				Lei or
Londres	3 mois		1 £ =	25,36 1/4
		Chèque	— =	25,66 1/4
Paris	3 mois		100 fr. =	100,80
		Chèque	— =	101,60
Marseille	3 mois		— =	100,75
		Chèque	— =	101,55
Berlin	3 mois		100 Mk =	123,65
		Chèque	— =	125,50
Allemagne. . . .	3 mois		— =	123,62 1/2
		Chèque	— =	125,47 1/2
Belgique	3 mois		100 Belge =	100
		Chèque	— =	100,90
Vienne	3 mois		100 cour. =	—
		Chèque	— =	105,50
Hollande	3 mois		100 fl. =	208
		Chèque	— =	209 3/4
Italie		—	—	—
		—	—	—

Calcul des intérêts: Année 360 jours. Mois nombre exact de jours.

Cote des monnaies

Napoléons 20,40
Livres turques 22,875
Florins effectifs. 212,75

La circulation se compose des pièces or et argent roumaines, de mêmes poids et titres que les pièces françaises. Le pouvoir libératoire de l'argent est limité à 50 fr. par paiement ; les pièces usées ou mutilées sont refusées.

Les monnaies étrangères sont acceptées aux cours fixes suivants :

Pièces de 20 francs, Union latine et Autriche . .   20   lei or
Souverains anglais   25,22   —
Pièces de 20 marks   24,70   —
Livres turques   22,70   —
Ducats autrichiens   11,75   —

Envoi de Paris à Bucarest de Souverains anglais.

Recherche de la parité, le chèque sur Paris étant coté à Bucarest 100,20.

$$x \text{ fr.} = 1 \, £$$
$$£ \quad 1 = 25,22 \, \text{lei}$$
$$(\text{Cours}) \text{ Lei } 100,20 = 100 \text{ fr.}$$

$$x = 25,169 \text{ (frais non compris)}$$

Envoi de Berlin à Bucarest de pièces de 20 marks

d'ordre de Paris, le chèque sur Paris étant coté à Bucarest 100,20.

$$x \text{ fr.} = 100 \text{ mk.} \qquad \text{ou} \qquad x \text{ Mk.} = 100 \text{ fr.}$$
$$\text{Mk. } 20 = 24,70 \text{ lei} \qquad\qquad \text{Fr. } 100 = 100,20 \text{ lei}$$
$$\text{Lei } 100,20 = 100 \text{ fr.} \qquad\qquad \text{lei } 24,70 = 20 \text{ Mk.}$$

$$x = 123,283 \text{ (frais non compris)} \qquad x = 81,113$$

COUPONS

Le délai de prescription pour coupons et titres remboursables est de 5 ans à dater de leur échéance.

RUSSIE

Frais d'envoi :

De Paris (Chemin de fer du Nord) *à* :

	100.000 fr. OR	10.000 fr. ARGENT		100.000 fr. OR	10.000 fr. ARGENT
Saint-Pétersbourg.	Fr. 287,25	Fr. 147,75	*Varsovie.*	Fr. 273,55	Fr. 105,95
Moscou.	— 208,10	— 209,75	*Eydtkuhnen* . . .	— 150	
Odessa	— 287,55	— 147,75	*Kattowitz*	— 150	

De Kattowitz à Varsovie, or . . . . 1,40 °/₀₀
De Thorn à Varsovie, or . . . . 1,50 °/₀₀
De Paris (Est) *à la Frontière Austro-Russe,* or . . 1,416 °/₀₀
De Wien à Taganrog :

Envoi de 500 Napoléons déclarés fl. 5,000 (poids
5 kilos). 2 1/2 °/₀₀

Envoi de 3,000 demi-impériales fl. 30,000 (poids
22 kilos). 2 °/₀₀

Déclaration maxima de chacun des sacs, caisses, etc., d'un envoi, 20,000 roubles.

Dimensions maxima :

90 centimètres longueur ;
45 — largeur ;
30 — hauteur.

Poids maximum :

Par sac, caisse ou colis contenant des monnaies russes, 60 livres (24 kil. 571).

Par sac, caisse ou colis, contenant des autres valeurs, 120 livres (49 kil. 142).

Lingots argent

Envoi d'Eydtkuhnen à Moscou. Coût : 2 R° 65 par poud et 2 °/₀₀ de la valeur.

Droit d'entrée en Russie : 3 roubles par livre russe.

INTRODUCTION D'ARGENT EN RUSSIE

L'introduction en Russie des monnaies d'argent divisionnaires est prohibée. Chaque voyageur passant à la Douane ne peut être porteur de plus de 3 roubles en ces monnaies.

La Douane russe n'accepte pas les pièces finlandaises argent.

POIDS ET MESURES

1 Pud . . . . = 40 livres de 96 solotnik de 96 doli, soit 9216 doli.

1 livre russe . . . . . = grammes 409,51156.

1 solotnik . . . . . . = — 4,26573.

1 dola . . . . = — 0,0444348.

1 kilog. . . . . = livre russe 2,4419335.

1 livre métrique . . . = — — 1,22096675.

1 livre russe . . . . . = — troy 1,097174.

1 livre troy . . . . . = — russe 0,9114.

1 livre russe argent . . = fr. 91,0016 sur la base de fr. 222,22 le kilog.

1 — or. . . . = fr. 1410,5379 sur la base de fr. 3444,44 le kilog.

1 — . . . . . = £ 55 : 19 : 0 : $\frac{3}{9}$ sur la base de £ 1869 = 40 livres troy.

1 — . . . . . = impériales 47,603309 (impériales de 10 roubles).

Coto dos changos

Londres.	3 mois	93,90	Roubles	par 10 £.
—	vue	94,80	—	—
Amsterdam	3 mois	—	—	par 100 fl.
—	vue	78	—	—
Berlin	3 mois	45,75	—	par 100 Mk
—	vue	46,30	—	—
Paris	3 mois	37,22 1/2	Roubles	par 100 fr.
—	vue	37,52 1/2	—	—

Belgique . . . . . . 3 mois 37,20   —   par 100 belga
    —   . . . . . vue   37,50   —   —

Calcul des intérêts : Année 360 jours, moins 30 jours.

Pour les changes à 3 mois les intérêts sont comptés au taux officiel du pays du tiré.

PARITÉS

Paris :

x fr. $=$ 100 rbl.	x rbl $=$ 100 fr.
Rbl 37,525 $=$ 100 fr.	Fr. 266,488 $=$ 100 rbl.
$x = 266,488$	$x = 37,525$

Londres :

x fr. $=$ 1 £	x rbl $=$ 10 £
£ 10 $=$ 94,80 rbl.	£ 1 $=$ 25.263 fr.
Rbl 37,525 $=$ 100 fr.	Fr. 266,488 $=$ 100 rbl.
$x = 25,263$	$x = 94,80$

x fr. $=$ 100 rbl.
Rbl 94,80 $=$ 10 £
£ 1 $=$ 25, 20 (cours à Paris)
$x = 265,82$

Amsterdam :

x fr. $=$ 100 fl.	x rbl $=$ 100 fl.
Fl 100 $=$ 78 rbl.	Fl. 100 $=$ 207,864 fr.
Rbl 37,525 $=$ 100 fr.	Fr. 266 488 $=$ 100 rbl.
$x = 207,864$	$x = 78$

Berlin :

x fr. $=$ 100 Mk	x rbl $=$ 100 Mk.
Mk 100 $=$ 46,30 rbl	Mk 100 $=$ 123.384 fr.
Rbl 37,525 $=$ 100 fr.	Fr. 266,488 $=$ 100 rbl.
$x = 123,384$	$x = 46,30$

x fr. $=$ 100 rbl.	x rbl $=$ 100 fr.
Rbl 46,30 $=$ 100 Mk	Fr. 123,50 $=$ 100 Mk.
Mk 100 $=$ 123,50 fr.	Mk 100 $=$ 46,30 rbl.
$x = 266,738$	$x = 37,189$

$$x \cdot \text{Mk} = 150 \text{ rbl.}$$
$$\text{Rbl } 46,30 = 100 \text{ Mk.}$$
$$\overline{ x = 215,982 }$$

$$x \text{ rbl} = 100 \text{ mk.}$$
$$\text{Mk } 215,982 = 100 \text{ rbl.}$$
$$\overline{ x = 46,30 }$$

Belgique :

$$x \text{ fr.} = 100 \text{ belge}$$
$$\text{Belge } 100 = 37,50 \text{ rbl.}$$
$$\text{Rbl } 37,525 = 100 \text{ fr.}$$
$$\overline{ x = 99,933 }$$

$$x \text{ rbl} = 100 \text{ belge}$$
$$\text{Belge } 100 = 99,933 \text{ fr.}$$
$$\text{Fr. } 266,488 = 100 \text{ rbl.}$$
$$\overline{ x = 37,50 }$$

Ou 37,525 — 37,50 = 0,02 1/2 perte par 100 fr. ou 0 fr. 066 %.

COURTAGE

Au 1er mai 1899, le Comité de la Bourse à Pétersbourg a modifié comme suit le taux du courtage des Agents de change :

1° Sur les opérations en fonds publics, valeurs à intérêts ou à dividendes etc., le courtage à payer aussi bien par l'acheteur que par le vendeur, sera 1/10 0/0 de la somme, calculé sur le cours de la Bourse.

2° Sur les opérations en lettres de change et chèques étrangers, le vendeur seul aura à payer un courtage de 1/10 % calculé sur le montant de la lettre de change ou du chèque.

3° Sur les opérations en lettre de change tirées sur le pays ou sur l'étranger, mais acceptées par des maisons russes, le courtage à payer aussi bien par l'acheteur que par le vendeur variera dans les proportions suivantes selon l'importance et l'échéance des effets :

Il sera de 1/32 % pour les effets jusqu'à 3 mois

1/16 % pour les effets jusqu'à 6 mois

et 1/8 % pour les effets jusqu'à 12 mois inclusivement.

CONDITIONS DE LA BANQUE D'ÉTAT POUR TRANSFERTS

La Banque ne bonifie pas d'intérêts en comptes courants. Sur ordre transmis par chèque, lettre ou dépêche, elle effectue des virements entre différents comptes ouverts sur ses livres à Pétersbourg. Aux conditions du tarif ci-dessous, elle effectue des transferts ou virements :

	Par poste	Par fil *
500 roubles. . . .	Rbl 0,25	Rbl 0,50
500 à 1.000. . .	0,40	0,80
1.000 à 100.000. . .	0,40 °/oo	0,80 °/oo
100.000 à 200.000. . .	0,25 °/oo plus rbl 15	0,50 °/oo plus 30 rbl
200.000 et au-dessus. .	0,20 °/oo plus rbl 25	0,40 °/oo plus 50 rbl

** Plus frais de dépêche suivant tarif ci-dessous :*

	La dépêche : en Europe	La dépêche : en Asie
Virement en compte	Rbl 1,20	Rbl 2,30
Paiement par une Succursale.	1,40	2,50
Deux dépêches, paiements hors d'une Succursale . .	2,10	3,70

PARITÉ DES PRIX D'ACHATS DE LA BANQUE DE RUSSIE

Or

1 rouble = 2,2/3 francs ; mark 2,16 ; pence 25,38 ; 0 gr. 7742 d'or fin.

La Banque de Russie achète et vend à ces parités toutes les quantités d'or monnayé qui lui sont demandées.

Contre un kilogramme d'or fin en impériales, ducats, eagles Napoléons, Guillaume ou Souverains, la Banque verse :

Roubles crédit : 1291, 2/3 (ce prix a été réduit à 1290,30).

Contre rbl. 1291 2/3, elle délivre un kilogramme d'or fin en demi-impériales.

Elle échange 7 rbl 50 contre une demi-impériale et vice-versa, sans limitation de quantité.

Lingots or

La Banque d'État à Saint-Pétersbourg achète l'or en barres (au titre de 1.000 millièmes) à raison de :

Rbl or 352,26446 la livre russe (le kilo = rbl or 860,20638 ou rbl papier 1290,30), soit rbl 3,66942 le solotnik, sous déduction de 1 rbl or par barre pour frais d'essai.

L'or destiné à la Banque d'État peut être adressé à la Douane russe de Wirballen, qui l'expédie à Saint-Pétersbourg pour compte et aux frais de la Banque Impériale, mais aux risques et périls de la maison qui a envoyé l'or à Wirballen.

La Douane informe la Banque, par fil, de l'arrivée de l'or; et le compte courant du vendeur est crédité à Saint-Pétersbourg de la valeur approximative en roubles or, ou en roubles crédit, à son choix, le jour de la réception de la dépêche de Wirballen.

(Pour les lingots, il n'est crédité de suite que 90 % de la valeur approximative, les 10 % restants sont crédités après un mois environ.)

Le décompte final est donné suivant le tarif en vigueur, après vérification à Saint-Pétersbourg des poids et titres.

---

x fr $=$ 1000 gr. fin	x fr. $=$ 100 rbl papier
Gr. 409,51156 $=$ 1 livre russe fin	Rbl papier 1,50 $=$ 1 rbl or
Livre russe fin 1 $=$ 352,26446 rbl or	Rbl or 352,26446 $=$ 1 livre russe fin
Rbl or 100 $=$ 150 rbl papier	Livre russe fin 1 $=$ 409,51156 gr. fin
Rbl papier 100 $=$ 265 fr. à vue (cours)	Gr. fin 1.000 $=$ 3137 fr.

AFFINAGE.

Si le métal présenté à l'affinage contient 1 partie d'or et 2 parties 1/2 d'argent, la monnaie perçoit en nature :

Rbl.	30 par poud	d'alliage.
—	7 —	d'argent pur.
—	30 —	d'or pur.

Dans le cas où il y a, sur une partie d'or, moins de 2 parties 1/2 d'argent, les frais sont de 210 roubles par poud d'or pur.

En sus de ces sommes, la Monnaie perçoit, pour le timbre d'essayage, et pour la réfection en lingot, une taxe établie par le Ministre des Finances.

DÉCOMPTE.

L'or est calculé à la Monnaie, à raison de roubles : 5,50 et 350/363 de kopeck, par solotnick d'or pur (l'Impériale $=$ 15 roubles)

Après l'essai, au plus tard le lendemain de la réception de l'avis de l'essayeur contrôleur, la Monnaie déclare au propriétaire le montant lui revenant et l'époque du paiement.

MONNAYAGE

L'or en lingots fourni à la Monnaie, pour être monnayé, doit être au titre de 900/1000 minimum et ne contenir comme alliage que du cuivre, autrement le propriétaire devra payer les frais pour la séparation et l'affinage.

Pour le monnayage, on perçoit : roubles : 42,31 1/2 par poud. d'or pur (l'Impériale = 15 roubles.)

OBJETS FABRIQUÉS

En vendant de l'or ou de l'argent transformés en objets (monnaies et médailles exceptées) on perçoit en sus des prix, pour la séparation :

<pre>
210 roubles par poud   d'or pur
 37   —   d'argent pur
</pre>

Si les alliages doivent seulement être affinés et non séparés, on perçoit en nature :

<pre>
210 roubles par poud d'or pur
 37   —   d'argent pur.
</pre>

MÉDAILLES

Les médailles or et argent sont au titre de : 990/1000 (ancien titre 900/1000).

COMPTE SIMULÉ

Achat à Hambourg de barres d'or, pour compte de Moscou.

L'or fin est coté à Moscou en rbl papier par solotnik
<pre>
Un kilog. fin = livres russes   2,442
Une livre russe = solotniks   96
Cours de l'or = rbl. papier 5,10 (variable) par solotnik.
</pre>

5 kilogr. or fin =
12,21 livres russes = 1172,16 solotniks

                    à = rbl papier 5,10 (cours) = Rbl papier.   5978,02
1/4 °/₀ courtage   = 14,95)
1/8 °/₀ commission = 7,47) · · · · · · · · · · · · ·   22,42
                                                         ─────────
                              Net rbl papier 5955 60

Le port et l'assurance, de Hambourg, reviennent à 3/8 °/₀ de la valeur pour l'or.

Lingots argent

x fr. = 1000 gr. fin	*x* fr. = 100 roubles
Gr. fin 409,51456 = 1 livre russe fin	Cours en Rbl = 1 livre russe fin
Livre russe fin 1 = cours en rbl.	Liv russe fin 1 = 409,51456 gr. fin
Rbl. 100 = 265 fr. à vue à Paris	Gr. fin 1000 = fr. cours à Paris.

COMPTE SIMULÉ

Achat à Hambourg de barres argent pour compte de Moscou :

L'argent fin est coté à Moscou en rbl papier par livre russe.
    Un kilogramme fin = livres russes 2,442
    1 livre russe   = solotniks   96
    Cours de l'argent   = rbl papier 24 (variable) par livre russe

100 kilogr. argent fin =
214,2 livres russes à rbl 24 (cours) = rbl papier. 5860 80
    1/4 °/₀ Courtage   14,65)
    1/8 °/₀ Commission   7,33) · · · · · · · · · ·   21 98
                                                            ─────────
                              Net Rbl papier . . .   5838 82

Parfois le courtage pour l'argent se trouve réduit à 5 kopecks par livre.

Le port et l'assurance de Hambourg revient à 1/2 °/₀ de la valeur pour l'argent.

Monnaies or étrangères acceptées par la Douane en paiement des droits.

DÉNOMINATION DES MONNAIES OR	POIDS MINIMUM que doivent avoir les pièces pour être acceptées aux prix ci-contre :		PRIX auquel les monnaies sont acceptées :
	SOLOTNIKS 1 sol. = gr. 4,2657	DOLI (= gr. 0,04443)	R. OR KOP. OR
Allemagne. . . . 20 marks.	1	82 1/2	6,16
— 10 —		89 1/4	3,08
Angleterre. . . . 1 £.	1	82 3/4	6,30
— 1/2 —		89 1/2	3,15
Autriche. . . . . 20 couronnes.	1	55 3/4	5,24
— 10 —		76	2,62
Scandinavie. . . . 20 kronors.	2	8 3/4	6,92
— 10 —	1	4 1/2	3,45
États-Unis. . . . 20 dollars.	7	80 1/2	25,90
— 10 —	3	88 1/4	12,95
— 5 —	1	92 1/4	6,47 1/2
— 2 1/2 —		94	3,23 1/2
Hollande. . . . . 10 florins.	1	56	5,19
Roumanie. . . . . 20 lei.	1	48 1/2	5
Turquie . . . . . 500 piastres.	8	42	28,35
— 250 —	4	21	14,17 1/2
— 100 — 1 £.	1	66	5,67
— 50 — 1/2 £.		81	2,83 1/2
Union latine. . . . 100 francs.	7	50 1/2	25
— 50 —	3	73 1/4	12,50
— 20 —	1	48 1/2	5
— 10 —		72 1/4	2,50

Les monnaies d'argent ne sont acceptées que jusqu'à 1 rouble pour un même paiement.

Monnaies et lingots

Tarif auquel la Banque de l'Etat de Russie achète les monnaies or étrangères et lingots.

(Comptoirs de Saint-Pétersbourg, Moscou, Varsovie, Odessa, Kiew, Rostow et Riga, et les succursales de Libau et Lodz), sur la base de Ro. 1.290,30 par kgr. fln.

DÉSIGNATION	TITRE	PRIX d'une LIVRE BRUT en Ro. or	PRIX d'un SOLOTNIK brut en Ro. or	PRIX DE REVIENT DU KILOG	
				en Ro. or	en Ro. papier à raison de Ro.1,50 par 1 Ro. or
Souverains............	916^b	322,81515	3,36266	788,2931	1182,439
Francs, Belgique, Suisse, Italie.............					
Couronnes et florins au-trichiens...........					
Marks......	899 3/4	316,91993	3,30156	773,9707	1160,956
Florins hollandais.....					
Dollars					
Yen japonais........ ..					
Argentinos..........					
Livres turques........	915	322,32198	3,35752	787,0873	1180,631
Alphonses d'or.......	898	316,33349	3,29514	772,4655	1158,698
Lingots (sous deduction de 1 Ro. or par lingot et pour la vérification du titre)........	1.000	352,26446	3,66942	860,206	1290,30

DÉCOMPTES SIMULÉS

1° *Lingots or, envoi le 4 juin.*

33 lingots pesant :

 9 pouds 16 livres 44 sol 91,329 dol. à 528,39669 Rbl 198.924,57

 Frais de poinçonnage . . . . • 49,50

           Rbl 198.875,07

 Rbl 178,500 créditées le 13 juin.

 — 20,375,07 — le 23 juillet.

2° *Monnaies or, envoi le 25 mai.*

14,037 Alphonsines pesant 6 pouds 36 livres 33 sols 42 dol. Rbl 131.127,30

6,725 pièces de 20 fr. — 2 — 25 — 76 — 61 — 50.298,96

898 » 5 dol. — 18 — 29 — 24 — 8.702,50

23 1/2 Impériales 172,50

           Rbl 190.301,26

 Rbl 184.860 crédités le 3 juin.

 » 5.441,26 » le 6 juillet.

Monnaies

Envoi de Paris à Saint-Pétersbourg.
Frais non compris.

Napoléons.

<table>
<tr><td>

Poids 6 gr. 44.
Contre disposition de Paris sur
Saint-Pétersbourg à 267 francs, vue

x fr. $=$ 1000 fr.
Fr. 20 $=$ 6,44 gr.
Gr. brut 1000 $=$ 1160,956 rbl
Rbl 100 $=$ 267 fr.
___

$x = 998,12$ (soit 1.88 °/oo
(perte)

</td><td>

Prix de vente en Russie Rbl 1160,956 par kilo
Contre couverture de St-Péters-
bourg en Paris à 37.30 vue

x fr. $=$ 1000 fr.
Fr. 20 $=$ 6,44 gr.
Gr. 1000 $=$ 1160,956 rbl
Rbl 37,30 $=$ 100 fr.
___

$x = 1002,21$ (soit 2.21 °/oo
(prime)

</td></tr>
</table>

PARITÉS

<table>
<tr><td>

x fr. $=$ 100 rbl
Rbl 1160,596 $=$ 1000 gr.
Gr. 6,44 $=$ 20 fr.
___

$x = 267,503$

</td><td>

x rbl $=$ 100 fr.
Fr. 20 $=$ 6,44 gr.
Gr. 1000 $=$ 1,160,956 rbl
___

$x = 37,382$

</td></tr>
</table>

Dollars.
Frais non compris.

<table>
<tr><td>

A Paris :
Poids 1 gr. 67 — 517 fr. les 100 $
Change à vue 267 fr.

Contre disposition de Paris sur
Saint-Pétersbourg à 267 francs vue

x fr. $=$ 1 $
$ 1 $=$ 1,67 gr.
Gr. 1000 $=$ 1160,956 rbl.
Rbl 100 $=$ 267 fr. (cours)
___

$x = 517,658$

</td><td>

A Saint-Pétersbourg :
Rbl 1.160,956 le kilo brut
» 37,30 à vue les 100 fr.

Contre couverture de Saint-Pétersbourg
sur Paris à 37,30 vue.

x fr. $=$ 1 $
$ 1 $=$ 1,67 gr.
Gr. 1000 $=$ 1160,956 rbl
(cours) Rbl 37,30 $=$ 100 fr.
___

$x = 519,784$

</td></tr>
</table>

PARITÉS

<table>
<tr><td>

x fr. $=$ 100 rbl
Rbl 1.460 956 $=$ 1000 gr.
Gr. 1,67 $=$ 1 $
$ 1 $=$ 517 frs. (cours)
___

$x = 266, 2/3$

</td><td>

x rbl $=$ 100 fr.
Fr. 5,17 $=$ 1 $
$ 1 $=$ 1,67 gr.
Gr. 1000 $=$ 1160,956 rbl
___

$x = 37,504$

</td></tr>
</table>

Même opération que ci-dessus, mais achat des pièces à New-York contre câble Londres à 4.88 (Londres coté à Paris 25,15), frais non compris.

<table>
<tr><td>

x fr. $=$ 100 rbl.
Rbl 1160,956 $=$ 1000 gr.
Gr. 1,67 $=$ 1 S
S 4,88 $=$ 1 £
£ 1 $=$ 25,15 fr.
————————
$x =$ 265,81

</td><td>

x rbl $=$ 100 fr.
Fr. 25,15 $=$ 1 £
£ 1 $=$ 4,88 S
S 1 $=$ 1,67 gr.
Gr. 1000 $=$ 1160,956 rbl.
————————
$x =$ 37,619

</td></tr>
</table>

Alphonsines.

Frais non compris.

<table>
<tr><td>

A Paris :
Titre 896 — Poids 8,060 gr.
Or fin le kilo 3437 fr. — Change à vue Saint-Pétersbourg 267 fr.

</td><td>

A Saint-Pétersbourg :
Rbl. 1158,698 le kilo brut
» 37,30 à vue les 100 fr.

</td></tr>
<tr><td>

Achat à Paris à 3437 le kilo fin
————————
x fr. $=$ 1 Alphonse
Alphonse 1 $=$ 8,06 gr.
Gr. brut 1000 $=$ 896 gr. fin
Gr. fin $=$ 1000 $=$ 3437 fr.
————————
$x =$ 24,8211

</td><td>

Vente à St-Pétersbourg à rbl 1158,698 le kil.
1° Contre disposition de Paris sur Saint-Pétersbourg à 267 francs
————————
x fr. $=$ 1 Alphonse
Alphonse 1 $=$ 8,06 gr.
Gr. brut 1000 $=$ 1158,698 rbl
Rbl 100 $=$ 267 fr.
————————
$x =$ 24,9354

</td></tr>
</table>

contre

2° Couverture de Saint-Pétersbourg en Paris à 37,30 vue

x fr. $=$ 1 Alphonse
Alphonse 1 $=$ 8,06 gr.
Gr. 1000 $=$ 1158,698 rbl
Rbl 37,30 $=$ 100 fr.
————————
$x =$ 25,037

PARITÉS

<table>
<tr><td>

x fr. $=$ 100 rbl
Rbl 1158,698 $=$ 1000 gr. Alph.
Alph. gr. 1000 $=$ 896 gr. fin
Gr. fin 1000 $=$ 3437 fr.
————————
$x =$ 265,77

</td><td>ou</td><td>

x rbl $=$ 100 fr.
Fr. 3437 $=$ 1000 gr. fin
Gr. fin 896 $=$ 1000 gr. Alph.
Alph. gr. 1000 $=$ 1158,698 rbl.
————————
$x =$ 37,625

</td></tr>
</table>

Envois or de Russie à Paris : (frais non compris)

1° Pièces de 10 rbl et rbl 5 (et pièces de 15 et 7.50 vendues au poids).

$$x \text{ fr.} = 100 \text{ rbl}$$
$$\text{Rbl } 10 = 8{,}60 \text{ gr. brut}$$
$$\text{Gr. brut } 1000 = 899 \, 1/2 \text{ gr. fin}$$
$$\text{Gr. fin } 1000 = 3437 \text{ fr.}$$
$$x = 265{,}876$$

ou

$$x \text{ rbl} = 100 \text{ fr.}$$
$$\text{Fr. } 3437 = 1000 \text{ gr. fin}$$
$$\text{Gr. fin } 899 \, 1/2 = 1000 \text{ gr. brut}$$
$$\text{Gr. brut } 8{,}60 = 10 \text{ rbl.}$$
$$x = 37{,}611$$

2° Pièces de rbl 15 et 7,50 acceptées en France par les Caisses publiques pour 40 et 20 francs respectivement.

$$x \text{ fr.} = 100 \text{ rbl.}$$
$$\text{Rbl } 7{,}50 = 20 \text{ fr.}$$
$$x = 266{,}2/3$$

$$x \text{ rbl} = 100 \text{ fr.}$$
$$\text{Fr. } 20 = 7{,}50$$
$$x = 37{,}50$$

TABLE DE PARITÉS

Souverains pesant 7gr. 98, vendus à R. 1182,439 par kilog (soit par livre : R. 9,435.863.22).

$$x \text{ fr.} = 100 \text{ roubles.}$$
$$\text{R. } 1182{,}439 = 1000 \text{ gr.}$$
$$\text{Grammes } 7{,}98 = 1 \text{ £.}$$
$$\text{£ } 1 = 25{,}10 \text{ (cours).}$$

COURS en fr. PAR LIVRE	PRIX des 100 roubles CORRESPONDANT	COURS en fr. PAR LIVRE	PRIX des 100 roubles CORRESPONDANT
25,10	266,00	25,20	267,06
1/2	05	1/2	11
11	11	21	17
1/2	16	1/2	22
12	21	22	27
1/2	27	1/2	33
13	32	23	38
1/2	37	1/2	43
14	43	24	49
1/2	48	1/2	54
15	53	25	59
1/2	58	1/2	64
16	64	26	70
1/2	69	1/2	75
17	74	27	80
1/2	80	1/2	86
18	85	28	91
1/2	90	1/2	96
19	96	29	268,02
1/2	267,01	1/2	268,07

Un écart de { 1/2 centime par livre représente 0 fr. 053 par 100 roubles.
{ 1/4 — — — 0 fr. 026 —

TABLE DE PARITÉS

Dollars pesant 1 gr. 67 vendus à R⁰ 1160,956 par kilogr. (soit par dollar R⁰ 1,93879652).

x fr. = 100 roubles.
R⁰ 1160,956 = 1,000 grammes.
Grammes 1.67 = 1 S.
S 1 = 5 fr. 15 1/2 (cours).

COURS en fr. PAR DOLLAR	PRIX des 100 roubles CORRESPONDANT	COURS en fr. PAR DOLLAR	PRIX des 100 roubles CORRESPONDANT
515,50	265,88	517,60	266,96
60	93	70	267,02
70	99	80	07
80	266,04	90	12
90	09	518	17
516	14	10	22
10	19	20	28
20	24	30	33
30	29	40	38
40	35	50	43
50	40	60	48
60	45	70	53
70	50	80	59
80	55	90	64
90	60	519	69
517	66	10	74
10	71	20	79
20	76	30	84
30	81	40	90
40	86	50	95
50	91	60	268,00

Un écart de { 1/2 cent par S représente 0 fr. 258 par 100 roubles.
{ 1/4 — — — 0 fr. 129 —
{ 1/10 — — — 0 fr. 0516 —

LINGOTS

x fr. = 1000 grammes.

1000 gr. = 1290 Rᵒ 309 (prix d'achat en Russie).

100 roubles = 266 1/2 (cours à vue).

TABLE DE

LINGOTS ET

COURS DES ROUBLES	LINGOTS 1290,309	NAPOLÉONS 1100,956		ALPHONSES 1158,41	
	KILOG.	KILOG.	6 gr. 45	KILOG.	8 gr. 05
	francs.	francs.		francs.	
Différence de 1/16 ..	0.50	0.725	0,0046	0.721	0,0038
206 1/2	3.438,67	3.093,91	19,9559	3.087,212	24,8523
9/16	3.439,47	3.094,67	19,9606	3 087,906	24,8581
5/8	3.440,28	3.095,39	19,9653	3.088,69	24,8639
11/16	3.441,09	3.096,12	19,9700	3.089,41	24,8697
3/4	3.441,89	3.096,85	19,9746	3.090,13	24,8756
13/16	3.442,70	3.097,57	19,9793	3.090,86	24,8814
7/8	3.443,51	3.098,30	19,9840	3.091,58	24,8872
15/16	3.444,31	3.099,02	19,9887	3.092,31	24,8930
207	3.445,12	3.099,75	19,9934	3.093,03	24,8989
1/16	3.445,93	3.100,47	19,9980	3.093,75	24,9047
1/8	3.446,73	3.101,20	20,0027	3.094,48	24,9105
3/16	3.447,54	3.101,92	20,0074	3.095,20	24,9161
1/4	3.448,34	3.102,65	20,0121	3.095,93	24,9222
5/16	3.449,15	3.103,38	20,0168	3.096,65	24,9280
3/8	3.449,96	3.104,10	20,0214	3.097,37	24,9338
7/16	3.450,76	3.104,83	20,0261	3.098,10	24,9397
1/2	3.451,57	3.105,55	20,0308	3.098,82	24,9435
9/16	3.452,38	3.106,28	20,0355	3.099,55	24,9513
5/8	3.453,18	3.107,00	20,0402	3.100,27	24,9572
11/16	3.453,99	3.107,73	20,0449	3.100,99	24,9630
3/4	3.454,80	3.108,45	20,0495	3.101,72	24,9688
13/16	3.455,60	3.109,18	20,0542	3.102,44	24,9746
7/8	3.456,41	3.109,90	20,0589	3.103,17	24,9805
15/16	3.457,21	3.110,63	20,0636	3.103,89	24,9863
208	3.458,02	3.111,36	20,0682	3.104,61	24,9921
1/16	3.458,83	3.113,08	20,0739	3.105,34	24,9980

PARITES

MONNAIES

MONNAIES A LA PIÈCE

Exemple pour Napoléons :

x fr. = 1 Napoléon.

1 Napoléon = 6,45 grammes.

1000 grammes = 1160,956 roub. (prix d'achat en Russie).

100 roubles = 266 1/2 (cours).

COURS DES ROUBLES	DOLLARS 1160,036		SOUVERAINS 1182,430		KRONORS 1160,439		MARKS, YEN, FLORINS de Hollande 1160,936	
	KILOG.	1 gr. 67	KILOG.	7 gr. 98	KILOG.	8 gr. 96	KILOG.	Marka 7 gr. 96
	francs.		francs.		francs.		francs.	
Différence	0.725	0,1311	0.739	0,0058	0.725	0,032	0.725	0,0388
206 1/2	3.093,91	516,6892	3.151,19	25,1463	3.002,56	138,547	3.093,91	183,139
9/16	3.094,67	516,810	3.151,93	25,1524	3.093,29	138,579	3.094,67	183,161
5/8	3.095,39	516,931	3.152,67	25,1583	3.094,02	138,612	3.095,30	183,193
11/16	3.096,12	517,052	3.153,41	25,1642	3.021,74	138,644	3.096,12	183,225
3/4	3.096,85	517,173	3.154,15	25,1701	3.095,17	138,677	3.096,85	183,254
13/16	3.097,57	517,295	3.154,89	25,1760	3.096,19	138,709	3.097,57	183,283
7/8	3.098,30	517,416	3.155,63	25,1819	3.096,92	138,742	3.098,30	183,312
15/16	3.099,02	517,537	3.156,37	25,1878	3.097,64	138,774	3.099,02	183,341
207	3.099,75	517,658	3.157,11	25,1937	3.098,37	138,807	3.099,75	183,370
1/16	3.100,17	517,779	3.157,85	25,1996	3.099,00	138,839	3.100,47	183,399
1/8	3.101,20	517,900	3.158,58	25,2055	3.099,82	138,872	3.101,20	183,427
3/16	3.101,92	518,022	3.159,32	25,2114	3.100,54	138,904	3.101,02	183,456
1/4	3.102,65	518,143	3.160,06	25,2173	3.101,27	138,937	3.102,65	183,485
5/16	3.103,38	518,264	3.160,80	25,2232	3.101,00	138,969	3.103,38	183,514
3/8	3.104,10	518,385	3.161,54	25,2291	3.102,72	139,001	3.104,10	183,543
7/16	3.104,83	518,506	3.162,28	25,2350	3.103,11	139,034	3.104,83	183,572
1/2	3.105,55	518,628	3.163,02	25,2409	3.104,17	139,066	3.105,55	183,601
9/16	3.106,28	518,749	3.163,76	25,2468	3.104,89	139,099	3.106,28	183,630
5/8	3.107,00	518,870	3.164,50	25,2527	3.105,62	139,131	3.107,00	183,658
11/16	3.107,73	518,991	3.165,24	25,2586	3.106,34	139,164	3.107,73	183,687
3/4	3.108,45	519,112	3.165,97	25,2645	3.107,07	139,196	3.108,45	183,715
13/16	3.109,18	519,233	3.166,71	25,2704	3.107,79	139,229	3.109,18	183,744
7/8	3.109,08	519,355	3.167,45	25,2763	3.108,52	139,261	3.109,98	183,773
15/16	3.110,63	519,476	3.168,19	25,2822	3.109,24	139,294	3.110,63	183,802
208	3.111,36	519,597	3.168,93	25,2881	3.109,97	139,326	3.111,36	183,831
1/16	3.113,08	519,71	3.169,67	25,2940	3.110,70	139,359	3.113,08	183,860

Envoi d'or de Berlin à Saint-Pétersbourg (frais non compris).

1° *Lingots :*

Achat à Mk 1.392 la livre fin (plus prime s'il y a lieu).
Vente à rbl. 1.290,30 le kilo fin.

x Mk = 100 rbl.	ou	x rbl. = 100 Mk
Rbl. 1290,30 = 1 kilog. fin		Mk 1392 = 1 livre fin
Kil. fin 1 = 2 livres fin		Livres fin 2 = 1 kilog. fin
Livre fin 1 = 1392 Mk		Kilog. fin 1 = 1290,30 rbl.
x = 215,76		x = 46,346

2° *Monnaie allemande :*

x Mk = 100 rbl	ou	x rbl. = 100 Mk
Rbl. 1160,956 = 1.000 gr. brut		Mk 20 = 7,96 gr. brut
Gr. brut 7,96 = 20 Mk		Gr. 1.000 brut = 1160,956 rbl.
x = 216,42		x = 46,206

De Saint-Pétersbourg à Berlin.

Pièces russes de 5, 7,50, 10 et 15 rbl.
Prix d'achat de la Reichsbank : Mk 1252,50 la livre.

x Mk = 100 rbl	ou	x rbl. = 100 Mk
Rbl. 10 = 8,60 gr. brut		Mk 1252,50 = 500 gr.
Gr. brut 500 = 1252,50 Mk		Gr. 8,60 = 10 rbl.
x = 215,43		x = 46,418

COMPTE SIMULÉ.

*Achat de 1/2 Impériales anciennes à Saint-Pétersbourg
et vente à Berlin.*

ACHAT

1° 2.000 1/2 Imp. à rbl. papier. 8,17   = rbl 16,340 »
   Port à la frontière. . . rbl.   2,88) Frais de
   Assurance sur 10,300 Rbl. — 16,37) poste = »   19,25
   Emballage. . . . . »   3,30
   Assurance du surplus rbl. 6,000 à 67 1/2
     kopecks . . . . »   4,03 ci rbl. 16.366,60

              A reporter. 16.366,60

Report 46.366,60

2° 3,0001/2 Imp.   à rbl. papier. 8,17   = rbl. 24.510 »

Port à la frontière. . . rbl.   4,08) Frais de

Assurance sur 45.500 rbl — 22,82) poste = »   26.90

Emballage. . . . . » 3,30

Assurance du surplus rbl. 9.000 . . . . . . » 6,07 ci rbl. 24.546,27

Coût . . Rbl. 40.912,87

VENTE.

5.000 pièces, poids kilos 32,7045

A Mk 1273,072 la livre . . . . = Mk 83.401,15

Port de Eydtkuhnen (frontière russe) à Berlin

valeur déclarée Mk 52,500 . . . . — 24,65

Produit . . . = Mk 83.376,50

Envoi d'or de Londres à Saint-Pétersbourg (frais non compris).

1° *Lingots* :

x pence = 1 rbl.	ou	x rbl. = 10 £
Rbl. 1290,30 = 1 kilog. fin		£ 1 = 240 pence
Kilog. fin 1 = 1.000 gr. fin		Pence 933 = 1 oz stand
Gr. fin 31,1035 = 1 oz fin		Oz stand 12 = 11 oz fin
Oz fin 11 = 12 oz stand		Oz fin 1 = 31,1035 fin gr.
Oz stand 1 = 933 pence (77/9)		Gr. fin 1000 = 1290,30 rbl.
x = 25,361		x = 94,632

2° *Souverains* :

x pence = 1 rbl.		
Rbl. 1182,439 = 1 kilog.		x rbl. = 10 £
Kilog. 1 = 1000 gr.		£ 1 = 7,988 gr.
Gr. 7,988 = 1 £		Gr. 1000 = 1182,439 rbl.
£ 1 = 240 pence		x = 94,452
x = 25,109		

De Saint-Pétersbourg à Londres :

Pièces de 5, 7,50, 10 et 15 rbl.

1° Vente après fonte à 77/9   ou x rbl = 10 £

x pence = 1 Rbl		£ 1 = 240 pence
Rbl. 10 = 8,60 gr. brut		Pence 933 = 1 oz stand
Brut gr. 31,1035 = 1 oz brut		Oz st. 12 = 11 oz fin
Oz brut 1000 = 899 1/2 oz fin		Oz fin 1 = 31,1035 gr. fin
Oz fin 11 = 12 oz stand		Fin gr. 899 1/2 = 1000 gr. brut
Oz stand 1 = 933 pence (77/9)		Gr. brut 8,60 = 10 rbl.
x = 25,313		x = 94,809

2° Vente à l'oz de pièces à 76/5	
Pence $x = 1$ rbl.	x rbl. $= 10$ £
Rbl 10 = 8,60 gr.	£ 1 = 240 pence
Gr. 31,1035 = 1 oz	Pence 917 = 31,1035 gr.
Oz 1 = 917 pence (76/5)	Gr. 8,60 = 10 rbl.
$x = 25,351$	$x = 91,657$

Douane.

Bureaux de 1re classe.

Alexandroff.	Groussiatino.	Nowosclitzkaja.
Archangelsk.	Izmail.	Odessa.
Bacou.	Issakowitzkaja.	Radzewilowo.
Batoum.	Kertsch.	Reval.
Varsovie.	Liban.	Reni.
Wirballen.	Mlawa.	Riga.
Weruschowo.	Narva.	Rostow-sur-Don.
Wolotchisk.	Neschawa.	St-Pétersbourg.
Graewo.	Moscou.	Sosnowitze.
Granitza.	Nicolaeff.	Taganrog.
Charkow.	Ouzoun-Adan.	Tiflis.
Oungeni.	Stchipiorno.	Jourbourg.

COUPONS.

Les coupons dits de « Douane » sont reçus 6 mois avant ou après leur échéance à la condition qu'ils ne soient pas mutilés.

Seuls les coupons des obligations métalliques 4 %, de la Banque d'État, bien que stipulés argent, sont payables en or.

Le cours des coupons douanes à Saint-Pétersbourg est donné en rbl. papier pour 100 rbl. or.

Recherche du prix de vente de coupons Douanes coté 149 3/4 (le cours du versement à Paris étant 266 1/2).

$$x \text{ fr.} = 100 \text{ rbl. or}$$
$$\text{Rbl. or } 100 = 149 \text{ 3/4 rbl. papier}$$
$$\text{Rbl. papier } 100 = 266 \text{ 1/2 fr.}$$
$$x = 399,08$$

*Recherche du prix de vente de coupons Douanes émis en £,
payables à 6 rbl. or 30 1/2 par £.*

Cotés 149 3/4 (le cours du versement à Paris étant 266 1/2).

$$x \text{ fr.} = 1 \text{ £}$$
$$\text{£ } 1 = 6,30 \text{ 1/2 rbl. or}$$
$$\text{Rbl. } 100 = 149 \text{ 3/4 rbl. papier}$$
$$\underline{\text{Rbl papier } 100 = 266 \text{ 1/2 fr.}}$$
$$x = 25,162$$

*Recherche du prix en marks par 100 rbl. or auquel on doit
vendre les coupons Douanes à Berlin, pour obtenir le même
cours qu'en Russie.*

Le versement Paris valant à Berlin Mk 81 net.

Les coupons Douanes étant cotés à Saint-Pétersbourg 149 3/4.
Le versement à Paris 266 1/2.

$$x \text{ Mk} = 100 \text{ rbl. or}$$
$$100 \text{ rbl. or} = 149 \text{ 3/4 rbl. pap.}$$
$$100 \text{ rbl. pap.} = 266 \text{ 1/2 fr.}$$
$$\underline{\text{Fr. } 100 = 81 \text{ Mk}}$$
$$x = 323,25$$

ENVOI DE COUPONS DOUANE DE PARIS :

Recherche du prix de la couverture.
Coupons cotés 149 3/4.

Coupons émis en £ achetés à Paris 25,17

$$x \text{ Fr.} = 100 \text{ rbl. pap.}$$
$$\text{Rbl pap. } 149 \text{ 3/4} = 100 \text{ rbl. or}$$
$$\text{Rbl or } 6,30 = 1 \text{ £}$$
$$\underline{\text{£ } 1 = 25,17 \text{ fr.}}$$
$$x = 266,79$$

Coupons en rbl. achetés à Paris
399,80 les 100 rbl or.

$$x \text{ fr.} = 100 \text{ rbl. pap.}$$
$$\text{Rbl. pap. } 149 \text{ 3/4} = 100 \text{ rbl. or.}$$
$$\underline{\text{Rbl. or } 100 = 399,80 \text{ fr.}}$$
$$x = 266,97$$

*Recherche du prix de la couverture d'un envoi de billets alle-
mands acceptés par la Douane pour rbl. or 30,80.*

Vendus au cours de 149 3/4.

[Achetés à Paris à la parité de
81 Mk 10 à vue

$$x \text{ fr.} = 100 \text{ rbl. papier}$$
$$\text{Rbl. pap. } 149 \text{ 3/4} = 100 \text{ rbl. or}$$
$$\text{Rbl. or } 30,80 = 100 \text{ mk}$$
$$\underline{\text{Mk } 81,10 = 100 \text{ fr.}}$$
$$x = 267,34$$
ou rbl. 37,405 par 100 fr.

Envoi effectué d'Allemagne pour
compte allemand

$$x \text{ Mk} = 100 \text{ rbl. pap.}$$
$$\text{Rbl. pap. } 149 \text{ 3/4} = 100 \text{ rbl. or}$$
$$\underline{\text{Rbl. or } 30,80 = 100 \text{ Mk}}$$
$$x = 216,81$$

Au moment des Pâques russes, la douane étant fermée, le cours des coupons est généralement plus faible.

Les frais pour coupons sont de :

Assurance . . . . 0,50 %₀
Voyage en 4 jours à 3 %. 0,33
Courtage pour vente 1/10 %. 1
Courtage pour achat de couverture à St-Pétersbourg. 1
Voyage de couverture 4 jours à 3 %. 0,33
Chargement, varie suivant nature. 0,50

ENVOIS DE COUPONS ET TITRES REMBOURSABLES DES EMPRUNTS RUSSES OR.

1° *De Russie à Paris* (coupons et titres payables à Paris à 500 francs les 187 Rbl 50 pap.).

$$x \text{ rbl.} = 100 \text{ fr.} \qquad\qquad\qquad ou \qquad\qquad x \text{ fr.} = 100 \text{ rbl.}$$
$$\underline{\text{Fr. } 500 = 187.50 \text{ rbl. pap.}} \qquad\qquad \underline{\text{Rbl } 187,50 = 500 \text{ fr.}}$$
$$x = 37,50 \qquad\qquad\qquad\qquad\qquad x = 266\ 2/3$$

2° *De Russie à Berlin* (Mk 404 = 187 Rbl 50 pap.)

$$x \text{ rbl.} = 100 \text{ Mk} \qquad\qquad\qquad ou \qquad\qquad x \text{ Mk} = 100 \text{ rbl.}$$
$$\underline{\text{Mk } 404 = 187.50 \text{ rbl. pap.}} \qquad\qquad \underline{\text{rbl. } 187,50 = 404 \text{ Mk}}$$
$$x = 46,410 \qquad\qquad\qquad\qquad\qquad x = 215,46$$

3° *De Russie à Londres* (£ 19 : 15 : 6 = 187 rbl. 50 pap.) titres seulement, les coupons supportant l'income tax.

$$x \text{ rbl.} = 10 \text{ £} \qquad\qquad\qquad ou \qquad\qquad x \text{ pence} = 1 \text{ rbl.}$$
$$\underline{\text{£ } 19 : 15 : 6 = 187,50 \text{ rbl. pap.}} \qquad\qquad \text{Rbl. } 187,50 = 19 : 15 : 6 \text{ £}$$
$$x = 94.816 \qquad\qquad\qquad\qquad \underline{\text{£ } 1 = 240 \text{ pence}}$$
$$x = 25,312$$

4° *De Russie à Amsterdam* (Fl. 230 = 187 Rbl 50 pap.)

$$x \text{ rbl.} = 100 \text{ fl.} \qquad\qquad\qquad ou \qquad\qquad x \text{ fl.} = 100 \text{ rbl.}$$
$$\underline{\text{Fl. } 230 = 187,50 \text{ rbl. pap.}} \qquad\qquad \underline{\text{Rbl. } 187,50 = 239 \text{ fl.}}$$
$$x = 78,451 \qquad\qquad\qquad\qquad\qquad x = 127,46$$

5° *De Russie à New-York* ($ 96.25 = 187 rbl. 50 pap.)

ou

x rbl. = 100 $		x $ = 100 rbl.
$ 96,25 = 185,50 rbl. pap.		Rbl. 187,50 = 96,25 $
x = 194,80		x = 51 1/3

Pour ces envois les parités s'établissent donc comme suit :

1 rbl. = 2 $\frac{2}{3}$ Fr. = 2 Mk 1546 = 25 d 312 = 1 fl. 2746 = 0 $ 51 1/3.

Pour les titres remboursables, tenir compte du timbre dans les pays où il est exigé.

ENVOIS DE BILLETS DE BANQUE RUSSES PAR LA POSTE.

Pour ces envois, la déclaration de valeur indiquée sur l'enveloppe doit être exprimée en roubles et en francs.

La déclaration de la valeur entière est de rigueur, sous peine de 25 °/₀ d'amende sur la valeur intégrale.

Le coût du chargement est de 0,25 par 300 francs plus le port (0,25 par 15 grammes).

Droit d'entrée 1 kopeck par 100 roubles.

PRESCRIPTION DES COUPONS ET TITRES.

En Russie le délai de prescription est de :
5 à 10 ans pour les coupons
10 à 30 ans pour les titres.
Pour certaines valeurs, il n'y a pas de terme fixé.

Saint-Pétersbourg avance sur Paris de 1 h. 52.

TABLEAU

des Emprunts Russes et Obligations de chemins de fer dont les coupons sont acceptés Russie comme monnaie d'or en paiement des droits de Douane.

TAUX	DÉNOMINATION DES VALEURS	ÉCHÉANCES des COUPONS	VALEUR NOMINALE DES COUPONS EN					Prix en rbl. or auxquels ils sont acceptés par la Douane	OBSERVATIONS
			£	Mk.	Fl.	Fr.	Rbl.		
5 0/0	Emprunt 1822	13 mars 13 sept.	2:15:6	»	»	»	18 »	17,50	
		»	3:14	»	»	»	24 »	23,33	
		»	12:19	»	»	»	84 »	81,65	
		»	25:18	»	»	»	168 »	163,30	
5 0/0	Rente or 1884	14 janv. 13 juil.	9:11	10,15 5/8	6,02	12,50	3,12 1/2	2,96 1/2	Impôt 5 %
		»	1:19:9 1/2	40,625	24,08	50 »	12,50	11,87	»
		»	3:19:7	81,25	48,16	100 »	25 »	23,75	»
5 0/0	Chemin de fer du Transcaucase	5 avril 5 octob.	»	»	»	12,50	3,12 1/2	2,96	Impôt 5 %
		»	»	»	»	62,50	15,62 1/2	14,81	»
		»	»	»	»	125 »	31,25	29,68	»
5 0/0	Riga Dwinsk, 1re, 2e, 3e émissions.	14 janv. 13 juil.	0:10	10,03	»	12,50	3,12 1/2	2,99 1/2	Impôt 5 %
5 0/0	Orel-Vitebsk 1867	17 avril 17 oct.	2:10	51 »	29,50	»	»	15,76	
5 0/0	Moscou-Smolensk	1er mai 1er nov.	»	15 »	»	»	»	4,63	
		»	»	37,50	»	»	»	11,57	
		»	»	75 »	»	»	»	23,14	
		»	»	»	25	»	»	13,02	
4 1/2 0/0	Grande Société des ch. de fer 1858	13 avril 13 oct.	1:16	»	»	45 »	11,25	11,35	
4 1/2 0/0	Ch. de fer Iwangorod Dombrowa, 1re ém. 1881	1er janv. 1er juill.	0:9	9,18	5,31	11,25	2,81 1/4	2,81	
4 0/0	Ch. de fer Iwangorod Dombrowa, 2e ém. 1893	»	0:9	9,18	5,31	11,25	2,81 1/4	2,67	Impôt 5 %
4 0/0	Emprunts or, 1re, 2e, 3e, 4e, 5e, 6e émis.	Trimestrielles.	0:3:11 1/2	4,04	2,39	5 »	1 25	1.25	
		»	0:19:9 1/2	20,20	11,03	25 »	6,25	6,25	
		»	4:18:11 1/2	101 »	59,75	125 »	31,25	31,25	
4 0/0	Oblig. métalliques de la Banque d'Etat.	13 févr. 13 août	»	»	»	»	12 »	11,40	Impôt 5 %
4 0/0	Consolidés 1re, 2e, 3e séries	Trimestrielles.	0:3:11 1/2	4,04	2,39	5 »	1,25	1,25	
		»	0:19:9 1/2	20,20	11,93	25 »	6,25	6,25	
		»	1:19:7	40,40	23,00	50 »	12,50	12,50	
		»	4:18:11 1/2	101 »	59,75	125 »	31,25	31,25	
4 0/0	Consolidé 1880	13 mai 13 nov.	0:7:11 1/2	8,12 1/2	4,82	10 »	2,50	2,50	
		»	1:19:9 1/2	40,62 1/2	24,10	50 »	12,50	12,50	

TAUX	DÉNOMINATION DES VALEURS	ÉCHÉANCES des COUPONS	£	Mk.	Fl.	Fr.	Rbl.	Prix en Rbl. or auxquels ils sont acceptés par la Douane	OBSERVATIONS
4 0/0	Grande Société des ch. de fer 1861	13 avril 13 oct.	0:8	»	»	10 »	2,50	2,52	
4 0/0	Grande Société des ch. de fer 1890	1er janv. 1er juill.	2	»	»	»	12,50	11,98	Impôt 5 %
4 0/0	Grande Société des ch. de fer 1888	1er fév. 1er août	2	»	»	»	12,50	11,98	»
4 0/0	Ch. de fer du Donetz 1893	13 juin 13 déc.	0:7:11	8,08	4,78	10 »	2,50	2,37	»
4 0/0	Ch. de fer Koursk-Kharkow-Azow, série A	2 janv. 1er juil.	0:11:9	12	6,94	»	3,07 1/2	3,70	
		»	2	40,80	»	»	»	12,61	
		»	10	204 »	»	»	»	63,05	
		»	20	408 »	»	»	»	126,10	
	Ch. de fer Koursk-Kharkow-Azow, série B	1er avril 1er oct.	»	10 »	5,03	12.35	»	3,08	
		»	»	20 »	11,86	21,70	»	6,17	
		»	»	40 »	23,72	49,40	»	12,34	
4 0/0	Ch. de fer Moscou-Koursk	1er mai 1er nov.	»	10	»	»	»	2,03	Impôt 5 %
		»	»	20	»	»	»	5,86	»
4 0/0	Nicolas 1867-1869	1er mai 1er nov.	0:8	»	4,72	10 »	2,50	2,52	
		»	2	»	23,60	50 »	12,50	12,61	
4 0/0	Ch. de fer Orel-Griasi série A	1er avr. 1er oct.	0:11:9	12	6,94	»	3,07 1/2	3,70	
	Ch. de fer Orel-Griasi série B	»	»	10	5,03	12,35	»	3,08	
		»	»	20	11,86	21,70	»	6,17	
		»	»	40	23,72	49,40	»	12,34	
4 0/0	Ch. de fer Tambof-Saratof 1882	14 janv. 14 juil.	0:8	8,04	4,72	10 »	2,50	2,52	
		»	2	40,20	23,60	50 »	12,50	12,61	
		»	4	80,10	47,20	100 »	25 »	25,22	
4 0/0	Ch. de fer de Vladicaucase 1885	2 janv. 1er juil.	0:8	8,16	4,72	10 »	2,50	2,50	
		»	2	40,80	23,60	50 »	12,50	12,50	
	Ch. de fer de Vladicaucase 1894	1er avr. 1er oct.	0:7:11	8,08	4,78	10 »	2,50	2,50	
4 0/0	Ch. de fer du Sud-Ouest Russe 1885	2 janv. 1er juil.	0:8	8,16	4,72	10 »	2,50	2,50	
		»	2	40,80	23,60	50 »	12,50	12,50	
4 0/0	Moscou-Rjasan	1er fév. 1er août	»	20	»	»	»	6,17	
4 0/0	Koslow-Woronesh-Rostoff 1887	1er avril 1er oct.	»	12	»	»	»	3,70	

TAUX	DÉNOMINATION DES VALEURS	ÉCHÉANCES des COUPONS	VALEUR NOMINALE DES COUPONS EN					Prix en rbl. or, auxquels ils sont acceptés par la Douane	OBSERVATIONS
			£	Mk.	Fl.	Fr.	Rbl.		
	Koslow - Woronesh-Rostoff 1887. . . .	»	»	60	»	»	»	18,51	
	Koslow - Woronesh-Rostoff 1889. . . .	»	»	20	»	»	»	6,17	
4 0/0	Rjasan-Kosloff. . . .	1er avril 1er oct.	»	20	»	»	»	6,17	
4 0/0	Dwinsk-Vitebsk. . .	5 avril 5 octob.	0:8	8,08	4,80	10 »	2,50	2,50	
4 0/0	Koursk-Charkow-Azoff 1894.	14 janv. 13 juil.	0:7:11	8,08	4,78	10 »	2,50	2,37 1/2	Impôt 5 %
4 0/0	Orel-Vitebsk	17 avril 17 oct.	0:7:11	8,08	4,78	10 »	2,50	2,50	
		»	1:19:4	40,40	23,00	50 »	12,50	12,50	
4 0/0	Riga-Dwinsk	13 avril 13 oct.	0:7:11	8 08	4,78	10 »	2,50	2,37 1/2	Impôt 5 %
		»	1:19:4	40,40	23,90	50 »	12,50	11,87 1/2	»
4 0/0	Rjasan-Oural. . . .	1er mars 1er sept.	0:7:11	8,08	4,78	10 »	2,50	2,50	
3 0/0	Emprunts or 1891 1894 et 1896.	Trimestrielles.	»	3,03	1,79 1/4	3,75	0,03 3/4	0,93 3/4	
		»	»	15,15	8,96 1/4	18,75	4,68 3/4	4,68 3/4	
		»	»	75,75	44,81 1/4	93,75	23,43 3/4	23,43 3/4	
3 0/0	Ch. de fer du Trans-caucase	15 juin 15 déc.	0:6	6,12	»	7,50	1,87 1/2	1,89	
		»	1:10	30,60	»	37,50	9,37 1/2	9,45 2/3	
3 0/0	Grande Société des ch. de fer 1881 . .	13 juin 13 déc.	0:6	6,03	»	7,50	1,87 1/2	1,89	
		»	1:10	30,15	»	37,50	3,37 1/2	9,15 2/3	
3 0/0	Morchansk-Syzrane .	14 janv. 11 juil.	»	»	»	»	1,87 1/2	1,78	Impôt 5 %
3 0/0	Ch. de fer de Riajsk-Viasma	14 janv. 14 juil.	»	»	»	»	1,87 1/2	1,78	»
3 0/0	Emprunt de 1859. . .	1er mai 1er nov.	1:10	»	»	»	»	0,45	
		»	15	»	»	»	»	94,50	
3 1 2 0/0	Russe 1894	Trimestrielles.	»	»	»	4,375	1,09 3/8	1,09 3/8	»

SANTO-DOMINGO (RÉPUBLIQUE DOMINICAINE)

Frais de Transport.

De Paris à Saint-Domingue :

Envoi d'argent monnayé par la Cie générale Transatlantique

Fret	—	—	—	5 %
Commission	—	—	—	1/4 %
Assurance à Paris	—	—	—	2 1/4 %

Changes

Les changes sont cotés en tant pour cent de prime sur les bases fixes suivantes :

$$1 \text{ peso} = 5 \text{ francs}$$
$$5 \text{ pesos} = 1 \text{ £}$$

Cote de fin janvier 1901 :

France 90 jours vue. . .	2 %	(contre or)
Chèque.	4 1/2	(contre or)
Agio s/or.	101	

Monnaies.

La monnaie du pays est la $ mexicaine argent. Le prix de cette piastre est tarifé au cours de l'argent à New-York.

En 1894 on a adopté l'étalon d'or sur la base, comme poids et valeur du dollar or des États-Unis, mais la frappe de cette nouvelle monnaie n'est pas encore commencée.

SAN-SALVADOR

Frais de Transport

Le coût du fret pour des envois de *Paris à Libertad* via Colon, est de. . . . . 2 %

Le taux de *l'assurance de Paris à Libertad et San-Salvador* est de . . . . 0,30 %

Il n'y a pas de monnaies d'or en cours.

Comme monnaies d'argent, il circule des piastres :

Salvador Colon
Guatémala
Honduras
Sucres de l'Équateur
Soles Pérou
Chili

Il a été frappé des $ argent du San-Salvador avec le buste de Christophe Colomb (au titre de 900 millièmes).

Les changes sont cotés en tant pour cent de prime sur les bases suivantes :

$$1 \text{ peso} = 5 \text{ francs}$$
$$5 \text{ pesos} = 1 \text{ £}$$

Cours des changes

Londres	3 jours de vue	105 %
Paris	vue	103
Hambourg	—	101
New-York	3 jours de vue	113

CONFÉDÉRATION SCANDINAVE

DANEMARK — SUÈDE — NORVÈGE

COPENHAGUE — STOCKHOLM — CHRISTIANIA

La Banque Nationale à Copenhague achète de l'or en barres à : kronors 2480 moins 1/4 % soit kr. 2473.80 le kilog. fin.

Elle achète également les monnaies d'or étrangères à kr 2480 moins 1/4 % soit kr 2473.80 le kilog. fin, d'après les titres ci-dessous :

à 899 1/2　les Napoléons, Guillaume de Hollande, marks, dollars, Impériales nouvelles ;

à 916 1/2　les Souverains ;

916　Impériales anciennes, frappées après 1800.

Pour un montant important, la Banque est susceptible d'élever son prix jusqu'à kr 2476.90.

Cote des Changes

1° Copenhague :

Hambourg . . .	à vue	par 100 marks	krone	89,10
— . . .	10 jours	—	—	88,90
— . . .	3 mois	—	—	87,70
Londres	à vue	par £	—	18,22
—	10 jours	—	—	18,18

Londres	3 mois	par £	krone 17,99
Paris	à vue	par 100 francs	— 72,20
Anvers	—	par 100 belge	— 71,95
Amsterdam . .	—	par 100 florins	— 150,50
Pétersbourg . .	—	par 100 roubles	— 193,25
Helsingfors. . .	—	par 100 markkaas	— 71,90
New-York . . .	—	par dollars	— 3,77

2° *Christiania* :

Londres	à vue	par £	krone 18,21
Hambourg . . .	—	par 100 Mk	— 89,10
Amsterdam. . .	—	par 100 fl	— 150,20
Paris	—	par 100 fr.	— 72,15
Anvers.	—	par 100 belge	— 71,90

3° *Stockholm* :

Londres	3 mois	par 1 £	krone 18,70
	courts jours	—	— 18,24
	vue	—	— 18,27
Hambourg . . .	3 mois	par 100 Mk	— 88
	courts jours	—	— 88,95
	vue	—	— 89,10
Berlin	vue	—	— 89,10
Paris.	3 mois	par 100 fr.	— 71,65
	courts jours	—	72,45
	vue	—	— 72,55
Anvers.	3 mois	par 100 fr. belge	— 71,45
	courts jours	—	— 72,35
	vue	—	— 72,45
Amsterdam. . .	3 mois	par 100 fl.	— 149,25
	courts jours	—	— 150,55
	vue	—	— 150,75
Copenhague . .	3 mois	par 100 kroner	— —
	courts jours	—	— —
	vue	—	— —
Pétersbourg . .	3 mois	par 100 roubles	— —
	courts jours	—	— 193,50

Calcul des intérêts : 360 jours par an
30 jours par mois.

———————————

PARITÉS (ramenées à vue).

Paris :

x fr. = 100 krone	x krone = 100 fr.
Krone 72,20 = 100 fr.	Fr. 138,50 = 100 krone
x = 138,50	x = 72,20

Londres :

x fr. = 1 £	x krone = 1 £
£ 1 = 18,22	£ 1 = 25,235 fr.
Krone 72.20 = 100 fr.	Fr. 138,642 = 100 krone
x = 25,235	x = 18,22

Allemagne :

x fr. = 100 Mk	x krone = 100 Mk
Mk 100 = 89,10 krone	Mk 100 = 123,406
Krone 72,20 = 100 fr.	Fr. 138,50 = 100 krone
x = 123,406	x = 89,10

Anvers :

x fr. = 100 belge	x krone = 100 belge
Belge 100 = 71,95	Belge 100 = 99,653 fr.
Krone 72.20 = 100 fr.	Fr. 138,642 = 100 krone
x = 99,653	x = 71,95

Ou 72,20 — 71,95 = 0 Kr. 25 perte par 100 fr. soit à 138,64 = 0 fr. 346 %

Amsterdam :

x fr. = 100 florins	x krone = 100 fr.
Fl. 100 = 150,50 krone	Fr. 100 = 208,448 fr.
Krone 72.20 = 100 fr.	Fr. 138,642 = 100 krone
x = 208,448	x = 150,50

Saint-Pétersbourg :

x fr. = 100 rbl.	x krone = 100 rbl.
Rbl. 100 = 193,25 krone	Rbl. 100 = 267,639 fr.
Krone 72,20 = 100 fr.	Fr. 138,642 = 100 krone
x = 267,639	x = 193,25

Helsingfors :

Conjointes comme Anvers.

New-York :

$$x \text{ fr.} = 100 \text{ dll.}$$
$$\text{Dll. } 1 = 3{,}77 \text{ kroner}$$
$$\text{Kroner } 72{,}20 = 100 \text{ fr.}$$
$$x = 522{,}165$$

$$x \text{ krone} = 1 \text{ dll.}$$
$$\text{Dll. } 100 = 522{,}165 \text{ fr.}$$
$$\text{Fr. } 138{,}642 = 100 \text{ kroner}$$
$$x = 3{,}77$$

DÉLAI DE PRESCRIPTION

En Danemark. — Les coupons et les obligations sorties sont en général périmés au bout de 20 ans, cependant il existe des institutions qui ont stipulé un terme de 4 à 5 ans, et dans ce cas les titres et coupons en portent la remarque.

En Suède : Les coupons et titres remboursables sont périmés 10 ans après la date d'échéance ou de tirage.

En Norvège : La date de surannation est de 20 ans pour les actions et titres remboursables.

SUISSE

Frais de Transport.

Paris à Genève. — Envoi de 200.000 fr. en or = fr. 293,15 = 1 1/2 %₀

Genève à Wien, envois d'or. — Frais de transport par groups déclarés 1.000 fr. et assurés :

pour 10.000 francs = ... 0,40 %₀

pour 50.000 — = ... 0.36 %₀

A Paris, le taux de l'assurance de Genève à Wien est de 0,20 %₀

Genève à Wien : Frais d'une expédition de fr. 1.650.000 valeur déclarée. 1.000 fr. par caisse. . . . . 0,252 %₀

Lyon à Genève : Frais pour or et argent. . . . . 0,41 %₀

DROITS D'ENTRÉE EN SUISSE POUR L'OR

Or non ouvré	exempt
Or monnayé	exempt
Or laminé, en plaques ou en bandes	= 20 fr. les 100 kilos
Or filé — —	= 50 —

Pour ces envois, la valeur ainsi que les poids *net* et *brut* doivent être indiqués.

Frais de Transport

Envoi de 100.000 fr. en or en caisse de 34 à 35 kilos.

De *Paris au Locle*	—	— par l'Est	1,1405 °/₀₀
De *Paris à Morleau*	—	— par le P.-L.-M.	1,3215
De *Paris à Neuchâtel*	—	— par l'Est	1,1465
De *Paris à Zafingue*	—	— —	1,177
De *Paris à Zurich*	—	— —	1,2755

Cote des changes

Paris	100,35 fr. Suisse	par 100 francs
Londres	25,36 —	par 1 £
Allemagne	124,05 —	par 100 Mk
Belgique	100,10 —	par 100 belge
Saint-Pétersbourg	268 —	par 100 roubles
New-York	520,50 —	par 100 $
Hollande	209,25 —	par 100 fl.
Italie	93,50 —	par 100 lire
Autriche	105 —	par 100 couronnes

Tous les cours s'entendent à vue, les intérêts sont toujours à déduire au taux officiel des places étrangères.

A Genève ou Zurich, les intérêts se calculent sur l'année de 360 jours, les mois de 30 jours.

A Bâle l'année pour 365 jours et les mois pour le nombre exact de jours.

TURQUIE

CONSTANTINOPLE

Frais de transport

De Paris à Marseille :

Par la Compagnie P.-L.-M.	2,17 1/2 °/₀₀
— (Tarif spécial n° 15 G. V.).	1,35 °/₀₀
— (Tarif spécial n° 20 G. V. exportation)	1,30 °/₀₀

(La demande d'application de ce dernier tarif doit être faite sur la déclaration d'expédition.)

Assurance de Marseille à Constantinople. . . . . . 1/2 °/₀₀

Fret de Marseille à Constantinople :

Par la Compagnie Paquet de 10.000 à 100.000 fr. . 2,50 °/₀₀
—   —   100.000 à 250.000. . . 2 °/₀₀
—   —   250.000 à 500.000. . 1,50 °/₀₀
—   —   au-dessus de 500.000. . . 1 °/₁₀
Par la Compagnie Fraissinet, jusqu'à 250.000. . . 2 °/₀₀
—   —   de 250.000 à 500.000. . . 1,50 °/₀₀
—   —   500.000 à 600.000. . 1,25 °/₀₀
—   —   au-dessus de 600.000. . . 1 °/₀₀
Par la Compagnie des Messageries Maritimes. . . . 2,50 °/₀₀

Si, à la fin de l'année, les envois dépassent 5.000,000 de francs, la Compagnie consent parfois à une rétrocession sur le fret prélevé antérieurement.

L'envoi des espèces et valeurs n'est pas toléré par l'Orient-Express.

Les voyageurs peuvent en emporter, mais à léurs risques et périls. Les envois doivent être faits par les trains ordinaires.

Pour les envois en espèces, à destination des différents ports de l'Orient, le fret par les Messageries Maritimes est de 2 1/2 °/₀₀.

ENVOI DE COUPONS EN CAISSES

De Paris à Constantinople, on paie :

Jusqu'à 10 kilos, 21 fr., avec faculté de faire une ou plusieurs caisses mais dont le poids total ne dépasse pas *10 kilos.*

De 10 à 20 kilos, 42 fr. 15, avec faculté de faire une ou plusieurs caisses, mais dont le poids total ne dépasse pas *20 kilos.*

On paie en outre 1 °/₀₀ de la valeur déclarée.

Cote des changes

Londres.	3 mois	109 1/32	piastres	par £	
—	chèques	109 3/16	—	—	
France.	3 mois.	23,10	francs	—	Ltq
—	chèques	22,95	—	—	—
Allemagne. . . .	vue	18,59 3/8	mark	—	—
Autriche-Hongrie.	vue	10,96 1/2	florins	—	—
Belgique.	vue	23 1/40	francs	—	—
Égypte.	vue	88,61 7/8	P. Eg.	—	—

Egypte	vue	110	piastres	par ltq
Grèce	vue	23,425	francs	—
—	vue	35,68 3/4	dra.	—
Hollande.	vue	11,02 1/2	florins	—
Italie	vue	22,97 1/2	francs or	—
—	vue	24,67 1/2	lire	—
New-York	vue	4,43 1/2	$	—
Roumanie	vue	23,22 1/2	lei	—
Russie.	vue	8,60 1/4	roubles	—
—	3 j. vue	8,64 1/2	—	—

Monnaies

Napoléons	87 16/40	piastres	par pièce
Souverains.	109 37/40	—	
Medjidié.	107 34/40	—	
Roubles papier. . . .	8 61/62	—	
Altiliks fractions . . .	103 20/40	—	
Bechiks	101 20/40	—	
Petit Medjidié vieux. .	103 5/40	—	
Métalliques.	95 20/40	—	

(Altiliks fractions, Bechiks, Petit Medjidié vieux : nominaux)

PARITÉS

Paris (cours à 3 mois, intérêts au taux Banque à Paris) :

Soit 23.10 — 3 mois à 4 % = fr. 22.869 à vue.

(Voir tableau page suivante.)

Londres (cours à 3 mois, intérêts au taux anglais) :

x fr. = 1 £	x piastre = 1 £
£ 100 = 110.31 ltq (109 7/32 90 j. 4 %)	£ 1 = 25,226 fr.
Ltq 1 = 22,869	Fr. 22,869 = 100 piastres
x = 25,226	x = 110.31

Allemagne (cours à vue) :

x fr. = 100 marks	x mark = 1 ltq
Marks 18,59 3/8 = 1 ltq	Ltq 1 = 22,869 fr.
Ltq 1 = 22,869 fr.	Fr. 122,99 = 100 mark
x = 123,99	x = 18,593

Autriche-Hongrie (cours à vue) :

x fr. $=$ 100 cour.	x fl. $=$ 1 ltq
Cour. 2 $=$ 1 fl.	Ltq 1 $=$ 22,869 fr.
Fl. 10,96 1/2 $=$ 1 ltq	Fr. 104,28 $=$ 100 cour.
Ltq 1 $=$ 22,869 fr.	Cour. 2 $=$ 1 fl.
$x = 104,28$	$x = 10,965$

Belgique (cours à vue) :

Diminuer du cours la perte sur la Belgique (s'il y a lieu).

Égypte (cours à vue) :

x fr. $=$ 1 liv. égypt.	
Liv. égypt. 1 $=$ 100 piast.	x p. égypt. $=$ 1 ltq
Plast. 88,61 7/8 $=$ 1 ltq	Ltq 1 $=$ 22,869 fr.
Ltq 1 $=$ 22,869 fr.	Fr. 25 806 $=$ 100 p. égypt.
$x = 25,806$	$x = 88,618$

Grèce (cours à vue) :

Un autre cours est donné pour les tirages en francs.

x fr. $=$ 100 drach.	x drach. $=$ 1 ltq.
Drach. 35 68 3/4 $=$ 1 ltq	Ltq 1 $=$ 22,869 fr.
Ltq 1 $=$ 22,869	Fr. 64,08 $=$ 100 drach.
$x = 64,08$	$x = 35,687$

Hollande (cours à vue) :

x fr. $=$ 100 fl.	x fl. $=$ 1 ltq
Fl. 11,025 $=$ 1 ltq.	Ltq 1 $=$ 22,869 fr.
Ltq 1 $=$ 22,869 fr.	Fr. 207,428 $=$ 100 fl.
$x = 207,428$	$x = 11,025$

Italie (cours à vue) :

Un autre cours est donné pour les effets payables en or.

x fr. $=$ 100 lire	x Lire $=$ 1 Ltq
Lire 24,675 $=$ 1 ltq	Ltq 1 $=$ 22,869 fr.
Ltq 1 $=$ 22,869 fr.	Fr. 92,68 $=$ 100 lire
$x = 92,680$	$x = 24,675$

New-York (cours à vue) :

x fr. $=$ 100 $	x $ $=$ 1 ltq
$ 4,435 $=$ 1 ltq	Ltq 1 $=$ 22,689 fr.
Ltq 1 $=$ 22,869 fr.	Fr. 515,648 $=$ 100 $]
$x = 515,648$	$x = 4,435$

Roumanie (cours à vue). Mêmes conjointes que l'Italie.

Russie (cours à vue) :

x fr. = 100 rbl	x rbl. = 1 ltq
Rbl. 8,60 1/4 = 1 ltq	Ltq 1 = 22,869 fr.
Ltq 1 = 22.869 fr.	Fr. 265,841 = 100 rbl
x = 265,841	x = 8,602

TABLE DE PARITÉS

COURS DU PARIS à 3 mois	PARITÉ CORRESPONDANTE A VUE Escompte calculé à :				
	2 %	2 1/2 %	3 %	3 1/2 %	4 %
22,80	22,686	22,657	22,629	22,600	22,572
81 1/4	22,698	22,669	22 641	22,612	22,584
82 1/2	22,710	22,682	22,653	22,625	22,596
83 3/4	22,723	22,694	22,666	22,637	22,609
85	22,735	22,707	22,678	22,650	22.621
86 1/4	22,748	22,719	22,690	22,662	22,633
87 1/2	22,760	22,732	22,703	22.674	22,646
88 3/4	22,773	22,741	22,715	22,687	22,658
22,90	22,785	22,756	22,728	22,699	22,671
91 1/4	22,797	22,769	22,740	22,711	22,683
92 1/2	22,810	22,781	22,753	22,724	22,695
93 3/4	22,822	22,794	22,765	22.736	22.708
95	22,835	22,806	22,777	22,749	22 720
96 1/4	22,847	22,819	22,790	22,761	22,732
97 1/2	22,860	22,831	22,802	22.773	22,745
98 3/4	22,872	22,844	22,815	22,786	22,757
23,„	22,885	22,856	22.827	22,798	22,77
01 1/4	22,897	22,868	22,839	22,811	22,782
02 1/2	22.009	22,881	22,852	22,823	22,794
03 3/4	22,922	22,893	22,864	22,835	22,807
05	22,034	22,905	22,877	22,848	22,819
06 1/4	22,047	22,918	22,889	22,860	22,831
07 1/2	22,959	22,930	22,901	22,873	22,844
08 3/4	22,972	22,943	22,914	22,885	22,856
23,10	22,984	22,955	22,926	22,897	22,869
11 1/4	22,996	22,968	22,939	22,910	22,881
12 1/2	23,009	22,980	22,951	22,922	22,893
13 3/4	23,021	22,992	22,963	22,935	22,006
15	23,034	23,005	22,976	22,947	22,918

Lingots

Les lingots d'or sont cotés en livres turques par oke fin.

Les lingots d'argent sont cotés en Medjidiés d'argent à 20 piastres.

La Monnaie achète les matières d'or et d'argent d'après le titre, à raison de :

48 piastres par drachme d'or fin à 1000 millièmes.

3,12 1/2 — — d'argent fin à —

Toutefois, les matières susceptibles d'affinage ne sont payées que 47 1/2 piastres par chaque drachme d'or fin.

3,2 1/2 — — d'argent fin.

L'unité de poids pour les métaux précieux est le drachme qui vaut 16 karats, ou gr. 3,2073625.

L'oke vaut 400 drachmes, soit kilog. 1,282945.

Le kilog. = drachmes 311,7826563

L'oke d'or fin, au pair, vaut 192 livres turques or de 100 piastres, soit fr. 4,368, en calculant la livre turque au taux légal de 22 fr, 75.

L'oke d'argent fin, au pair, vaut 62 1/2 Medjidiés d'argent de 20 piastres, soit fr. 281,25, en calculant le Medjidié au taux légal de 4 fr. 50.

On ne traite pas sur place les lingots or et argent.

La monnaie de Constantinople ne frappe plus de Medjidiés, et par suite, elle n'achète plus d'argent : (la défense du Gouvernement sur ce point est expresse).

Toutefois, de temps en temps, elle frappe de la monnaie divisionnaire d'argent, mais le métal est fourni par la démonétisation de Medjidiés et pour compte du Gouvernement.

COMPTE SIMULÉ

[Barres argent

100 kilos à 186 fr. 05. . . . . Fr.	18.605	»
Transport de Paris à Marseille valeur déclarée 1,70 %₀ .	32.60	
Frèt de Marseille à Constantinople 1/4 %₀.	47.50	
Assurance 1 %₀	19	»
Perte d'intérêts à 3 % pendant 1 mois	50	»
Emballage : 3 francs par 30 kilos.	12	»
Coût, rendus à Constantinople . . . . . Fr.	18.766.10	

Recherches de la valeur du kilog. d'argent fin en livres turques

$$x \text{ ltq} = 1 \text{ kil. arg. fin}$$
$$\text{Kil. arg. fin } 1 = 311,7823563 \text{ drachmes}$$
$$\text{Drachme } 1 = 3,125 \text{ p. t.}$$
$$\text{P. t. } 100 = 1 \text{ ltq}$$
$$\overline{\text{d'où } x = 9,7432 \text{ ltq}}$$

COMPTE SIMULÉ

Envoi de 100 kilog. argent à 999 millièmes

Drachmes 31.178,235 à 999 = fin drachmes : 31.147,15

$$\text{à 3 pt. 125} = \text{pt.} \quad 97.334,84$$
$$\text{ou ltq} \quad 973,34$$

Monnaies

Titres et prix auxquels la Monnaie de Constantinople achète les monnaies suivantes :

	TITRES	PRIX D'ACHAT	
	DES PIÈCES	Piastres	Paras
Or.			
Sequins de Venise	993⁵	47	30
Ducats d'Autriche	985	47	10
Ducats de Hollande.	979	47	»
Foundank.	970	46	20
Atik Roumi.	956¹⁵	45	35
Atik Sultan Mahmoud	952	45	25
Souverains anglais	916⁵	44	»
1/2 Impériale russe de R° 5,15.	916⁵	44	»
Sultan Mustapha. . . . . :	906⁷⁵	43	20
Napoléons.	900	43	07
Allemagne, anciennes et nouvelles pièces	900	43	07
Hairié et livres égyptiennes	873	41	37
Onces d'Espagne.	870	41	30
Onces du Mexique	870	41	30
Argent (achats cessés).			
Shillings	920	2	35
Roupies des Indes anciennes	916	2	34
— — nouvelles	910	2	33
Pièces de 5 francs.	900	2	32
Thalers autrichiens.	898	2	32
Ecus de 5 drachmes.	898	2	32
Colonate d'Espagne.	898	2	32
Dollars Amérique.	898	2	32
Thalers autrichiens.	833	2	24
Ecu napolitain.	833	2	24
Livre de Lucques.	656	2	02

Le poids légal de la livre turque ou Medjidié or est de gr. 7,216 ; son titre légal est de 916/000.

Le Medjidié argent pèse gr. 24,055 et titre 830/000.

1000 Medjidiés or   valent £ 902,689133
1000 £   — ltq 1107,801022
1000 Napoléons   — — 878,455851
1000 pièces de 20 marks — — 1083,513519

Essais

Sur 3 kgr. 770 de ltq. titre or 915^s = argent 19.
3, 753 — — 916 = — 19.
3, 753 — — 915^s = — 19.

Les Souverains, Napoléons, Ducats, Impériales, Talaris, Pièces de 5 francs, sont cotés à la pièce.

Recherche du prix des monnaies à la pièce

x fr. = 1 pièce	x fr. = 100 pt
Pièce 1 = (cours piastres tarif)	Cours pt = 1 pièce
Pt 100 = 23 fr. 03 vue Paris	Pièce 1 = cours à Paris

Napoléons

x fr. = 1000 fr. fixe	x fr. = 100 pt
Fr. 20 = 1 pièce	(Cours) pt 88 1/2 = 1 pièce
Pièce 1 = 88 pt 1/2 (cours)	Pièce 1 = 20 fr.
Pt 100 = 22 fr. 70 à vue	

COMPTES SIMULÉS

Impériales

Achat de 10.000 demi-Impériales à 89 20/40 =   Ltq 8950
Courtage 2/40 par pol (ou demi-Impériale) ltq 5
Frais d'envois de Constantinople à Paris 1/2 °/₀ 44,75
Assurance 1/8 °/₀ (varie 1/10 à 1/8 °/₀) Ltq 11,20   60,95

Coût Ltq : 9010,95

Couverture : Fourni et vendu une disposition à 3 mois :
Fr. 2.060.085,75 à 23 fr. par Ltq = Ltq 8960,25
Intérêts 90 jours à 3 °/₀, moins 7 jours de voyage, soit 83 jours . . . . » 61,98

Ltq 9.022,23
1/8 °/₀ courtage. 11,28

Ltq 9.010,95

Napoléons

Vente de 10.000 Napoléons à 87 20/40 . . . . . =		Ltq	8.750
Courtage 2/40 par pièce		»	5
Net. . . .		Ltq	8.745

Roubles

Achat de 10.000 roubles banknotes

A 9 23/100 par ltq d'or		Ltq	1.083,42
Courtage 2/40 par ltq		»	0,55
Net. . . .		Ltq	1.083,97

Talaris

Vente de 10.000 talaris Marie-Thérèse à 20 8/40 =		Ltq	2.020
Courtage 2/40 par ltq		»	1,01
Net. . . .		Ltq	2.018,99

Pièces de 5 francs

Vente de 1.000 pièces de 5 francs à 86 8/40 les 4 pièces		Ltq	215,50
Courtage 1/2 para par pièce.		»	0,13
Net. . . .		Ltq	215,37

L'heure de Constantinople avance sur celle de Paris de 1 h. 47 m.

Le délai de prescription pour les coupons est de 5-6 ans et pour les titres remboursables de 15-30 ans.

$$
\begin{array}{lr}
\text{Pêcheries.} & \text{5 ans} \\
\text{État} & \text{6 ans} \\
\text{Lots Turcs, priorités.} & \text{30 ans} \\
\text{Pêcheries, consolidés} & \text{15 ans}
\end{array}
$$

Pour obtenir l'année chrétienne lorsqu'on a l'année mahométane il suffit de multiplier cette dernière par 97, ajouter 62184 et retrancher les deux derniers chiffres de droite.

Exemple :

Quelle est l'année chrétienne correspondant à l'année 1318 ?

$$
\begin{array}{r}
1318 \times 97 = \quad 127846 \\
+ \quad 62184 \\
\hline
190030
\end{array}
$$

En supprimant les deux derniers chiffres on voit que l'année correspondante est 1900.

URUGUAY

MONTEVIDEO

Frais de transport

1° *Du Havre à Montevideo* (Chargeurs Réunis)

Jusque   100.000 fr. . . . . 3/4 %

de 100.000 fr. à   500.000 fr 1/2

de 50.000 fr. à 10.000.000 fr 1/4

au-dessus de 1.000.000 fr. . . . . 2 %

Assurance. 1 1/2

2° *De Londres à Montevideo :*

Fret   3 sh. 6 par 100 £ =   1,75 %

Assurance 2 sh. 6 par 100 £ =   1,25

L'unité monétaire est le peso or de 100 centièmes, au poids de gr. 1,697 et au titre de 917 %.

Cette monnaie n'existe pas en fait, elle n'est qu'une monnaie de compte qui a servi de base pour fixer les équivalences des monnaies or étrangères ayant cours légal ; ce sont les pièces de :

20 marks . . . . $	4,60
Livre sterling	4,70
5 pesos argentins	4,66
20 milreis Brésil.	10,56
Espagne Isabelline-10 escudos . . .	4,82
— Alphonsine-25 pesetas . .	4,66
États-Unis 10 dollars.	9,66

France . . . . .
Suisse .   . .
Italie. .   . . } 20 francs   3,73
Autriche . . .
Belgique . . .

Les subdivisions des monnaies indiquées ont aussi cours légal, mais à la condition *que leur valeur dépasse 2 pesos.* Ainsi les 1/2 livres qui valent $ 2,35, ont cours légal tandis que les pièces de 10 francs n'ont pas cours, leur valeur étant inférieure à 2 pesos.

Le peso argent, d'un poids de 25 grammes au titre de 970 %

est une monnaie effective, mais dans les transactions commerciales elle ne sert que comme monnaie auxiliaire aux proportions établies dans l'échelle suivante:

de $	10 à	25	30 %	argent
	25	100	20	—
	100	500	10	—
	500	5000	5	— .
	5000	et plus	2	

La circulation des monnaies d'or et d'argent est assez réduite, les transactions se font généralement en billets de banque.

Cote des changes

Londres	90 j. de vue	51 5/8 pence = 1 peso d'or
Paris	—	5,45 francs =	—
Belgique	—	5,46 — =	—
Allemagne	—	4,45 marks =	—
Italie	à vue	5,55 lire =	—
Espagne	—	6,15 pesetas =	—
Buenos-Aires	—	1/8 % prime =	—

PARITÉS (ramenées à vue)

Paris (cours à 90 j. de vue — intérêts aux taux officiel français voyage 27 jours environ).

$$5 \text{ fr. } 45 - 117 \text{ j. à } 4 \% = 5 \text{ fr. } 379$$

Londres (cours à 90 j. de vue — intérêts au taux anglais, voyage 27 jours environ).

x fr. = 1 £	x pence = 1 peso
1 £ = 240 pence	Peso 1 = 5,379 fr.
Pence 50,954 = 1 peso	Fr. 25,335 = 1 £
(51 5/8 — 117 j. 4 %)	£ 1 = 240 pence
peso 1 = 5,379 fr.	
$x = 25,335$	$x = 50,951$

x fr. = 1 peso
Peso 1 = 50,951 pence
Pence 240 = 25,20 (cours Londres à Paris)

$$x = 5,350$$

Allemagne (cours à 90 j. vue — intérêts au taux allemand, voyage 30 jours).

$$x \text{ fr.} = 100 \text{ Mk}$$
$$\text{Mk } 4,3906 = 1 \text{ peso}$$
$$(4.15 - 120 \text{ j. à } 4\,\%)$$
$$\text{Peso } 1 = 5.379 \text{ fr.}$$
$$x = 122,511$$

$$x \text{ Mk} = 1 \text{ peso}$$
$$\text{Peso } 1 = 5,379 \text{ fr.}$$
$$\text{Fr. } 122,511 = 100 \text{ mk}$$
$$x = 4,390$$

Italie (cours à vue) voyage 30 jours.

$$x \text{ fr.} = 100 \text{ lire}$$
$$(5,55 - 30 \text{ j. à } 5\,\%)$$
$$\text{Lire } 5,526 = 1 \text{ peso}$$
$$\text{Peso } 1 = 5,379 \text{ fr.}$$
$$x = 97,34$$

$$x \text{ lire} = 1 \text{ peso}$$
$$\text{Peso } 1 = 5.379 \text{ fr.}$$
$$\text{Fr. } 97,34 = 100 \text{ lire}$$
$$x = 5,526$$

Espagne (cours à vue) voyage 30 jours.

$$x \text{ fr.} = 500 \text{ p}^{\text{as}}$$
$$(6,15 - 30 \text{ j. à } 6\,\%)$$
$$\text{Pesetas } 6,1192 = 1 \text{ peso}$$
$$\text{Peso } 1 = 5,379$$
$$x = 439,51$$

$$x \text{ pesetas} = 1 \text{ peso}$$
$$\text{Peso } 1 = 5,379 \text{ fr.}$$
$$\text{Fr. } 439,51 = 500 \text{ p}^{\text{as}}$$
$$x = 6,119$$

VENEZUELA

Frais de transport

Envois d'or de *Paris à Caracas* (livrables à la Guayra) par la Compagnie Générale Transatlantique.

Frêl de Paris à la Guayra.

Port de 10,000 à 100,000 fr. . . . . 10 °/₀₀
Commission . . . . 1 °/₀₀
Port de 100,000 et au-dessus . . . . 5 °/₀₀
Commission . . . . 1/4 °/₀₀

Plus timbres, statistique, visa consulaire, etc.

Les départs ont lieu chaque mois le 9 de St-Nazaire et le 22 du Havre.

Frêt et transport de *Paris à la Guayra* envois supérieurs à 200,000 fr.

Transport Paris, le Havre. .   .   .   .   0,50 %/₀₀

Frêt du Havre à la Guayra .   .   .   .   5,25 %/₀₀

Assurance de Paris à la Guayra .   .   .   .   1/6 %/₀

Viâ St-Nazaire : transport Paris St-Nazaire .   .   .   .   1 %/₀₀

Coté des changes

Londres . . .	3 mois	25,45	Bolivars par £.	
— . . .	vue	25,65	--	
Paris.	3 mois	101	—	par 100 fr.
—	vue	101,75	—	—
Mark.	3 mois	124,25	—	par 100 Mk.
	vue	126	--	—
New-York . .	60 jours	5,25	—	par dollar.
	vue	5,29	—	—
Lire.	vue	96	—	par 100 lire.
Espagne. . .	vue	77	—	par 100 pesetas.

Pour obtenir les parités en francs, déduire des cours la perte sur les Bolivars (prime du Paris).

Voyage Venezuela-Londres ou Paris = 24 jours.

Monnaies

Comme monnaie, l'or circulant au Venezuela est tarifé comme suit :

La livre	=	25,25	Bolivars.
Le Napoléon.	=	20	—
Le dollar américain . . .	=	5,20	—
Le mark	=	1,25	—
L'oz espagnol	=	82	—
L'oz américain.	=	82	—

Les onces espagnoles et américaines doivent être du poids commercial de 26 gr. 80 minimum.

Essai sur 0 k. 547 de pièces de 100 Bolivars or au millésime de 1888 :

Titre or.	900'	millièmes.
— argent. . .	71	—

Un « **Peso fuerte** » est équivalent à la pièce de 5 francs française, et vaut 5 Bolivars ; mais dans le commerce lorsqu'on parle de 1 peso (Venezolano ou Cencillo) cela équivaut à 4 Bolivars seulement.

Importation d'or monnayé

Pour l'exportation de Paris, la monnaie qui convient le mieux est l'oz espagnol tarifé 82 Bolivars.

Conjointe :

x fr. pour 1 oz espagnol ou Centre-Amérique

1 oz = 82 Bolivars

Bs 3,98 (cours du Paris à 3 mois) = 1 francs

d'où $x =$ . . . . Fr. 82,41

Frais à déduire :

30 jours, voyage de l'or de Paris à Caracas		
30 jours, voyage de Caracas à Paris des traites *à 3 mois*		
150 jours, soit à 2 %	8,33	
Assurance de l'or 1/4 %	2,50	
Frêt, jusque 100.000 fr. = 1 % (au-dessus de 100.000 fr. = 1/2 %)	10 »	2,06
Commission à la Cie générale transatlantique 1 %₀ (au-dessus de 100.000 = 1/4 %₀)	1 »	
Commission de compte 1/4 %	2,50	
Dépêches, divers, aléa	0,17	

Net . . . . Fr. 80,35

TABLE DES MATIÈRES

PREMIÈRE PARTIE

BANKNOTES ET MONNAIES

DEUXIÈME PARTIE

ARBITRAGES ET PARITÉS

PARIS. — IMPRIMERIES CERF, 12, RUE SAINTE-ANNE.

78/=	78/0 1/2	78/1	78/1 1/2	78/2	78/2 1/2
1.3678	1.3687	1.3693	1.3703	1.3709	1.3715
3.433 35	3.435 18	3.437 01	3.438 85	3.440 68	3.442 52
3.434 71	3.436 59	3.438 38	3.440 22	3.442 05	3.443 89
3.436 08	3.437 92	3.439 75	3.441 59	3.443 42	3.445 25
3.437 45	3.439 28	3.441 12	3.442 96	3.444 79	3.446 63
3.438 82	3.440 65	3.442 49	3.444 33	3.446 17	3.448 »
3.430 18	3.442 02	3.443 86	3.445 70	3.447 54	3.449 37
3.431 55	3.443 39	3.445 23	3.447 07	3.448 91	3.450 74
3.432 02	3.444 76	3.446 60	3.448 44	3.450 28	3.452 12
3.444 28	3.446 13	3.447 97	3.449 81	3.451 65	3.453 49
3.445 65	3.447 50	3.449 34	3.451 18	3.453 02	3.454 86
3.447 02	3.448 87	3 450 71	3.452 55	3.454 39	3.456 23
3.448 39	3.450 23	3.452 08	3.453 92	3.455 76	3.457 60
3.449 75	3.451 60	3.453 45	3.455 29	3.457 13	3.458 97
3.451 12	3.452 97	3.454 82	3.456 66	3.458 50	3.460 35
3.452 40	3.454 34	3.456 18	3.458 03	3.459 87	3.461 72
3.453 85	3.455 71	3.457 55	3.459 40	3.461 25	3.463 09
3.455 22	3.457 08	3.458 92	3.460 77	3.462 62	3.464 46
3.456 59	3.458 45	3.460 29	3.462 14	3.463 99	3.465 83
3.457 06	3.459 82	3 461 66	3.463 51	3.465 36	3.467 20
3.459 32	3.461 18	3.463 03	3.464 88	3.466 73	3.468 57
3.460 70	3.462 55	3.464 40	3.466 25	3.468 10	3.469 95
3.462 07	3.463 92	3.465 77	3.467 62	3.469 47	3.471 32
3.463 44	3.465 28	3.467 14	3.468 99	3.470 84	3.472 69
3.464 80	3.466 66	3.468 51	3.470 36	3.472 21	3.474 06
3.466 17	3.468 02	3.469 88	3.471 73	3.473 58	3.475 43
3.467 54	3.469 39	3.471 25	3.473 10	3.474 96	3.476 80
3.468 01	3.470 76	3.472 62	3.474 47	3.476 33	3.478 18
3.470 27	3.472 13	3.473 99	3.475 84	3.477 70	3.479 55
3.471 61	3.473 50	3.475 35	3.477 21	3.479 07	3.480 02
3.473 01	3.474 87	3.476 72	3.478 59	3.480 44	3.482 20
3.474 38	3.476 24	3.478 09	3.479 96	3.481 81	3.483 06

CONJOINTS

2 fr. = 1000 gr.
gr. 1035 = 1 oz.
... fin ... = 12 oz stand.
... aud (... 930° (cours).
3147,0? ou après réduction :
0.14613964 × 936 × 25,80

TABLE DE PARITÉS

LONDRES — OR EN BARRES

	77 6 1/2	77 7	77 7 1/2	77 8	77 8 1/2	77 9	77 9 1/2	77,10	77,10 1/2	77,11	77/11 1/2	78/=	78,0 1/2	78/1	78 1 1/2	78,2	78,2 1/2
	1.359	1.361	1.3643	1.362	1.3666	1.3631	1.364	1.364	1.365	1.366	1.367	1.3679	1.3687	1.3696	1.3766	1.3700	1.3715
10	3.413 17	3.415 00	3.416 81	3.418 67	3.420 50	3.422 31	3.424 17	3.426 01	3.427 81	3.429 68	3.431 51	3.433 35	3.435 18	3.437 01	3.438 85	3.440 08	3.442 52
11	3.414 53	3.416 36	3.418 17	3.420 03	3.421 86	3.423 67	3.425 53	3.427 37	3.429 18	3.431 05	3.432 88	3.434 72	3.436 55	3.438 38	3.440 19	3.441 47	3.443 89
12	3.415 89	3.417 72	3.419 53	3.421 39	3.423 22	3.425 03	3.426 89	3.428 73	3.430 55	3.432 42	3.434 25	3.436 09	3.437 92	3.439 75	3.441 53	3.442 86	3.445 26
13	3.417 25	3.419 08	3.420 89	3.422 75	3.424 58	3.426 39	3.428 25	3.430 09	3.431 92	3.433 79	3.435 62	3.437 46	3.439 29	3.441 12	3.442 87	3.444 25	3.446 63
14	3.418 61	3.420 44	3.422 25	3.424 11	3.425 94	3.427 75	3.429 61	3.431 45	3.433 29	3.435 16	3.436 99	3.438 83	3.440 66	3.442 49	3.444 21	3.445 64	3.448 00
15	3.419 97	3.421 80	3.423 61	3.425 47	3.427 30	3.429 11	3.430 97	3.432 81	3.434 66	3.436 53	3.438 36	3.440 20	3.442 03	3.443 86	3.445 55	3.447 03	3.449 37
16	3.421 33	3.423 16	3.424 97	3.426 83	3.428 66	3.430 47	3.432 33	3.434 17	3.436 03	3.437 90	3.439 73	3.441 57	3.443 40	3.445 23	3.446 89	3.448 42	3.450 74
17	3.422 69	3.424 52	3.426 33	3.428 19	3.430 02	3.431 83	3.433 69	3.435 53	3.437 40	3.439 27	3.441 10	3.442 94	3.444 77	3.446 60	3.448 23	3.449 81	3.452 11
18	3.424 05	3.425 88	3.427 69	3.429 55	3.431 38	3.433 19	3.435 05	3.436 89	3.438 77	3.440 64	3.442 47	3.444 31	3.446 14	3.447 97	3.449 57	3.451 20	3.453 48
19	3.425 41	3.427 24	3.429 05	3.430 91	3.432 74	3.434 55	3.436 41	3.438 25	3.440 14	3.442 01	3.443 84	3.445 68	3.447 51	3.449 34	3.450 91	3.452 59	3.454 85
20	3.426 77	3.428 60	3.430 41	3.432 27	3.434 10	3.435 91	3.437 77	3.439 61	3.441 51	3.443 38	3.445 21	3.447 05	3.448 88	3.450 71	3.452 25	3.453 98	3.456 22
21	3.428 13	3.429 96	3.431 77	3.433 63	3.435 46	3.437 27	3.439 13	3.440 97	3.442 88	3.444 75	3.446 58	3.448 42	3.450 25	3.452 08	3.453 59	3.455 37	3.457 59
22	3.429 49	3.431 32	3.433 13	3.434 99	3.436 82	3.438 63	3.440 49	3.442 33	3.444 25	3.446 12	3.447 95	3.449 79	3.451 62	3.453 45	3.454 93	3.456 76	3.458 96
23	3.430 85	3.432 68	3.434 49	3.436 35	3.438 18	3.439 99	3.441 85	3.443 69	3.445 62	3.447 49	3.449 32	3.451 16	3.452 99	3.454 82	3.456 27	3.458 15	3.460 33
24	3.432 21	3.434 04	3.435 85	3.437 71	3.439 54	3.441 35	3.443 21	3.445 05	3.446 99	3.448 86	3.450 69	3.452 53	3.454 36	3.456 19	3.457 61	3.459 54	3.461 70
25	3.433 57	3.435 40	3.437 21	3.439 07	3.440 90	3.442 71	3.444 57	3.446 41	3.448 36	3.450 23	3.452 06	3.453 90	3.455 73	3.457 56	3.458 95	3.460 93	3.463 07
26	3.434 93	3.436 76	3.438 57	3.440 43	3.442 26	3.444 07	3.445 93	3.447 77	3.449 73	3.451 60	3.453 43	3.455 27	3.457 10	3.458 93	3.460 29	3.462 32	3.464 44
27	3.436 29	3.438 12	3.439 93	3.441 79	3.443 62	3.445 43	3.447 29	3.449 13	3.451 10	3.452 97	3.454 80	3.456 64	3.458 47	3.460 30	3.461 63	3.463 71	3.465 81
28	3.437 65	3.439 48	3.441 29	3.443 15	3.444 98	3.446 79	3.448 65	3.450 49	3.452 47	3.454 34	3.456 17	3.458 01	3.459 84	3.461 67	3.462 97	3.465 10	3.467 18
29	3.439 01	3.440 84	3.442 65	3.444 51	3.446 34	3.448 15	3.450 01	3.451 85	3.453 84	3.455 71	3.457 54	3.459 38	3.461 21	3.463 04	3.464 31	3.466 49	3.468 55
30	3.440 37	3.442 20	3.444 01	3.445 87	3.447 70	3.449 51	3.451 37	3.453 21	3.455 21	3.457 08	3.458 91	3.460 75	3.462 58	3.464 41	3.465 65	3.467 88	3.469 92
31	3.441 73	3.443 56	3.445 37	3.447 23	3.449 06	3.450 87	3.452 73	3.454 57	3.456 58	3.458 45	3.460 28	3.462 12	3.463 95	3.465 78	3.466 99	3.469 27	3.471 29
32	3.443 09	3.444 92	3.446 73	3.448 59	3.450 42	3.452 23	3.454 09	3.455 93	3.457 95	3.459 82	3.461 65	3.463 49	3.465 32	3.467 15	3.468 33	3.470 66	3.472 66
33	3.444 45	3.446 28	3.448 09	3.449 95	3.451 78	3.453 59	3.455 45	3.457 29	3.459 32	3.461 19	3.463 02	3.464 86	3.466 69	3.468 52	3.469 67	3.472 05	3.474 03
34	3.445 81	3.447 64	3.449 45	3.451 31	3.453 14	3.454 95	3.456 81	3.458 65	3.460 69	3.462 56	3.464 39	3.466 23	3.468 06	3.469 89	3.471 01	3.473 44	3.475 40
35	3.447 17	3.449 00	3.450 81	3.452 67	3.454 50	3.456 31	3.458 17	3.460 01	3.462 06	3.463 93	3.465 76	3.467 60	3.469 43	3.471 26	3.472 35	3.474 83	3.476 77
36	3.448 53	3.450 36	3.452 17	3.454 03	3.455 86	3.457 67	3.459 53	3.461 37	3.463 43	3.465 30	3.467 13	3.468 97	3.470 80	3.472 63	3.473 69	3.476 22	3.478 14
37	3.449 89	3.451 72	3.453 53	3.455 39	3.457 22	3.459 03	3.460 89	3.462 73	3.464 80	3.466 67	3.468 50	3.470 34	3.472 17	3.474 00	3.475 03	3.477 61	3.479 51
38	3.451 25	3.453 08	3.454 89	3.456 75	3.458 58	3.460 39	3.462 25	3.464 09	3.466 17	3.468 04	3.469 87	3.471 71	3.473 54	3.475 37	3.476 37	3.479 00	3.480 88
39	3.452 61	3.454 44	3.456 25	3.458 11	3.459 94	3.461 75	3.463 61	3.465 45	3.467 54	3.469 41	3.471 24	3.473 08	3.474 91	3.476 74	3.477 71	3.480 39	3.482 25
40	3.453 97	3.455 80	3.457 68	3.459 53	3.461 39	3.463 11	3.465 10	3.466 96	3.468 81	3.470 67	3.472 52	3.474 45	3.476 28	3.478 11	3.479 06	3.481 81	3.483 66

Conjointe pour l'obtention du prix des Monnaies à Londres

1 fr. = 1,000 grammes
Gr. 31.1035 = 1 once
Once 1 = (918^d cours) (76 shillings 6^d)
11. 215 = 25.20 cours

TABLE DES PARITÉS

LONDRES — OR MONNAYÉ

Pour avoir le prix à la pièce, multiplier les chiffres suivants représentant le prix au kilog. par le poids des pièces.

Étant donné le prix de 77/9 auquel la Banque d'Angleterre achète les lingots, les Monnaies ressortent aux titres indiqués au-dessous des prix de *l'once*.
Exemp : 76/2 1/2 = 898.19 0/00 c'est-à-dire les monnaies ressortent au titre de 898.19 (sur la base de 77/9).

	76 896,01	76 0 1/2 896,53	76 1 897,02	76/1 1/2 897,51	76/2 898	76/2 1/2 898,19	76/3 898,98	76/3 1/2 899,47	76/4 899,96
Londres	1.921	1.922	1.922	1.922	1.922	1.923	1.924	1.926	1.927
25.10	3.066 53	3.068 22	3.069 90	3.071 57	3.073 26	3.074 91	3.076 62	3.078 30	3.079 98
11	3.067 75	3.069 44	3.071 12	3.072 80	3.074 48	3.076 16	3.077 84	3.079 53	3.081 21
12	3.068 98	3.070 66	3.072 34	3.074 02	3.075 71	3.077 39	3.079 07	3.080 75	3.082 43
13	3.070 20	3.071 88	3.073 56	3.075 25	3.076 93	3.078 61	3.080 30	3.081 98	3.083 66
14	3.071 42	3.073 10	3.074 79	3.076 47	3.078 16	3.079 84	3.081 52	3.083 21	3.084 89
25.15	3.072 65	3.074 32	3.076 01	3.077 69	3.079 38	3.081 07	3.082 75	3.084 43	3.086 12
16	3.073 87	3.075 54	3.077 23	3.078 92	3.080 61	3.082 29	3.083 97	3.085 66	3.087 34
17	3.075 09	3.076 77	3.078 45	3.080 14	3.081 83	3.083 52	3.085 20	3.086 88	3.088 57
18	3.076 31	3.077 99	3.079 68	3.081 37	3.083 06	3.084 74	3.086 42	3.088 11	3.089 80
19	3.077 53	3.079 21	3.080 90	3.082 59	3.084 28	3.085 97	3.087 65	3.089 34	3.091 02
25.20	3.078 75	3.080 43	3.082 12	3.083 81	3.085 51	3.087 20	3.088 88	3.090 56	3.092 25
21	3.079 97	3.081 65	3.083 34	3.085 04	3.086 73	3.088 42	3.090 10	3.091 79	3.093 48
22	3.081 19	3.082 88	3.084 66	3.086 26	3.087 96	3.089 65	3.091 33	3.093 02	3.094 70
23	3.082 41	3.084 10	3.085 79	3.087 49	3.089 18	3.090 87	3.092 55	3.094 24	3.095 93
24	3.083 63	3.085 32	3.087 01	3.088 71	3.090 41	3.092 10	3.093 78	3.095 47	3.097 15
25.25	3.084 86	3.086 55	3.088 23	3.089 93	3.091 63	3.093 33	3.095 01	3.096 70	3.098 39
26	3.086 08	3.087 77	3.089 46	3.091 16	3.092 86	3.094 55	3.096 23	3.097 92	3.099 61
27	3.087 30	3.088 99	3.090 68	3.092 38	3.094 08	3.095 78	3.097 47	3.099 15	3.100 84
28	3.088 52	3.090 22	3.091 91	3.093 61	3.095 31	3.097 »	3.098 69	3.100 37	3.102 07
29	3.089 74	3.091 44	3.093 13	3.094 83	3.096 53	3.098 23	3.099 92	3.101 60	3.103 29
25.30	3.090 97	3.092 66	3.094 35	3.096 05	3.097 76	3.099 46	3.101 14	3.102 82	3.104 52
31	3.092 19	3.093 88	3.095 57	3.097 28	3.098 98	3.100 68	3.102 36	3.104 04	3.105 74
32	3.093 41	3.095 10	3.096 80	3.098 50	3.100 21	3.101 91	3.103 59	3.105 26	3.106 96
33	3.094 63	3.096 33	3.098 02	3.099 73	3.101 43	3.103 13	3.104 81	3.106 48	3.108 18
34	3.095 85	3.097 55	3.099 24	3.100 95	3.102 66	3.104 36	3.106 03	3.107 70	3.109 40
25.35	3.097 07	3.098 77	3.100 47	3.102 17	3.103 88	3.105 59	3.107 26	3.108 92	3.110 62
36	3.098 30	3.099 99	3.101 69	3.103 40	3.105 11	3.106 81	3.108 48	3.110 14	3.111 84
37	3.099 52	3.101 21	3.102 92	3.104 62	3.106 33	3.108 03	3.109 71	3.111 80	3.113 06
38	3.100 74	3.102 45	3.104 12	3.105 85	3.107 56	3.109 26	3.110 94	3.112 58	3.114 28
39	3.101 96	3.103 67	3.105 36	3.107 07	3.108 78	3.110 49	3.112 16	3.113 70	3.115 50
40	3.103 18	3.104 89	3.106 59	3.108 29	3.110 01	3.111 72	3.113 39	3.114 90	3.116 72
41	3.104 41	3.106 11	3.107 81	3.109 52	3.111 23	3.112 94	3.114 62	3.116 11	3.117 94

	76/4 1/2 900,44	76/5 900,93	76/5 1/2 901,43	76/6 901,93	76/6 1/2 902,42	76/7 902,91	76/7 1/2 903,40	76/8 903,89
Londres	1.921	1.928	1.929	1.929	1.930	1.931	1.931	1.932
25.10	3.081 66	3.083 34	3.085 03	3.086 71	3.088 39	3.090 07	3.091 75	3.093 43
11	3.082 89	3.084 57	3.086 25	3.087 93	3.089 62	3.091 30	3.092 98	3.094 66
12	3.084 12	3.085 79	3.087 48	3.089 16	3.090 85	3.092 53	3.094 21	3.095 89
13	3.085 34	3.087 02	3.088 71	3.090 39	3.092 08	3.093 76	3.095 44	3.097 12
14	3.086 57	3.088 25	3.089 94	3.091 62	3.093 31	3.095 »	3.096 68	3.098 36
25.15	3.087 80	3.089 48	3.091 17	3.092 85	3.094 54	3.096 22	3.097 91	3.099 59
16	3.089 03	3.090 71	3.092 40	3.094 08	3.095 77	3.097 45	3.099 14	3.100 82
17	3.090 26	3.091 94	3.093 63	3.095 31	3.097 »	3.098 67	3.100 37	3.102 05
18	3.091 48	3.093 16	3.094 86	3.096 54	3.098 23	3.099 91	3.101 60	3.103 28
19	3.092 71	3.094 39	3.096 09	3.097 77	3.099 46	3.101 14	3.102 83	3.104 51
25.20	3.093 94	3.095 62	3.097 31	3.098 99	3.100 69	3.102 37	3.104 07	3.105 75
21	3.095 17	3.096 85	3.098 57	3.100 22	3.101 92	3.103 60	3.105 30	3.106 98
22	3.096 39	3.098 07	3.099 77	3.101 45	3.103 15	3.104 83	3.106 53	3.108 21
23	3.097 62	3.099 30	3.101 »	3.102 68	3.104 38	3.106 06	3.107 76	3.109 44
24	3.098 85	3.100 53	3.102 23	3.103 91	3.105 61	3.107 29	3.108 99	3.110 67
25.25	3.100 08	3.101 76	3.103 46	3.105 14	3.106 84	3.108 52	3.110 22	3.111 90
26	3.101 31	3.102 99	3.104 69	3.106 37	3.108 07	3.109 75	3.111 46	3.113 14
27	3.102 53	3.104 21	3.105 92	3.107 60	3.109 30	3.110 98	3.112 69	3.114 37
28	3.103 76	3.105 44	3.107 15	3.108 83	3.110 53	3.112 21	3.113 92	3.115 60
29	3.104 99	3.106 67	3.108 38	3.110 06	3.111 76	3.113 44	3.115 15	3.116 83
25.30	3.106 22	3.107 90	3.109 58	3.111 29	3.113 »	3.114 67	3.116 38	3.118 06
31	3.107 44	3.109 12	3.110 80	3.112 51	3.114 23	3.115 90	3.117 61	3.119 29
32	3.108 66	3.110 34	3.112 02	3.113 73	3.115 46	3.117 13	3.118 84	3.120 52
33	3.109 88	3.111 56	3.113 24	3.114 95	3.116 69	3.118 36	3.120 07	3.121 75
34	3.111 10	3.112 78	3.114 46	3.116 17	3.117 92	3.119 59	3.121 30	3.122 98
25.35	3.112 32	3.114 »	3.115 68	3.117 39	3.119 15	3.120 82	3.122 53	3.124 21
36	3.113 54	3.115 22	3.116 90	3.118 61	3.120 38	3.122 05	3.123 76	3.125 44
37	3.114 76	3.116 44	3.118 12	3.119 83	3.121 60	3.123 28	3.124 99	3.126 67
38	3.115 98	3.117 66	3.119 34	3.121 05	3.122 81	3.124 51	3.126 22	3.127 90
39	3.117 20	3.118 88	3.120 56	3.122 27	3.124 07	3.125 74	3.127 45	3.129 13
40	3.118 42	3.120 10	3.121 78	3.123 49	3.125 30	3.126 97	3.128 68	3.130 36
41	3.119 64	3.121 32	3.123 »	3.124 71	3.126 53	3.128 20	3.129 91	3.131 59

	76/8 1/2 904,38	76/9 904,88	76/9 1/2 905,37	76/10 905,86	76/10 1/2 906,35	76/11 906,84	76/11 1/2 907,33	77/— 907,82
Londres	1.933	1.933	1.931	1.935	1.935	1.936	1.937	1.937
25.10	3.095 11	3.096 79	3.098 47	3.100 15	3.101 84	3.103 52	3.105 20	3.106 88
11	3.096 34	3.098 02	3.099 71	3.101 39	3.103 07	3.104 75	3.106 44	3.108 12
12	3.097 58	3.099 26	3.100 94	3.102 62	3.104 31	3.106 »	3.107 67	3.109 36
13	3.098 81	3.100 49	3.102 18	3.103 86	3.105 54	3.107 22	3.108 91	3.110 59
14	3.100 04	3.101 72	3.103 41	3.105 09	3.106 78	3.108 46	3.110 15	3.111 83
25.15	3.101 28	3.102 96	3.104 65	3.106 33	3.108 01	3.109 69	3.111 38	3.113 07
16	3.102 51	3.104 19	3.105 88	3.107 56	3.109 25	3.110 93	3.112 62	3.114 31
17	3.103 74	3.105 42	3.107 11	3.108 79	3.110 49	3.112 17	3.113 86	3.115 54
18	3.104 98	3.106 66	3.108 35	3.110 03	3.111 72	3.113 40	3.115 10	3.116 78
19	3.106 21	3.107 89	3.109 58	3.111 26	3.112 96	3.114 64	3.116 33	3.118 02
25.20	3.107 44	3.109 12	3.110 82	3.112 50	3.114 19	3.115 87	3.117 57	3.119 26
21	3.108 68	3.110 36	3.112 05	3.113 73	3.115 43	3.117 11	3.118 81	3.120 50
22	3.109 91	3.111 59	3.113 29	3.114 97	3.116 66	3.118 34	3.120 04	3.121 74
23	3.111 14	3.112 82	3.114 52	3.116 20	3.117 90	3.119 58	3.121 28	3.122 97
24	3.112 37	3.114 05	3.115 76	3.117 44	3.119 14	3.120 82	3.122 52	3.124 21
25.25	3.113 61	3.115 29	3.116 99	3.118 67	3.120 37	3.122 05	3.123 76	3.125 45
26	3.114 84	3.116 52	3.118 22	3.119 90	3.121 61	3.123 29	3.124 99	3.126 68
27	3.116 07	3.117 75	3.119 46	3.121 14	3.122 84	3.124 52	3.126 23	3.127 92
28	3.117 31	3.118 99	3.120 69	3.122 37	3.124 08	3.125 76	3.127 47	3.129 16
29	3.118 54	3.120 22	3.121 93	3.123 61	3.125 31	3.126 99	3.128 70	3.130 40
25.30	3.119 77	3.121 45	3.123 16	3.124 84	3.126 55	3.128 23	3.129 94	3.131 64
31	3.121 »	3.122 68	3.124 39	3.126 07	3.127 78	3.129 46	3.131 18	3.132 87
32	3.122 23	3.123 91	3.125 62	3.127 30	3.129 01	3.130 69	3.132 42	3.134 11
33	3.123 46	3.125 14	3.126 85	3.128 53	3.130 24	3.131 92	3.133 65	3.135 35
34	3.124 69	3.126 37	3.128 08	3.129 76	3.131 47	3.133 15	3.134 89	3.136 59
25.35	3.125 92	3.127 60	3.129 31	3.130 99	3.132 70	3.134 38	3.136 13	3.137 83
36	3.127 15	3.128 83	3.130 54	3.132 22	3.133 93	3.135 61	3.137 36	3.139 06
37	3.128 38	3.130 06	3.131 77	3.133 45	3.135 16	3.136 84	3.138 60	3.140 30
38	3.129 61	3.131 29	3.133 »	3.134 68	3.136 39	3.138 07	3.139 84	3.141 54
39	3.130 84	3.132 52	3.134 23	3.135 91	3.137 62	3.139 30	3.141 08	3.142 78
40	3.132 07	3.133 75	3.135 46	3.137 14	3.138 85	3.140 53	3.142 31	3.144 01
41	3.133 30	3.134 98	3.136 69	3.138 37	3.140 08	3.141 76	3.143 55	3.145 25

1/2 Penny de différence représente 1 fr. 09 par kilog.